¡ESO ES! I

Spanisch für Anfänger

Neubearbeitung

Arbeitsbuch

von Joaquín Masoliver, Ulla Håkanson
und Hans L. Beeck

Ernst Klett Verlag für Wissen und Bildung
Stuttgart · Dresden

ESO ES I – Arbeitsbuch

von

Joaquín Masoliver,
Ulla Håkanson,
Hans L. Beeck.

Neubearbeitung durch die
Verlagsredaktion Weiterbildung Fremdsprachen;
Mitarbeit an diesem Werk: Dr. Carlos Segoviano, Verlagsredakteur.

in Zusammenarbeit mit

Graciela E. Vázquez, M.A.,
Dr. Bernd Thyssen,
Dr. José M. Navarro,
StR Gerhard Lang-Valchs.

Inhalt

Gedruckt auf Papier, das entweder aus chlorfrei gebleichtem Zellstoff oder aus Altpapier hergestellt wurde.

1. Auflage 1 21 20 19 | 1997 96 95

Alle Drucke dieser Auflage können im Unterricht nebeneinander benutzt werden, sie sind untereinander unverändert. Die letzte Zahl bezeichnet das Jahr dieses Druckes.

Umschlaggestaltung: Hans Lämmle, Stuttgart
Druck: Gutmann + Co., Talheim. Printed in Germany.
ISBN 3-12-514250-4

Vorwort

Lernziele

Das Arbeitsbuch zu **Eso es I** strebt in erster Linie die Förderung der Kommunikationsfähigkeit an. Das Hauptgewicht liegt auf den Fertigkeiten Hörverstehen – Sprechvermögen – Leseverständnis. Die meisten Übungen können aber auch schriftlich gemacht werden. Im Lehrerband finden sich konkrete Vorschläge dafür, welche Übungen sich in besonderem Maße für das Üben des schriftlichen Ausdrucksvermögens eignen.

Inhalt

Die zahlreichen und methodisch vielfältigen Übungen machen den Hauptteil des Bandes aus. Außerdem enthält er eine Einführung in Aussprache, Intonation und Rechtschreibung, sowie ein nach Lektionen geordnetes spanisch-deutsches Wörterverzeichnis. Am Schluß des Bandes befindet sich der Schlüssel zu den Übungen.

Übungstypen

Folgende Übungstypen sind enthalten:
- Fragen zum Text – als Stütze für die Erarbeitung des Textes.
- Fragen zu den Zeichnungen oder Photos im Lehrbuch – sie ersetzen in einigen Fällen die Fragen zum Text.
- Frage/Antwort-Übungen – zur Festigung und Kontrolle des Vokabulars, oft mit Zeichnungen versehen.
- Kommunikativ-produktive und freie Abschlußübungen (Transferübungen), um das Gelernte in einer realistischen Situation frei anzuwenden. Diese Übungsart eignet sich außerdem vorzüglich zum Rollenspiel.
- Mini-Dialoge – eine besondere Art von Transferübungen. Dieselbe Struktur wird in verschiedenem Kontext geübt. Wichtig außerdem zur Schulung von Aussprache, Intonation und aktivem Sprechen.
- Übungen zu den Illustrationen – z.B. zu den Photos, Preislisten, Landkarten, Fahrplänen. Auch diese dienen vorwiegend dem Transfer.
- Bildgelenkte Wortschatzübungen – eine weitere Art von Transferübung.
- Übersetzungen ins Spanische.
- Bildbeschreibungen, Zusammenfassungen, Nacherzählungen – die Stichworte dazu werden auf Deutsch oder auf Spanisch gegeben.
- Briefeschreiben – mit schon bekanntem Wortschatz zu wichtigen Situationen.
- Einsetzübungen – zur Wiederholung und Festigung der wichtigsten Strukturen.
- Leseverstehensübungen – bei landeskundlichen Texten kann die Verständniskontrolle in deutscher Sprache durchgeführt werden.
- Hörverstehensübungen – zu den auf Tonträgern aufgenommenen Texten.

Die Überschrift zu jeder Übung gibt das Lernziel an. Sie enthält daneben einen Hinweis auf den entsprechenden Paragraphen im Grammatikteil.
Besonders schwierige Strukturen werden mehrmals in verschiedenen Zusammenhängen geübt (**W** = Wiederholung). Übungen mit * sind fakultativ.

Lehrerband

Zu sämtlichen Übungstypen gibt der Lehrerband methodische Hinweise. Ebenso finden sich dort Vorschläge zum Unterrichtsverlauf sowie Modelle und Anregungen zu weiteren zusätzlichen Übungen.

Nach Durcharbeitung von **Eso es I** ist der Lernende in der Lage, Spanisch mühelos zu verstehen und sich in den wichtigsten Alltagssituationen sprachlich zu behaupten, sodaß der Kontakt mit spanischsprechenden Menschen keine sprachliche Barriere mehr bedeutet.

Aussprache und Rechtschreibung

I Das spanische Buchstabieralphabet

Antonio	**E**nrique	**J**osé	**N**avarra	**R**amón	**W**ashington
Barcelona	**F**rancia	**K**ilo	**Ñ**oño	**S**ábado	**X**iquena
Carmen	**G**erona	**L**orenzo	**O**viedo	**T**arragona	**Y**agüe
Chocolate	**H**istoria	**Ll**obregat	**P**arís	**U**lises	**Z**aragoza
Dolores	**I**nés	**M**adrid	**Q**uerido	**V**alencia	

II Das spanische Alphabet (Von der Schrift zum Laut)

Buchstabe	Name	Lautwert	Beispiel	
A a	a	[a]	c**a**sa	['kasa]
B b	be	[b] [ß]	**b**asta ca**b**o	['basta] ['kaßo]
C c	ce [θe]	[k] [θ]	**c**aro ha**c**er	['karo] [a'θεr]
Ch ch *	che [ce]	[c]	mu**ch**o	['muco]
D d	de	[d] [ð]	**d**ía ca**d**a	['dia] ['kaða]
E e	e	[e] [ε]	qu**e**so p**e**rro	['keso] ['pεrro]
F f	efe	[f]	**f**ácil	['faθil]
G g	ge [xe]	[g] [ɣ] [x]	**g**ordo ro**g**ar re**g**ir	['gɔrðo] [rrɔ'ɣar] [rrε'xir]
H h	hache ['ace]	–	**h**ijo	['ixo]
I i	i	[i] [ĭ] [j]	m**i**l ba**i**le camb**i**ar	[mil] ['baĭle] [kam'bjar]
J j	jota ['xɔta]	[x]	ro**j**o	['rrɔxo]
K k	ka	[k]	**k**ilo	['kilo]
L l	ele	[l]	ma**l**a	['mala]
Ll ll *	elle ['eʎe]	[ʎ]	ca**ll**e	['kaʎe]
M m	eme	[m]	**m**adre	['maðre]
N n	ene	[n] [ŋ] [ɱ] [m]	u**n**o ci**n**co e**n**fermo u**n** baño	['uno] ['θiŋko] [eɱ'fεrmo] [um'baɲo]

Buchstabe	Name	Lautwert	Beispiel	
Ñ ñ *	eñe ['eɲe]	[ɲ]	a**ñ**o	['aɲo]
O o	o	[o] [ɔ]	c**o**che r**o**jo	['koce] ['rrɔxo]
P p	pe	[p]	ca**p**a	['kapa]
Qu qu	ku	[k]	**qu**ien	[kjen]
R r	erre ['εrre]	[r] [rr]	ca**r**o **r**ojo	['karo] ['rrɔxo]
(Rr rr) *	erre doble	[rr]	ca**rr**o	['karro]
S s	ese	[s] [z]	ca**s**a do**s** días	['kasa] [doz 'ðias]
T t	te	[t]	ga**t**o	['gato]
U u	u	[u]	d**u**ro	['duro]
V v	uve ['ußе]	[b] [ß]	**v**enir lle**v**ar	[be'nir] [ʎe'ßar]
W w	uve doble ['ußе 'ðɔßle]	[v], [w]	**w**áter	['watεr]
X x	equis ['ekis]	[ɣs] [s]	e**x**amen e**x**plicar	[ε'ɣsamen] [espli'kar]
Y y	i griega	[i] [ĭ] [ĵ]	dos **y** dos re**y** a**y**er	['dosi'ðos] [rrεĭ] [a'ĵεr]
Z z	zeta ['θeta]	[θ] [θ̬]	**z**apato en ve**z** de	[θa'pato] [em'beθ̬ðe]

* **Ch, ll, ñ** und **rr** sind im Spanischen selbständige Buchstaben. In den meisten Wörterbüchern und Wörterverzeichnissen folgt **ch** auf **c**, **ll** auf **l** und **ñ** auf **n**.

1. Vokale

Die spanischen Vokale werden alle halblang, also weder zu kurz noch zu lang gesprochen.

Laut	*geschrieben*	*Beschreibung*	*Beispiele*	
[a]	a	mittleres *a*, wie in **a**lle	la carta (Brief); casa (Haus); algo más (etwas mehr)	[la'karta] ['kasa] ['alɣo mas]
[e]	e	geschlossenes *e*, jedoch offener als in l**e**sen	el queso (Käse); sello (Briefmarke); la tele (Fernsehen); vengo (ich komme)	[el'keso] ['seʎo] [la'tele] ['beɲgo]
[ɛ]	e	offenes *e*, etwa wie in B**ä**cker, h**e**ll	el perro (Hund); lejos (weit); la perla (Perle); seis (sechs)	[el'pɛrro] ['lɛxos] [la'pɛrla] [sɛĭs]
[i]	i y	wie in M**i**tte	disco (Schallplatte); mirar (schauen); libro (Buch); dos y dos (zwei und zwei)	['dizko] [mi'rar] ['liβro] ['dosi'ðos]
[o]	o ó	geschlossenes *o*, jedoch offener als in R**o**se	dos bolsos caros (zwei teure Taschen) el coche (Auto); llamó (er/sie rief)	['dos'bolsoz'karos] [el'koce] [ʎa'mo]
[ɔ]	o	offenes *o*, etwa wie in **o**ffen	el ojo (Auge); español (spanisch); la costa (Küste); ahora (jetzt)	[el'ɔxɔ] [espa'ɲɔl] [la 'kɔsta] [a 'ɔra]
[u]	u	wie in **U**fer	duro (hart); Cuba; Uruguay; Burgos	['duro] ['kuβa] [uru'ɣuaĭ] ['burɣos]

Der Vokal **u** wird nicht ausgesprochen in:
guía ['gia] (Fremdenführer); guerrilla [ge'rriʎa] ; Miguel [mi'ɣel] ;
Enrique [en'rrike] ; quince ['kinθɛ] (fünfzehn); ¿qué tal? ['kɛ'tal] (wie geht's?)

2. Diphthonge

Das Spanische besitzt fallende und steigende Diphthonge. Fallende Diphthonge sind Verbindungen aus den Vokalen **a, e, o** mit den Vokalen **i** oder **u**, die als Halbvokale [ĭ] oder [ŭ] gesprochen werden. Steigende Diphthonge sind Verbindungen aus **i** oder **u** mit einem der Vokale **a, e, i, o, u,** wobei **i** und **u** als Halbkonsonanten [j] bzw. [w] gesprochen werden.

Steht ein Akzent auf **i** oder **u**, so handelt es sich nicht um einen Diphthong, z. B. día ['dia] (Tag); María [ma'ria] , baúl [ba'ul] (Truhe); Raúl [ra'ul] .

Laut	*geschrieben*	*Beschreibung*	*Beispiel*	
[ĭ]	i y	etwa wie in Z**ei**t	baile reina soy	['baĭle] ['rrɛĭna] [sɔĭ]
[ŭ]	u	etwa wie in l**au**t	causa deuda	['kaŭsa] ['deŭða]
[j]	i	schwächer, weniger energisch als in **j**eder, **J**ahr	labio tierno ciudad	['laβjo] ['tjɛrno] [θju'ðað]
[w]	u	existiert im Deutschen nicht; liegt etwa zwischen **u** und *dt.* **w**; vgl. *ital.* "quando", *franz.* "quoi"	cuando hueso ruido	['kwando] ['weso] ['rrwiðo]

3. Konsonanten

Die angegebene Aussprache entspricht der des Standard-Spanischen.
Besonderheiten:

- **b, d, g** sind weicher als im Deutschen, vor allem in der Aussprache [β] , [ð] , [ɣ] .
- Die Laute [c] , [ɲ] , [ʎ] sind einfache Laute: Der Vergleich mit den deutschen Lautverbindungen -tsch-, -nj-, -lj- ist deshalb nur sehr grob.
- **p, t, k** werden ohne Behauchung ausgesprochen, z. B. "pata" ['pata] (Pfote, Tischbein) nicht wie *dt. "Pate"*.
- Die **r**-Laute werden stets mit der Zungenspitze gesprochen.

Laut	*geschrieben*	*Beschreibung*	*Beispiele*	
[b]	b, v[1]	wie in **B**aum, jedoch etwas weicher: – im absoluten Anlaut – nach *m* und *n* – nach Pause[2]	vamos (wir gehen); Barcelona; boca (Mund); Valencia; hombre (Mann); envidia (Neid); un buen vino (ein guter Wein)	['bamos] [barθɛ'lona] ['boka] [ba'lenθia] ['ɔmbre] [em'biðia] ['um'buɛm'bino]
[β]	b, v	noch weicher als [b] : – zwischen Vokalen – vor und nach Konsonanten (außer *m* und *n*)	subir (hinaufsteigen); Cuba; avión (Flugzeug); llevar (hinbringen); pobre (arm); alba (Morgendämmerung)	[su'βir] ['kuβa] [a'βion] [ʎɛ'βar] ['pɔβre] ['alba]

1 Zwischen *b* und *v* gibt es im Spanischen keinen Unterschied in der Aussprache.
2 Im Spanischen werden, abweichend vom Deutschen, alle Wörter eines Satzes bzw. eines sinnvollen Satzteils zusammenhängend ausgesprochen, d. h. ohne Unterbrechungen und *Pausen*. Wie im Deutschen auch, wird nach Satzzeichen wie Punkt oder Komma oder nach kürzeren, inhaltlich gegliederten Satzabschnitten eine *Pause* gemacht.

[k]	c (vor a, o, u)	wie in kalt, jedoch ohne Behauchung	casa (Haus); carta (Brief); cinco (fünf); Colón	['kasa] ['karta] ['θiŋko] [kɔ'lɔn]
	qu (vor e, i)		queso (Käse); quince (fünfzehn); quizá (vielleicht); quiere (er will)	[ke'so] ['kinθe] [ki'θa] ['kiere]
	k		kilo; kilómetro	['kilo] [ki'lometro]
[θ]	c[3] (vor e, i)	Lispellaut, ähnlich wie das stimmlose *th* in *engl.* thing	Cervantes; ciudad (Stadt); cinco (fünf); Barcelona	[θεr'βantes] [θju'ðað] ['θiŋko] [barθε'lona]
	z		razón (Vernunft); Zaragoza	[rra'θɔn] [θara'ɣɔθa]
[θ̬]	z	Lispellaut, ähnlich wie das stimmhafte *th* in *engl.* that: vor stimmhaften Konsonanten *(m, n, b, d, g, l. . .)*	en vez de (anstatt); juzgar (richten; meinen); luz dorada (goldenes Licht)	[em'beθ̬ðe] [xuθ̬'ɣar] ['luθ̬ðo'raða]
[c]	ch	nicht gleich dem Laut [tʃ] in deutsch, schärfer und kürzer, wie in *ital.* cento	chico (Junge); mucho (viel); Chile; coche (Auto)	['ciko] [mu'co] ['cile] ['kɔce]
[d]	d	wie in dumm, jedoch etwas weicher: – im absoluten Anlaut – nach *l* und *n*	el día (der Tag); duro (hart); donde (wo); cuando (wann); el disco (die Schallplatte)	[εl'dia] ['duro] ['dɔnde] ['kwando] [εl'dizko]
[ð]	d	noch weicher als [d] : in allen übrigen Fällen (*d* am Wortende wird sehr schwach gesprochen und verstummt häufig)	Toledo; ocho días (acht Tage); madre (Mutter); usted (Sie); todo (alles); Granada	[tɔ'lεðo] [gra'naða] ['maðre] [uz'teð] ['toðo] ['oco'ðias]
[f]	f	wie in fallen, viel	fácil (leicht)	['faθil]
[g]	g	wie in ganz, jedoch etwas weicher: – im absoluten Anlaut – nach *n* – nach Pause[2]	gato (Katze); tengo (ich habe); un guardia (ein Polizist); Goya;	['gato] ['teŋgo] [un'gwarðja] ['goʝa]
	gu (vor e, i)		guerra (Krieg); guerrilla; guitarra (Gitarre)	['gεrra] [gε'rriʎa] [gi'tarra]
[ɣ]	g	noch weicher als [g] : in allen übrigen Fällen	rogar (bitten); Málaga; agua (Wasser); seguir (folgen);	[rrɔ'ɣar] ['malaɣa] ['aɣwa] [se'ɣir]
	gu (vor e, i)		el gato (die Katze); algo (etwas)	[εl'ɣato] ['alɣo]
[x]	g (vor e, i)	wie in Dach, Kuchen	gente (Leute); Jorge; Juan; corregir (verbessern);	['xente] ['xɔrxe] [xwan] [kɔrrε'xir]
	j		hijo (Sohn); rojo (rot)	['ixo] ['rrɔxɔ]
	h	wird nie ausgesprochen (s. auch y unten)		
	j	s. g oben		
	k	s. c oben		
[l]	l	wie in lachen	lado (Seite); cola (Schwanz)	['laðo] ['kola]
[ʎ]	ll[4]	ähnlich, aber nicht gleich der Verbindung *l + j*; einheitlicher Laut wie in *ital.* figlio	calle (Straße); silla (Stuhl); Castellón; pollo (Huhn); llave (Schlüssel); Sevilla	['kaʎe] ['siʎa] [kaste'ʎon] ['poʎo] ['ʎaβe] [se'βiʎa]
[m]	m n	wie in Mond *n* wird wie [m] gesprochen: vor *b, v, p, m*	cama (Bett); con pan (mit Brot); un baño (ein Bad); conmigo (mit mir)	['kama] [kɔm'pan] [um'baɲo] [kɔm'miɣo]
[n]	n	wie in Nase	nariz (Nase)	[na'riθ]
[ŋ]	n (vor [k], [ɣ], [x])	wie in Ring	cinco (fünf); lengua (Zunge); fingir (vortäuschen); en casa (zu Hause)	['θiŋko] ['leŋɣwa] [fiŋ'xir] [eŋ'kasa]
[ɱ]	n (vor f)	[m] und [f] gleichen sich einander an und verschmelzen fast zu einem Laut	enfermo (krank); un favor (eine Bitte)	[eɱ'fεrmo] [uɱfa'βɔr]
[ɲ]	ñ	nicht gleich der Verbindung *n + j*; einheitlicher Laut, wie in Champignon, Champagner	pequeño (klein), año (Jahr); mañana (morgen); España	[pe'keɲo] ['aɲo] [ma'ɲana] [εs'paɲa]
[p]	p	wie in Peter, jedoch ohne Behauchung[5]	padre (Vater); capa (Umhang)	['paðre] ['kapa]
	q	s. c oben		

3 In großen Teilen des spanischen Sprachgebiets, vor allem in Südspanien und Lateinamerika, wird der Lispellaut [θ] als [s] ([θ̬] als [z]) gesprochen, z. B. bei "cocina" (Küche), "cero" (Null): statt [ko'θina], ['θero] wird gesprochen [ko'sina], ['sero].

4 In Madrid, in Südspanien, auf den Kanarischen Inseln und in den meisten lateinamerikanischen Ländern wird [ʎ] als [ʝ] gesprochen, z. B. bei "calle" (Straße); statt ['kaʎe] wird gesprochen ['kaʝe]; z. T. sogar ['kaʒe].

5 In bestimmten Wörtern wird *p* vor *t* fast nie ausgesprochen, z. B. "septiembre" = "setiembre" (September) [se'tjεmβre]

[r]	r	Zungenspitzen-*r*, einfach und kurz gesprochen	pero (aber); Carmen; caro (teuer); corto (kurz); tres (drei); cuatro (vier)	['pɛro] ['karmen] ['karo] ['korto] [tres] ['kwatro]
[rr]	rr	mehrfach gerolltes Zungenspitzen-*r*	perro (Hund); Navarra; carro (Karren; Wagen)	['pɛrro] [na'βarra] ['karro]
	r	*r* wird [rr] gesprochen: – am Wortbeginn – nach *l, n, s*	revista (Zeitschrift); rubio (blond); Enrique; alrededor (ringsherum)	[rrɛ'βista] ['rruβio] [en'rrike] [alrrɛðɛðor]
[s]	s	stimmlos, ähnlich wie in lassen[6]	clase (Klasse); casa (Haus); saber (wissen); sol (Sonne); más (mehr); besos (Küsse)	['klase] ['kasa] [sa'βer] [sɔl] [mas] ['besos]
[z]		vor stimmhaften Konsonanten (z. B. *m, n, b, d, g, l)* wird das *s* auch stimmhaft[7]	mismo (selbst); isla (Insel); buenos días (guten Tag)	['mizmo] ['izla] ['bwɛnoz'dias]
[t]	t	wie in Tor, jedoch ohne Behauchung	tarde (spät); tinta (Tinte)	['tarðe] ['tinta]
	v	s. **b** oben		
[ɣs]	x	vor Vokalen[8]	examen (Prüfung); éxito (Erfolg)	[ɛɣ'samen] ['ɛɣsito]
[s]		vor Konsonanten	extraño (fremd); texto (Text); excursión (Ausflug)	['es'traɲo] ['testo] [eskur'sion]
[ǰ]	y[9] (+ Vokal)	wie in ja, jedoch mit leichtem Geräusch zwischen Zungenrücken und Gaumen; Dauerlaut	yo (ich); ayer (gestern); ya (schon); cayó (er/sie fiel)	[ǰo] [a'ǰɛr] [ǰa] [ka'ǰo]
	hi (+ Vokal)		hierba (Gras); hielo (Eis)	[ǰɛrβa] ['ǰelo]
	z	s. **c** oben		

6 Im Standard-Spanischen wird das *s* mit leicht nach oben gewölbter Zungenspitze und mit stärkerem Zischen gesprochen.
Vor allem in Südspanien und in Lateinamerika bekommt das *s* im Silbenauslaut eine *h*-ähnliche Aussprache.

7 Vor einem kräftig gerollten *r* wird das *s* in der Umgangssprache an das folgende *r* angeglichen: "los reyes" (die Könige) [lo'rrɛǰes].

8 Nur in gehobener Sprache wird *x* heute wie [ks] ausgesprochen.
Im Wort "México" – in Spanien schreibt man oft "Méjico" – wird das *x* wie ein spanisches *j* [x] gesprochen.

9 Im Wort "y" (und) wird es wie [i] gesprochen.
Als letzter Teil eines Diphthongs: s. oben "Diphthonge".

IV Betonung und Akzente

Wörter, die auf Vokal, auf *-n* oder *-s* enden, werden auf der **vorletzten Silbe** betont. Eine andere Betonung bedarf des graphischen Akzents.	mesa (Tisch); Carmen; Carlos; enfermo (krank); Montevideo; carta (Brief) allí (dort); después (danach); café (Kaffee); también (auch)	['mesa] ['karmen] ['karlos] [eɱ'fɛrmo] [monteβi'ðeo] ['karta] [a'ʎi] [dɛs'pwɛs] [ka'fe] [tam'βjɛn]
Wörter, die auf Konsonant (außer *-n* oder *-s*) enden, werden auf der **letzten Silbe** betont. Eine andere Betonung bedarf des graphischen Akzents.	señor (Herr); cantar (singen); hotel (Hotel); Gibraltar fácil (leicht); Cádiz; huésped (Gast)	[se'ɲor] [kan'tar] [o'tel] [xiβral'tar] ['faθil] ['kaðiθ] ['wɛspɛð]
Auf der **drittletzten Silbe** betonte Wörter haben immer graphischen Akzent.	música (Musik); Málaga; teléfono (Telefon); médico (Arzt)	['musika] ['malaɣa] [te'lɛfono] ['meðiko]
Frage- und Ausrufewörter haben immer Akzent.	¿quién? (wer?); ¿cómo? (wie?) ¡qué bonito! (wie schön!)	[kjɛn] ['komo] ['kebo'nito]
Einige **einsilbige Wörter** haben –zur Unterscheidung von anderen mit gleicher Schreibweise – immer Akzent.	mí (mich, mir) tú (du) él (er) sí (ja) sé (ich weiß) más (mehr)	aber: mi (mein) tu (dein) el (der) si (wenn) se (sich) mas (aber)
í und **ú** tragen Akzent in Vokalverbindungen, wenn es sich nicht um einen Doppellaut (Diphthong) handelt.	día (Tag) grúa (Kran) país (Land)	aber: farmacia (Apotheke) guante (Handschuh) vais (ihr geht)

Stehen "este" (dieser hier), "ese" (dieser da), "aquel" (jener) bzw. "esta", "esa", "aquella", "estos", "esos", "aquellos" allein, so *können sie* (müssen also nicht) nach den neuesten Vorschriften der *Real Academia* einen Akzent tragen: "éste", "aquélla" ...
Dasselbe gilt für das Adverb "sólo" (nur) im Gegensatz zum Adjektiv "solo" (allein).
Beachten Sie auch die Akzentuierung vieler Fremdwörter, z. B. "líder" (Führer), "satélite" (Satellit), "fútbol" (Fußball), "plástico" (Plastik), "tráfico" (Verkehr) usw.

V Entonación Intonation (Satzmelodie)

Einige wichtige Sätze

1. *Aussagesatz*

a) Tonsenkung am Ende:

Esto es un bolso. Madrid está en España.
Das ist eine Tasche. Madrid liegt in Spanien.

b) Tonhebung in der Mitte und Tonsenkung am Ende:

En su maleta blanca hay camisas y discos.
In seinem weißen Koffer sind Hemden und Schallplatten.

2. *Fragen*

a) Tonsenkung am Ende, wenn der Satz mit einem Fragewort beginnt:

¿Qué es esto?
Was ist das?

¿Dónde está Antonio?
Wo ist Antonio?

¿Por qué no está aquí?
Warum ist er nicht hier?

b) *Andere Fragen*
Tonhebung am Ende:

¿En el bolso hay un disco? (— Sí, hay un disco.)
Ist eine Schallplatte in der Tasche? (— Ja, da ist eine Schallplatte.)

(¿Cómo está usted?) — Gracias, muy bien, ¿y usted?
(Wie geht es Ihnen?) — Danke, sehr gut, und Ihnen?

VI Sinalefa Bindung

1. Vokale, die zu verschiedenen Wörtern gehören und aufeinander folgen, werden zusammen gesprochen:

¿Cómo‿está‿usted? — Gracias, muy bien, ¿y‿usted?
En el bolso‿hay‿un libro‿interesante.
In der Tasche ist ein interessantes Buch.

Ahora va‿a‿hablar Carmen.
Jetzt wird Carmen sprechen.

Carmen va‿a‿ir a la‿Habana.
Carmen wird nach Havanna fahren.

2. Zwischen Schlußkonsonant und folgendem Vokal:

Los‿otros‿hombres‿están‿en Buenos‿Aires.
Die anderen Männer sind in Buenos Aires.

VII Signos de puntuación Satzzeichen

.	el punto	( )	el paréntesis
,	la coma	—	la raya
;	el punto y coma	-	el guión
:	los dos puntos	" "	las comillas
...	los puntos suspensivos	´	el acento ortográfico
¿ ?	la interrogación	~	la tilde
¡ !	la exclamación		

Vor dem Relativsatz steht in der Regel kein Komma.

Frage- und Ausrufezeichen stehen *vor* und nach der Frage oder dem Ausruf. Das Anfangszeichen steht umgekehrt, und zwar unmittelbar vor dem Anfang der Frage oder des Ausrufes: **Y tú, ¿cómo estás**? Und wie geht es dir? **Mira, ¡qué bolso más bonito**! Schau mal, was für eine hübsche Tasche!

VIII Einige orthographische Veränderungen

1. Vor *e* wird *z = c,* z.B.:
una ve**z** (einmal) — dos ve**c**es (zweimal)
empie**z**o (ich beginne) — empe**c**é (ich begann)

2. Vor *e* und *i* wird *g = gu*, z.B.:
lle**g**o (ich komme an) — lle**gu**é (ich kam an)
pa**g**o ich bezahle) — pa**gu**é (ich bezahlte)
el **g**iro (Überweisung) — el **gu**ía (Fremdenführer)

3. Der Laut [i] wird mit dem Buchstaben **i** wiedergegeben; nur zwischen zwei Vokalen wird er zu **y**, z.B.:
¡Oye! (Hör mal! **oír** hören; vgl. **¡Oiga!** Hören Sie!)
constru**y**o (ich baue; **construir** = bauen)
está le**y**endo (er liest gerade; **leer** = lesen)

4. Vor Wörtern, die mit *i-* oder *hi-* beginnen, wird die Konjunktion **y** (und) zu **e**, z.B.:
padres **e** hijos (Eltern und Kinder)
Irene es una chica simpática **e** inteligente (Irene ist ein freundliches und kluges Mädchen)
España **e** Inglaterra (Spanien und England)

5. Vor Wörtern, die mit *o-* oder *ho-* beginnen, wird die Konjunktion *o* (oder) zu *u,* z.B.:
siete **u** ocho (sieben oder acht)
Francia **u** Holanda (Frankreich oder Holland)

6. Zwischen zwei Ziffern (nicht ausgeschrieben) bekommt **o** (oder) einen Akzent: **6 ó 7.**

1 En la frontera

A Unbestimmter Artikel § 1a

1 A ¿Qué es esto?
B Es un bolso.

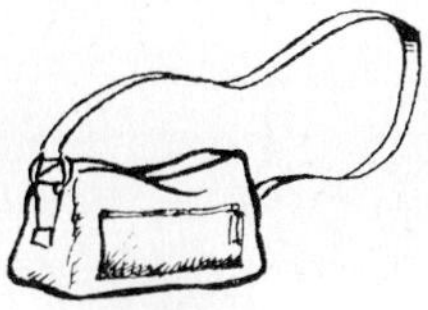

2 A ¿Qué es esto?
B . . .

3 A ¿Qué es esto?
B . . .

4 A ¿Qué es esto?
B . . .

5 A ¿Qué es esto?
B . . .

6 A ¿Qué es esto?
B . . .

B Bestimmter und unbestimmter Artikel § 1

1 A ¿Qué hay en el bolso?
B Hay un disco.

2 A ¿Qué hay en el bolso?
B . . .

3 A ¿Qué hay en el bolso?
B . . .

4 A ¿Qué hay en el bolso?
B . . .

5 A ¿Qué hay en el bolso?
B . . .

C Bestimmter und unbestimmter Artikel § 1

1 A ¿Hay algo en el bolso?
B Sí, hay un disco.

2 A ¿. . .?
B . . .

3 A ¿. . .?
B . . .

4 A ¿. . .?
B . . .

5 A ¿. . .?
B . . .

D hay + Singular § 48

1 A ¿Qué hay en el bolso?
B **Un disco.**
A ¿Algo más?
B Sí, hay también **un libro.**

2 A ¿. . .?
B . . .
A ¿. . .?
B . . .

3 A ¿. . .?
B . . .
A ¿. . .?
B . . .

4 A ¿. . .?
B . . .
A ¿. . .?
B . . .

E Plural § 4 b

Pregunte y conteste.

Fragen und antworten Sie.

1 A ¿Hay una carta?
B No, hay dos cartas.

2 A ¿Hay . . .?
B . . .

3

4

5

6

7

F hay + Plural § 48

1 A ¿Qué hay en **la maleta**?
B Hay **dos camisas.**

2 A ¿. . .?
B . . .

3 A ¿Qué hay en el . . .?
B . . .

4 A ¿. . .?
B . . .

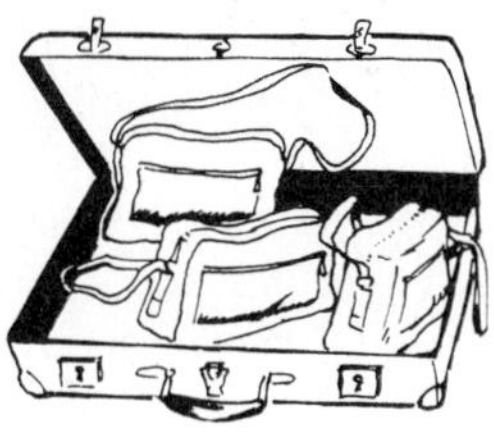

5 A ¿. . .?
B . . .

6 A ¿. . .?
B . . .

G ¿cuántos? ¿cuántas? § 47

1 A ¿Cuántos libros hay en el bolso?
B Hay dos.

2 A ¿Cuántos discos hay en la maleta?
B . . .

3 A ¿Cuántas botellas hay en el bolso?
B . . .

4 A ¿Cuántas . . .?
B . . .

5 A ¿. . .?
B . . .

6 A ¿. . .?
B . . .

7 A ¿. . .?
B . . .

H ¿En qué maleta? § 47
hay + Plural § 48

1 A ¿Qué hay en la maleta?
B ¿En qué maleta?
A En **la maleta negra.**
B En la maleta negra hay **dos discos.**

2 A ¿. . .?
B ¿. . .?
A . . .
B . . .

3 A ¿. . .?
B ¿. . .?
A . . .
B . . .

4 A ¿. . .?
B ¿. . .?
A . . .
B . . .

I Uno – Una § 1 a

Conteste a las preguntas.

Antworten Sie.

1 A ¿En el bolso blanco hay dos botellas?
B **No,** hay **una.**
2 A ¿En la maleta blanca hay un disco?
B **Sí,** hay **uno.**
3 A ¿En la maleta negra hay tres discos?
B . . .
4 A ¿En el bolso hay cuatro cámaras?
B . . .
5 A ¿Hay un libro en el bolso blanco?
B . . .
6 A ¿En la frontera hay cuatro guardias?
B . . .
7 A ¿Hay una carta en el libro?
B . . .

J* Fuga de vocales

Tragen Sie die fehlenden Vokale ein.

–¿Q□□ h□□ □n l□ m□l□t□?
–Tr□s □ c□□tr□ b□t□ll□s.
–¿C□□nt□s? ¿Tr□s □ c□□tro?
–C□nc□, s□ñ□r.

2 ¿Dónde está?

A Soy . . . § 90

Stellen Sie sich einem anderen Kursteilnehmer mit Ihrem Vor- und Nachnamen vor.

1 A Soy . . . (Ich bin . . .)
  B ¡Mucho gusto!

2 A ¿La señora Meyer?
  B No, yo soy . . .

B Ciudades – Städte

Pregunte y conteste.
Fragen und antworten Sie.

1 A **Madrid** está en España. Y **Toledo**, ¿dónde está?
  B **Toledo** está también en España.

Madrid – Toledo

2 Toledo – Sevilla
3 Barcelona – Valencia
4 Granada – Toledo
5 Málaga – Córdoba

C Ejercicio de pronunciación – Ausspracheübung

ca, cu, co	una **carta** de **Cuba**; un **disco** de **Colombia**; **cuatro cámaras fotográficas** de **Córdoba**
p	**España; Portugal; Perú**
t	**Toledo; también;** una **maleta; tabaco**
g	**Granada; Burgos; Málaga**
ge	**Argentina; Gerona**
gi	**Gimeno;** la **página** (Seite)
j	**José; Juan**
v/b	una **botella** de **Sevilla;** un **bolso** de **Valencia; tabaco** de **Cuba;** un **libro** de **Córdoba**
d	– **¿De dónde** es Daniel? **¿Es de Madrid o de Toledo?** – Es **de Granada.**
ll	**Sevilla;** una **botella**
ñ	un **señor** y una **señora** de **España**
ce, ci, z	**Barcelona; cinco; Valencia; Venezuela; La Paz**
ch	**chocolate; Chile**
que, qui	**Aquí** (hier) hay un **paquete** (Paket) de **Quito.**

D El señor . . ./La señora . . .

Stellen Sie einem anderen Kursteilnehmer Ihren Nachbarn vor.

1 A El señor. . .
  B ¡Mucho gusto!
  C ¡Encantado!

2 A La señora. . .
  B . . .
  C . . .

E no + está § 102

Mire el mapa en la página 11 del libro de texto.
Pregunte y conteste.
Sehen Sie sich die Landkarte auf Seite 11 im Lehrbuch an.
Fragen und antworten Sie.

1 A **¿Lima** está también en **España?**
  B No, **Lima** no está en **España.** Está en **Perú.**

Lima – España

2 Caracas – Perú – ?
3 Quito – Venezuela – ?
4 Santiago – Ecuador – ?
5 La Habana – Chile – ?
6 Bogotá – Cuba – ?

F soy – es – está §§ 77, 90

1 A ¿De dónde es usted?
  B Soy de **Hannover.**
  A ¿De Hannover? ¿Dónde está Hannover?
  B Está en **Niedersachsen.**

2 A . . .?
  B . . .
  A . .?
  B . . .

3 España

A Preguntas sobre el texto – Fragen zum Text

Mire el mapa en la página 10 del libro de texto.
Conteste a las preguntas.
Sehen Sie sich die Karte auf Seite 10 im Lehrbuch an.
Antworten Sie auf die Fragen.

1 ¿Dónde se habla español?
2 ¿Barcelona es la capital de España?
3 ¿Dónde está la capital?
4 ¿Dónde está Barcelona?
5 ¿Qué es la SEAT?
6 ¿Dónde está a) Badajoz? b) Bilbao? c) Sevilla?
7 ¿Qué es Mallorca?
8 ¿Dónde están los Pirineos?
9 ¿Con qué países (Länder) limita España?
10 ¿Qué exporta España?

B* Fuga de vocales

Tragen Sie die fehlenden Vokale ein.

□nd□rr□.
□nd□rr□ □s □n p□□s □ntr□
Fr□nc□□ □ □sp□ñ□. □st□ □n
l□s P□r□n□□s. L□ c□p□t□l
□s □nd□rr□. □q□□ s□ h□bl□n
d□s l□ng□□s: c□t□l□n y □sp□ñ□l.

C voy § 80 ¿Dónde está? § 50 a

Mire el mapa. Construya diálogos.

Betrachten Sie die Landkarte. Bilden Sie Dialoge.

1 A Hoy voy a **Sagunto.**
  B ¿A **Sagunto?** ¿Dónde está?
  A Está entre **Castellón** y **Valencia.**

D voy – vas § 80

Mire el mapa del ejercicio **C.** Construya diálogos.

Betrachten Sie die Karte der Übung **C**. Bilden Sie Dialoge.

1 A Hoy voy a **Sagunto.**
  B ¿Cómo vas? ¿En **tren?**
  A No, voy en **autobús.**

Üben Sie weiter mit den Städten auf der Karte.
Verwenden Sie abwechselnd **autobús, coche** und **tren.**

E* Sopa de letras

In dieser "sopa de letras" sind Begriffe versteckt. Diese Begriffe können horizontal, vertikal oder diagonal angeordnet sein und dabei vor- oder rückwärts gelesen werden.

N	P	R	E	D	N	A	T	N	A	S	E
S	A	A	A	A	M	S	O	L	E	D	O
N	E	I	D	Ñ	G	E	Z	I	D	A	C
O	T	L	T	O	U	A	S	M	A	R	B
L	N	S	E	S	I	R	L	R	T	A	I
L	A	T	R	R	A	E	O	A	R	C	E
E	C	O	E	T	N	B	I	C	M	A	Q
T	I	M	A	V	I	V	E	M	A	O	S
S	L	I	R	L	A	L	O	S	M	L	A
A	A	S	B	O	O	L	E	G	N	D	A
C	N	A	G	N	E	L	E	S	I	A	V
H	O	L	A	I	C	N	E	L	A	V	S

Gesucht werden 12 spanische Küstenstädte

Latinoamérica

A Colombia

Mire el mapa de Colombia. Lea el texto.

Sehen Sie sich die Landkarte Kolumbiens an. Lesen Sie den Text.

Esto es **Colombia.** Aquí se habla español.
Bogotá es la capital de **Colombia.**
Está en el **centro** del país.
Barranquilla es una ciudad grande.
Está en el **norte.**
Medellín está en el **oeste.**
Popayán está en el **sur.**
Colombia limita con **Panamá,**
Venezuela, Perú,
el Brasil y **el Ecuador.**

B Chile

Schreiben Sie einen Paralleltext über Chile.
Ersetzen Sie die notwendigen Wörter im Text über Kolumbien durch die Angaben aus der Landkarte Chiles.

C Preguntas sobre el texto – Fragen zum Text

Mire el mapa del libro de texto. Conteste a las preguntas.
Sehen Sie sich die Karte im Lehrbuch an. Antworten Sie auf die Fragen.

¿Con qué países limita	1 Colombia?	2 Perú?
	3 Argentina?	4 Bolivia?
	5 Guatemala?	6 El Salvador?
	7 Panamá?	8 Nicaragua?

D voy – va usted § 80

Mire el mapa. Construya diálogos.
Betrachten Sie die Karte. Bilden Sie Dialoge.

1 A Mañana voy a **Antofagasta.**
B ¿A **Antofagasta**? ¿Dónde está?
A En Chile.
B ¿Cómo va usted? ¿En **barco?**
A No, voy en **avión.**

Verwenden Sie abwechselnd **barco** und **avión.**

2 A Mañana voy a **Buenos Aires.**
B ¿. . .? ¿. . .?
A . . .
B ¿. . .? ¿. . .?
A . . .

3 Montevideo
4 Valparaíso
5 Barranquilla

E no + va § 102

Mire el mapa en el libro de texto.
Elija dos países y construya diálogos.

Sehen Sie sich die Landkarte im Lehrbuch an.
Wählen Sie zwei Länder und bilden Sie Dialoge.

A ¿Adónde va usted?
B A **Cuba.**
A ¿El avión no va a **Colombia?**
B No, va a **Cuba.**

F Hörverstehensübung

Escuche dos veces la casete y conteste a las preguntas. Si es necesario, mire el mapa de España y de América Latina.

Hören Sie zweimal die Cassette und antworten Sie auf die Fragen. Wenn nötig, sehen Sie sich die Landkarten Spaniens und Lateinamerikas an.

la región	Region
donde	wo
allí	dort
muchos	viele, zahlreiche
el problema	Problem
político	politisch
pero	aber
junto al mar	am Meer

1 ¿Qué país es?
☐ Perú
☐ Nicaragua
☐ Panamá

2 ¿Qué ciudad es?
☐ Badajoz
☐ Gibraltar
☐ Sevilla

3 ¿Qué región es?
☐ El País Vasco
☐ Asturias
☐ Castilla la Nueva

4 ¿Qué ciudad es?
☐ Caracas
☐ Cali
☐ Bogotá

5 ¿Qué país es?
☐ Paraguay
☐ Chile
☐ Venezuela

6 ¿Qué ciudad es?
☐ Granada
☐ Alicante
☐ Sagunto

Und jetzt können Sie versuchen, den anderen Kursteilnehmern ähnliche Rätsel aufzugeben, z. B.:

– Es una ciudad grande, en el sur de Alemania. . .
– Es una región. . .
– Es un país. . .

4 En la calle

A Preguntas sobre el texto – Fragen zum Text

Mire el dibujo en el libro de texto. Conteste a las preguntas.

Sehen Sie sich die Zeichnung im Lehrbuch an. Antworten Sie auf die Fragen.

1 ¿En qué calle está la señorita Molina?
2 Lleva una maleta. ¿Lleva algo más?
3 ¿Qué busca?
4 ¿Cuántas farmacias hay en la calle de Solana?
5 ¿Cuántos bancos hay?
6 ¿Cuántos bares hay?
7 ¿Cuántos bares hay en la calle de Cervantes?
8 ¿Hay hoteles en la calle de Solana?
9 ¿Cuántos autobuses hay en la calle de Solana?
10 ¿Y cuántos coches hay?
11 ¿En qué calle hay un hotel?
12 ¿Es el hotel Goya?
13 ¿Dónde entra la señorita?

B (W)* Bestimmter und unbestimmter Artikel § 1

¿un? ¿una? ¿el? ¿la?

1 En **la** calle hay **un** coche.

2 En . . . coche hay . . . maleta.
3 En . . . maleta hay . . . bolso.
4 En . . . bolso hay . . . libro.
5 En . . . libro hay . . . carta.

Sehen Sie sich jetzt die Zeichnung im Lehrbuch auf S. 12–13 an.

– ¿Qué hay en las calles de Solana y Cervantes?

– ¿Qué hay en la calle donde vive usted (wo Sie wohnen)?

C Singular und Plural § 1

1 A ¿En la calle de Solana hay **un bar**? (2)
B ¿Un bar? ¡Dos bares!

2 A ¿En la calle de Cervantes hay un autobús? (3)
B . . .
3 A ¿En la parada hay un señor? (5)
B . . .
4 A ¿En la calle de Cervantes hay un hotel? (6)
B . . .
5 A ¿En la calle de Solana hay un balcón? (4)
B . . .
6 A ¿Hay un avión a Madrid? (2)
B . . .
7 A ¿Hay un tren a Barcelona? (6)
B . . .
8 A ¿En la calle de Cervantes hay un bar? (5)
B . . .

D Bestimmter Artikel + está § 50 a

1 A ¿Dónde está **el hotel Goya**, por favor?
B **¿El hotel Goya?** No sé dónde está, **señorita.** Pregunte a un guardia.

el hotel Goya – señorita

2 el bar Colón – señor
3 el banco de Vizcaya – señora
4 el hotel Madrid – señorita

* (W) = Wiederholung

E Bestimmter Artikel + está § 50 a

1 A ¿Dónde está **el hotel Goya**, por favor?
B Está en **la plaza de Colón.**
A ¿Está **lejos?**
B No, está **cerca.**
A Gracias.
B No hay de qué.

2 el hotel Cervantes
la calle de Cervantes
lejos
cerca

3 el banco de Vizcaya
la calle de Solana
cerca
lejos

4 la farmacia Cervantes
la plaza de España
lejos
cerca

5 la biblioteca
la calle Goya
cerca
lejos

F ¿está? – ¿hay? – ¿es? §§ 48, 77, 90

Setzen Sie die entsprechende Form ein!

1 A Por favor, ¿. . . por aquí /hier in der Gegend/ una farmacia?
2 B Sí, señora, en la calle de Solana . . . una farmacia. . . . la farmacia del señor Sotelo.
3 A Busco también un banco. ¿ . . . uno en la calle de Solana?
4 B Sí, el Banco de Vizcaya . . . muy cerca.
5 A ¿Dónde . . . el hotel Goya? ¿También en la calle de Solana?
6 B No, el hotel Goya . . . en la plaza de Colón.
7 A Y la plaza de Colón, ¿. . . lejos?
8 B No, . . . cerca. Pero también . . . un hotel en la calle de Cervantes.
9 A Gracias.
10 B No . . . de qué. Adiós, señora.

G Diálogo: ¿Dónde hay un hotel . . .?

Escriba primero el diálogo.

Schreiben Sie zuerst den Dialog.

Fremder	*Einheimischer*
Sie grüßen.	
	Sie antworten.
Sie sind auf der Suche nach einem Hotel.	
	Sie kennen eins, das aber sehr teuer ist (caro).
Sie möchten ein preiswerteres (barato).	
	Sie kennen ein gutes und nicht teures in der Straße . . .
Sie fragen, ob es weit sei.	
	Sie sagen, es sei ganz nah, dort gegenüber (enfrente).

Sie bedanken und verabschieden sich.

Versuchen Sie jetzt, nur mit Hilfe der deutschen Angaben den Dialog zu zweit zu führen.

*¿Cuántas paradas?

Zahlwörter 1 – 6 § 18

1 A **¿La plaza de Colón,** por favor?
B Tome el autobús número **seis.**
A ¿Cuántas paradas hay?
B **Cinco.**

2 A ¿La calle de Solana, por favor?
B 4
A ¿. . .?
B 3.

3 La plaza de Goya – 5 – 4
4 La calle de Cervantes – 3 – 2
5 La plaza de Chile – 6 – 1

¿Adónde vas?

A a + bestimmter Artikel § 2

1 A ¿Adónde va usted?
B Voy a **la farmacia.**

farmacia

2 banco
3 plaza
4 hotel
5 calle de Solana

B Grußformeln
a + bestimmter Artikel § 2

1 A **¡Hola, Carmen!** ¿Qué tal?
B Bien, ¿y tú?
A Muy bien, gracias.
B ¿Adónde vas?
A Voy **al cine,** ¿y tú?
B Voy **a la plaza de Colón.** ¡Hasta luego, **José!**
A ¡Hasta luego!

2 . . . – biblioteca – banco – . . .
3 . . . – bar – farmacia – . . .
4 . . . – plaza – hotel – . . .
5 . . . – cine Astoria – calle de Cervantes – . . .

Sprechen Sie jetzt mit den anderen Kursteilnehmern:

A ¡Hola, señorita . . .! ¿Qué tal?
B Bien. ¿Y usted?
A . . .
B . . .

C Hörverstehensübung

Mire primero los dibujos de la lección 4 y escuche después la casete. ¿Son las siguientes informaciones ciertas? ¿Sí o no?

Sehen Sie sich zunächst die Zeichnungen der Lektion 4 an und hören Sie anschließend die Cassette. Sind folgende Angaben richtig? Ja oder nein?

el/la turista Tourist/in
el amigo Freund
le dice (decir) er/sie sagt ihm

	Sí	No
1		
2		
3		
4		
5		
6		
7		

5 En Barcelona

A Preguntas sobre el texto – Fragen zum Text

1 ¿Quién es la chica?
2 ¿Dónde está?
3 ¿Dónde trabaja?
4 ¿Qué hace allí?
5 ¿Quién es el chico?
6 ¿El chico trabaja en el hotel?
7 ¿Qué hace allí?
8 ¿Adónde va ahora?
9 ¿Va en coche?

B* Sopa de letras

In dieser "sopa de letras" sind Begriffe versteckt. Diese Begriffe können horizontal, vertikal oder diagonal angeordnet sein und dabei vor- oder rückwärts gelesen werden.

I	Z	A	R	A	G	O	Z	A	R	R	O
A	C	N	A	M	A	L	A	S	B	A	D
R	L	A	S	U	T	E	R	U	E	L	I
S	E	L	E	N	G	H	R	S	Y	E	L
S	E	I	A	S	E	G	O	V	I	A	O
O	M	V	I	T	O	R	I	A	G	O	D
A	Z	A	I	S	M	A	D	R	I	D	A
E	N	A	L	L	I	A	R	N	E	E	L
R	I	O	M	C	L	R	Q	O	S	L	L
E	C	Y	R	O	D	A	A	E	E	O	A
S	Z	U	L	E	R	B	Ñ	L	S	T	V
T	M	R	A	O	G	A	O	R	T	A	E

Gesucht werden 15 spanische Städte (keine ist an der Küste!).

C Verben auf -ar: 1. und 3. Person Singular § 51

1 A ¿Qué busca usted?
B Busco **la revista.** ¿Dónde está?
A Está en **el bolso.**
B No, allí no está.

2 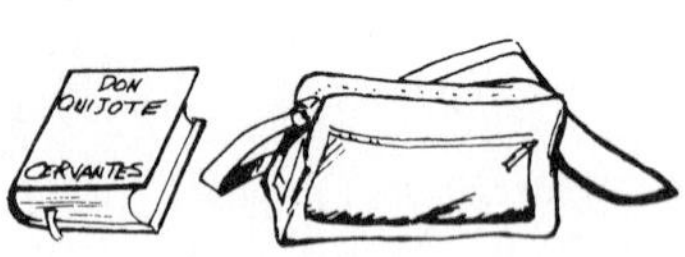

3 

4 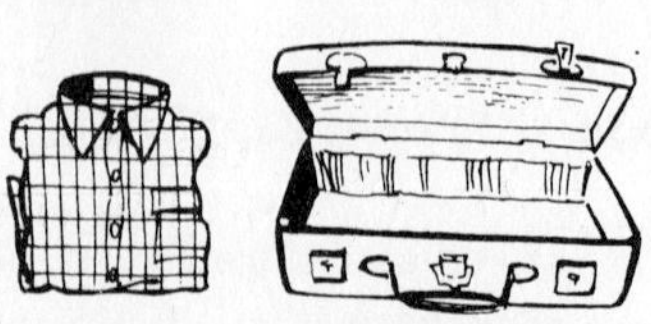

5 

D ¿por qué? – porque § 47 (W) voy – vas § 80

1 A Mañana voy a **Toledo.**
B ¿A **Toledo?** ¿Por qué?
A Porque **Carlos** está allí.
B ¿Cómo vas? ¿En **tren?**
A No, voy en **coche.**

Toledo – Carlos – tren – coche

2 Sevilla – Ana – avión – autobús
3 Barcelona – José – coche – tren
4 Madrid – Carmen – tren – autobús
5 Burgos – María – coche – avión

E ¿hay? – ¿está? – ¿es? §§ 48, 77, 90

Setzen Sie das passende Verb ein!

1 En la plaza de Colón . . . dos hoteles.
2 María . . . una chica que trabaja en el hotel Goya.
3 El hotel Goya . . . en Barcelona, en la plaza de Colón.
4 Ahora María . . . en la cocina, porque . . . cocinera.
5 Carlos . . . mecánico en la SEAT.
6 La SEAT . . . una fábrica de coches que . . . en Barcelona.
7 En la fábrica . . . muchos mecánicos que montan coches.

F (W) Fragewörter § 47

Haga preguntas.

Stellen Sie Fragen zu den folgenden 8 Antworten.
Verwenden Sie dabei die passenden Fragewörter im Kästchen.

¿Qué?
¿Cómo? ¿Dónde?
¿Quién? ¿Adónde?
¿Por qué?
¿Cuántos?
¿Cuántas?

1 Es una calle.
2 Es María.
3 María está en la calle.
4 Lleva *dos* maletas.
5 Lleva *un* bolso.
6 Va a París.
7 Va en tren.
8 Va allí porque su /ihre/ familia está en París.

G Diálogo: ¡Hola, María!

Conteste a las preguntas.

Stellen Sie sich vor, Sie seien Maria. Man fragt Sie nach Ihrer Tätigkeit. Sie geben bereitwillig Auskunft.

1 A ¡Hola, María! ¿Tú trabajas aquí en el hotel?
  B . . .
2 A ¿Y dónde trabajas en el hotel?
  B . . .
3 A ¿Trabajas mucho?
  B . . .
4 A Ganas mucho, ¿no?
  B . . .
5 A Y Carlos, ¿trabaja también en el hotel Goya?
  B . . .
6 A ¿Cómo va Carlos a la fábrica?
  B . . .
7 A (Tú) vas pronto a París, ¿no? ¿Por qué?
  B . . .
8 A Bueno, María. ¡Adiós! ¡Hasta luego!
  B . . .

H (W) Verben auf -ar: 3. Person Singular § 51

Escriba un resumen.

Schreiben Sie eine Zusammenfassung.

a) Schreiben Sie, was Sie über María wissen.
(Sie ist Köchin und arbeitet im Hotel Goya in Barcelona. Sie arbeitet viel, verdient aber wenig. Bald geht sie nach Paris, um in einem Restaurant zu arbeiten. Warum? Weil ihre/*su*/Familie dort ist. Wohin geht sie jetzt? Sie geht zu Mari Carmen.)

*b) Schreiben Sie, was Sie über Carlos wissen.
(Er ist Mechaniker bei der Autofabrik SEAT in Barcelona. Er arbeitet viel, verdient aber wenig. Heute fährt er mit dem Fahrrad zur Fabrik.)

6 Postales y sellos

A Zahlwörter 1–20 § 18

Usted compra postales. Pregunte.

Sie möchten Postkarten kaufen. Fragen Sie.

1 cuadro de Velázquez – 15 pesetas – usted paga con 20 pesetas

A . . .
B ¿Qué postal desea usted?
A . . .
B ¡Tenga!
A . . .
B Quince pesetas, señor (señorita . . .).
A . . .
B Y la vuelta: cinco pesetas.
A . . .
B Adiós, señor . . .

Y ahora pregunten y contesten ustedes.

Fragen und antworten Sie jetzt.

2 catedral de Burgos – 13 pesetas – usted paga con 20 pesetas
3 cuadro de Goya – 8 – 10
4 una foto de "EL Cordobés" – 11 – 15
5 una postal de Toledo – 12 – 20
6 una foto de Juan Carlos – 9 – 20

B Zahlwörter 1–20 § 18

Ahora usted desea comprar sellos. Pregunte.

Sie möchten nun Briefmarken kaufen. Fragen Sie.

1 dos sellos de 7 pesetas – usted paga con 20 pesetas

A . . .
B Tenga, son catorce pesetas.
A . . .
B Y la vuelta: seis pesetas.
A . . .

Y ahora pregunten y contesten ustedes.

Fragen und antworten Sie jetzt.

2 tres sellos de 6 pesetas – usted paga con 20 pesetas
3 dos sellos de 9 pesetas – 20
4 dos sellos de 8 pesetas – 20

C* Revoltigrama

In diesem "revoltigrama" sind bekannte Vokabeln in ihre einzelnen Buchstaben zerlegt und neu zusammengesetzt worden. Tragen Sie die Vokabeln in ihrer richtigen Buchstabenfolge ein (z. B. SOLBIR = LIBROS). Die umrandeten Kästchen ergeben – allerdings in ungeordneter Buchstabenfolge – das Lösungswort ("Río español = EBRO).

SOLBIR _ _ □ □ _ _
AÑAPES □ _ _ _ _ _
BOSCAR _ _ _ _ □ _

Lösung: _ _ _ _ (Río español)

TAPSOL □ _ □ _ _ _
CHISCA _ _ □ _ _ _
APADAR _ _ □ _ _ □

Lösung: _ _ _ _ _ (Capital europea)

NOCICA _ _ _ □ _ □
MURENO □ □ _ _ _ _
RECTON □ _ □ _ _ _
LESLOS □ _ _ _ □ _

Lösung: _ _ _ _ _ _ _ _ (Capital sudamericana)

ASPETES □ _ _ _ _ □ _
BAJATAR □ □ _ _ _ _ _
GALURRE _ _ □ _ □ _ _
TUSUBAO _ _ _ □ _ □ _

Lösung: _ _ _ _ _ _ _ _ (País europeo)

LAMTEA _ □ _ □ _ _
CISCHO _ _ _ □ □ _
NODEDA _ _ □ □ _ _

Lösung: _ _ _ _ _ _ (Mar)

D Hörverstehensübung

Escuche primero dos veces la casete.
¿Son los siguientes precios correctos? ¿Sí o no?

Hören Sie zuerst zweimal die Cassette.
Sind folgende Preise richtig? Ja oder nein?

	Sí	No
1		
2		
3		
4		
5		

7 En casa de Mari Carmen

A Preguntas sobre el texto – Fragen zum Text

Mire el dibujo en el libro de texto.
Conteste a las preguntas.

Sehen Sie sich die Zeichnung im Lehrbuch an.
Antworten Sie auf die Fragen.

1 ¿Dónde están María y Mari Carmen?
2 ¿Qué hay en la cocina?
3 ¿Qué hay en la mesa?
4 ¿Qué toman las chicas?
5 ¿Quiénes entran?
6 ¿Dónde trabaja el padre de Mari Carmen?
7 ¿Qué exporta la empresa?
8 ¿La madre trabaja también allí?
9 ¿Por qué no trabajan hoy los padres?

B Präsens von ir § 80

Utilice las formas convenientes de **ir**.

Setzen Sie die entsprechende Form von **ir** ein.

1 Mari Carmen, ¿ . . . (tú) ahora al hotel?
2 Sí, . . . en cinco minutos.
3 ¿. . . en bicicleta?
4 No, . . . en autobús, porque por la tarde María y yo . . . hoy al cine.
5 ¿Al cine?
6 Sí, en la calle de Solana hay un cine nuevo.
7 ¿. . . María y tú? ¿. . . también Carlos?
8 Sí, . . . Carlos, Juan, María y yo.
9 ¿Y después (danach)?
10 Después . . . todos al bar Toledo.
11 Bueno, hasta luego.
12 Adiós, hasta mañana.

C **ustedes van – vamos § 80**
Adjektivendung -o, -a § 9 a

1 A ¿Adónde van ustedes?
B Vamos **al bar de la calle de Solana.**
A ¿En **la calle de Solana hay un bar?**
B Sí, es **nuevo.**

2 el banco de la calle de Solana
3 la farmacia de la calle de Cervantes
4 la biblioteca de la plaza de Colón
5 el cine de la calle de Goya
6 la iglesia de la calle de Ribera

D **Traducción – Übersetzung § 48, 50 a, 50 b**

¿hay? ¿está? ¿están?

1 Die Mädchen sind in der Küche.
2 Dort ist ein Tisch. Dort sind auch drei Stühle.
3 Auf dem Tisch liegt eine Handtasche.
4 Auch ein Buch? Das Buch ist in der Tasche.
5 In der Tasche sind auch zwei Schallplatten.

Mari Carmen busca trabajo

A **Preguntas sobre el texto – Fragen zum Text**

1 ¿Cuántos trabajan en el hotel?
2 ¿Cómo es el jefe?
3 ¿Cuántas horas al día trabaja María? (8)
4 ¿Cuántas horas trabaja por la mañana? (de 8 a 1)
5 ¿Cuántas horas trabaja por la tarde? (de 4 a 7)
6 ¿Trabaja hoy por la tarde?
7 Luis y Alberto trabajan en el hotel. ¿Qué hace Luis?
8 ¿Cómo es Luis?
9 Y Alberto, ¿qué hace?
10 El hotel Continental busca chicas. ¿Por qué no busca Mari Carmen trabajo allí?

B **por la mañana, por la tarde**
(W) Verben auf -ar, 3. Person Singular § 51
(W) Zahlwörter § 18

1 A ¿Cuántas horas trabaja **Jaime?**
B Por la mañana trabaja de **8** a **12** y por la tarde de **4** a **7.**

Jaime, 8–12, 4–7

2 José, 9–12, 3–7
3 Carmen, 8–11, 6–9
4 Luis, 9–2, 3–6

C **Verben auf -ar: 1. und 2. Person Plural § 51**

a A ¿Cuántas horas trabajáis al día?
B **7.** Por la mañana trabajamos **3** horas y por la tarde **4.**

7: 3 + 4

b 8: 4 + 4 *c* 9: 3 + 6 *d* 6: 1 + 5

D **Präsens von trabajar § 51**

Utilice las formas convenientes de **trabajar.**

Verwenden Sie die passenden Formen von **trabajar.**

(El señor Gómez, Antonia y Cristina están en la calle:)
El señor Gómez Hola, chicas, ¿dónde . . . ahora?
Antonia Cristina y yo . . . en el hotel Goya.
El señor Gómez Tú, Antonia, . . . mucho, ¿no?
Antonia Sí, señor, y usted, ¿dónde . . . ahora?
El señor Gómez . . . en el banco de Santander.
Antonia Allí . . . también Carlos y Jaime, ¿no?
El señor Gómez Sí, . . . también en el banco. Jaime . . . en la recepción.

E **Diálogo: El trabajo**

Lea primero las respuestas. Pregunte después.

Lesen Sie zuerst die Antworten. Stellen Sie dann Fragen. Sie können Ihren Partner dabei duzen oder siezen.

1 ¿. . .?
2 En una empresa que exporta maletas y bolsos.
3 . . .
4 Sí, trabajo mucho.
5 . . .
6 No, hoy no trabajo porque es domingo.
7 . . .
8 Sí, el jefe es muy exigente.
9 . . .
10 Por la mañana de ocho a una y por la tarde de cuatro a siete.
11 . . .
12 No, Luis trabaja en un hotel.
13 . . .
14 Está en la plaza de Colón.
15 . . .
16 Es cocinero.
17 . . .
18 Sí, buscan chicas allí.
19 . . .
20 No, no pagan mucho.

8 En las Ramblas

A **tengo – tienes § 91**
Zahlwörter 1–90 § 18

a A ¿Tienes dinero (Geld)?
B Sí, tengo **veinte** pesetas.
A ¿Es verdad que no tienes más?
B Ah, sí. Aquí tengo **veintidós** pesetas más.

20 – 22

b 30 – 24 *e* 60 – 27
c 40 – 25 *f* 70 – 28
d 50 – 26 *g* 80 – 29

B* **déme**
son § 49 b
Zahlwörter 1–35 § 18

a A Déme **dos** números, por favor.
B Son **diez** pesetas.

2 – 10

b 3 – 15 *d* 5 – 25 *f* 7 – 35
c 4 – 20 *e* 6 – 30 *g* 9 – 45

C tiene + Alter § 91
Zahlwörter 1–90 § 18

a A A ver si adivinas cuántos años tiene mi padre . . .
B No sé . . . **¿treinta?**
A Más . . .
B **¿Cuarenta?**
A Menos . . .
B **¿Treinta y cinco?**
A Eso es, treinta y cinco.

30 – 40 – 35

b 60 – 70 – 65 *d* 70 – 80 – 75
c 80 – 90 – 85 *e* 50 – 60 – 55

D* Verben auf -ar § 51

1 A ¿Cuánto gana **Carmen**?
B Con las pagas gana **cuarenta mil** pesetas al mes.

Carmen – 40 000

2 Juan – 67 000
3 (tú) – 25 000
4 (Juan y tú) – 92 000

Beachten Sie, daß das Pronomen tú in Klammern steht.
Es muß nicht verwendet werden.

E Präsens von tener § 91

Utilice las formas convenientes de **tener.**

Setzen Sie die entsprechende Form von **tener** ein.

1 A Buenos días. ¿Qué revistas . . . usted?
B Pues, . . . "Hola" y "Semana".
A Déme "Semana", por favor.
B . . ., señora. Ochenta pesetas.

2 A Ramón, ¿cuántos años . . . (tú)?
B A ver si adivinas cuántos años . . . .
A No sé. ¿. . . siete años?
B Yo . . . ocho años, pero mi padre . . . cuarenta y uno.

3 A ¡El gordo para hoy! ¿Quién compra el gordo?
Señor, ¿ya . . . usted un número de la lotería?
B No, yo no . . . , pero mi señora sí . . . .
María, ¿cuántos números . . .?
C . . . cuatro números.
B Bueno, déme dos más.
A ¡. . ., señor! Y muchas gracias.

F Zahlwörter 1–90 § 18

1 A Una postal cuesta 5 pesetas, ¿verdad? (15)
B Ya no. Ahora cuesta quince pesetas.

2 A Una carta a Alemania cuesta 17 pesetas, ¿verdad? (32)
B . . .
3 A Una postal a Mallorca cuesta 4 pesetas, ¿verdad? (12)
B . . .
4 A Una carta a Barcelona cuesta 8 pesetas, ¿verdad? (14)
B . . .
5 A Un paquete de tabaco cuesta 18 pesetas, ¿verdad? (35)
B . . .
6 A El chocolate cuesta 9 pesetas, ¿verdad? (25)
B . . .

9 En la calle de la Cruz

A Preguntas sobre el texto – Fragen zum Text

1 ¿Dónde está la calle de la Cruz?
2 Allí hay un estanco. ¿De quién es?
3 ¿Qué hay delante del estanco?
4 ¿Qué hay a la derecha del estanco?
5 ¿Qué hay a la izquierda de la farmacia?
6 ¿Qué hay delante de la farmacia?
7 ¿Dónde trabaja el señor Sotelo?
8 ¿De quién es la moto?
9 ¿Dónde está Paco?

B (W) Bestimmter Artikel + está § 50 a

Mire el dibujo en la página 18–19. Pregunte y conteste.

Sehen Sie sich die Zeichnung auf S. 18–19 im Lehrbuch an.
Fragen und antworten Sie.

1 A ¿Dónde está el buzón?
B El buzón está delante del estanco.

el buzón

2 bar 4 coche
3 tienda de bolsos y maletas 5 moto

C Genitiv § 5

1 A ¿De quién **es la bicicleta**?
B **Es de Carlos.**

bicicleta – Carlos

2 coche – señor Sotelo
3 maleta – chicas
4 sellos – Pedro
5 cámara fotográfica – chicos
6 naranjas – Carmen

D de – del – de la § 5

1 La calle . . . Cruz está en el centro . . . Madrid.
2 Allí está el estanco . . . señora Valera.
3 Delante . . . estanco hay un buzón.
4 A la derecha . . . estanco hay un bar, es el bar . . . señor Valera.
5 A la izquierda . . . bar hay una farmacia, es la farmacia . . . señorita Molina.
6 Juan está en una tienda . . . bolsos y maletas a la derecha . . . estanco.
7 Delante . . . tienda hay una moto, pero no es la moto . . . Juan.

El estanco

A Preguntas sobre el texto – Fragen zum Text

1 El señor Sotelo entra en el estanco. ¿Por qué?
2 ¿Qué hay en el estanco?
3 ¿Dónde están los cigarrillos y las pipas?
4 ¿Qué hay a la izquierda?
5 ¿Qué cigarrillos desea el señor Sotelo?
6 ¿Qué cigarrillos compra?
7 ¿Son caros los bolígrafos?
8 ¿Cuánto cuestan los bolígrafos pequeños?
9 ¿Dónde está el bolígrafo grande?
10 ¿Cuánto cuesta el bolígrafo grande?

B* De compras – Beim Einkaufen

Verwenden Sie abwechselnd: *señora, señorita, señor.*

1 A Buenos días, señor, ¿qué desea?
B Déme **un bolígrafo,** por favor.
A Muy bien, ¿algo más?
B Sí, necesito también **dos sellos.**

un bolígrafo – dos sellos

2 un paquete de 46 – una caja de cerillas
3 una postal – un sello
4 un paquete de Ducados – un sello
5 dos postales – un bolígrafo

C Genitiv § 5
Demonstrativpronomen éste § 35

1 A ¿De quién es **el disco?**
B ¿Éste?
A Sí.
B Es de **Carlos.**

disco – Carlos

2 A ¿De quién son **los discos?**
B ¿Éstos?
A Sí.
B Son de **Carlos.**

discos – Carlos

3 periódicos – señor Sotelo
4 pipa – Juan
5 cerillas – el padre de José
6 cigarrillos – señor Valera
7 bolígrafo – Carlos
8 libros – la madre de Mari Carmen

D este – ese – aquel § 35 – 37
aquí – ahí – allí § 37a

Utilice el pronombre o el adverbio conveniente.

Setzen Sie das fehlende Pronomen oder Adverb ein.

1 Buenos días, señor.
2 Buenos días, señora. ¿Qué desea?
3 Necesito un bolígrafo. ¿Cuánto cuestan . . . que están ahí?
4 ¿. . . que están aquí?
5 Sí.
6 . . . marca es un poco cara.
7 Y aquéllos que están . . . a la derecha, ¿también son caros?
8 No, señora, . . . marca cuesta veintidós pesetas.
9 Déme uno de . . . bolígrafos que están allí, al lado de los cigarrillos.
10 ¿Algo más?
11 Sí, déme un paquete de Ducados.
12 No hay Ducados, señora. Pero aquí tengo una marca nueva. ¿Desea . . . marca?
13 No, gracias. Y . . . postales que están ahí, ¿cuánto cuestan?
14 ¿Éstas que están . . .?
15 Sí, ésas de . . ., los cuadros de Picasso.
16 . . . postales cuestan quince pesetas.
17 No son caras. Déme dos de . . . .

E Preposiciones

Rellene con las preposiciones que faltan.

Setzen Sie die fehlenden Präpositionen ein.

1 . . . la calle . . . Solana hay un banco.
2 . . . lado . . . banco, . . . la derecha, hay una tienda . . . bolsos y maletas.
3 La señora Valera trabaja . . . esa tienda.
4 . . . del banco hay un buzón.
5 . . . la izquierda está la moto . . . Juan.
6 Juan va ahora . . . bar Toledo, que también está . . . la calle . . . Solana.
7 Entra . . . el bar . . . señor Moreno. Desea tomar un café.

F Traducción – Übersetzung

1 Frau Sotelos Koffer steht auf dem Tisch.
2 Herrn Sotelos Koffer steht auf einem Stuhl.
3 Neben dem Tisch steht der Koffer der Jungen.
4 Auf dem Tisch liegt ein weißes Hemd.
5 – Von wem ist dieses Hemd?
6 – Dieses hier?
7 – Ja.
8 – Es ist Pacos Hemd.

10 El bar Granada

A Preguntas sobre el texto – Fragen zum Text

Mire el dibujo en el libro de texto y conteste a las preguntas.

Betrachten Sie die Zeichnung im Lehrbuch und antworten Sie auf die Fragen.

1 ¿Cómo es el bar Granada?
2 ¿Cuántas mesas hay allí?
3 ¿Cómo es la barra?
4 ¿Qué hay en el centro de la barra?
5 ¿Dónde está la cafetera?
6 ¿Cuántos taburetes hay en el bar?
7 ¿Dónde están?
8 ¿Cómo son?
9 ¿Dónde está el camarero?
10 ¿Qué hace?
11 ¿Dónde está la bandeja del camarero?
12 ¿Qué hay en la bandeja?
13 ¿Dónde está el barman?
14 ¿Qué hace?
15 ¿Qué hay encima de la radio?
16 En una mesa hay dos chicas y un chico.
¿Cómo son las chicas? ¿Cómo es el chico?
17 ¿Dónde trabajan las chicas?
18 ¿El chico también trabaja allí? ¿Qué hace?
19 Hay también un señor en el bar. ¿Dónde está?
20 ¿El señor trabaja en el bar? ¿Dónde trabaja?
21 ¿Por qué está en el bar?
22 ¿Fuma un cigarrillo?
23 ¿Tiene una revista?
24 ¿Quién entra en el bar?
25 La señora mira la lista de precios. ¿Dónde está la lista?

B* Sopa de letras

In dieser "sopa de letras" sind Begriffe versteckt. Diese Begriffe können horizontal, vertikal oder diagonal angeordnet sein und dabei vor- oder rückwärts gelesen werden.

C	R	I	S	C	U	O	S	M	E	N	T	A	Z	A
P	A	A	T	A	B	U	R	E	T	E	S	F	A	S
R	L	M	L	L	A	E	N	R	O	C	O	D	T	O
O	L	Q	A	O	A	I	R	E	T	O	L	E	A	L
A	E	U	J	R	C	O	R	A	Y	E	L	S	T	L
D	T	E	E	T	E	I	A	M	D	E	P	A	I	I
I	O	S	D	O	N	R	D	E	F	I	L	S	C	R
T	B	G	N	V	R	V	O	O	Y	A	O	E	N	R
I	H	Z	A	A	D	O	N	S	I	A	M	M	E	A
N	T	S	B	Y	O	O	I	A	N	R	R	E	C	G
B	O	J	A	R	E	T	E	F	A	C	E	H	O	I
S	R	S	A	R	A	P	M	A	L	I	M	P	N	C

Gesucht werden 14 Dinge, die man in einer spanischen „Bar" findet.

C Adjektiv: Deklination und Stellung § 9a, 11a
muy + Adjektiv § 17a

Pregunten y contesten.

Fragen und antworten Sie.

1 A ¿Hay ahí una **bandeja pequeña**?
B Sí, hay una, pero es **grande.**
2 A ¿Hay ahí **dos bandejas pequeñas**?
B Sí, hay dos, pero son **grandes.**

bandeja pequeña – grande
dos bandejas pequeñas – grandes

3 dos bolsos grandes
4 taburete negro
5 dos chicas rubias
6 maleta barata
7 seis tazas pequeñas

D el – la – un – uno – una § 1a
Adjektiv: Deklination § 9a

Rellene con el artículo correspondiente.
Complete los adjetivos.

Setzen Sie den richtigen Artikel ein.
Ergänzen Sie die Adjektivendungen.

1 . . . bar Granada es pequeñ- . . . .
2 Sólo hay seis mesas blanc- . . ., pero hay . . . barra muy larg- . . . .
3 Delante de . . . barra hay tres taburetes muy alt- . . .
4 En . . . centro de . . . barra hay . . . bandeja grand- . . . .
5 En . . . bandeja hay . . . vaso grand- . . . y tres tazas pequeñ- . . . .
6 . . . barman está detrás de . . . barra y escucha . . . radio.
7 En . . . mesa hay dos chicas y . . . chico.
8 . . . de . . . chicas es moren- . . . y . . . otra es rubi- . . . .
9 . . . chico también es moren- . . . .
10 . . . camarero fuma . . . cigarrillo español- . . . .
11 Entra . . . señora y mira . . . lista de precios que está a . . . izquierda de . . . barra.

E Vocabulario – Wortschatz
(W) Zahlwörter § 18

Mire la lista de precios en el libro de texto.
Pregunte y conteste.

Sehen Sie sich die Preisliste im Lehrbuch an.
Fragen und antworten Sie.

A ¿Cuánto cuesta el café con leche?
B Doce pesetas.

Üben Sie weiter zu zweit.

Anhand der Preislisten auf S. 21 im Lehrbuch fragen Sie jetzt nach den Preisen in Ihrem Land und antworten Sie.

F Vocabulario – Wortschatz

Pida algo para comer y beber.

Bestellen Sie etwas zu essen und zu trinken.

1 A ¿Desea tomar algo?
B Sí, un **refresco.**
A ¿Una **naranjada?**
B No, la naranjada no me gusta.
Déme una **coca-cola,** por favor.
A ¿Desea algo más?
B Sí, un **bocadillo de queso.**
A En seguida, señor (señora . . .).

2 Sie möchten einen Kaffee (mit wenig Milch, keinen Espresso) und spanisches Ölgebäck.
3 Sie möchten eine Erfrischung (Limonade, keine Coca-Cola) und ein Schinkenbrötchen.
4 Sie möchten Kaffee (Espresso, keinen Milchkaffee) und ein Käsebrötchen.

G Diálogo

Lea primero las respuestas. Después pregunte.

Stellen Sie Fragen zu den vorgegebenen Antworten.

1 ¿. . .?
No, el bar Granada es pequeño.
2 ¿. . .?
No, sólo hay seis mesas.
3 ¿. . .?
La barra es muy larga.
4 ¿. . .?
La cafetera está en el centro de la barra.
5 ¿. . .?
El camarero que está delante de la barra fuma un cigarillo.
6 ¿. . .?
Encima de la radio hay muchas botellas.
7 ¿. . .?
El chico estudia en el Instituto Lorca.
8 ¿. . .?
No, las chicas trabajan en una oficina que está cerca del bar.
9 ¿. . .?
Porque (el señor que lee el periódico) siempre desayuna en el bar.
10 ¿. . .?
No fuma un cigarillo, fuma (en) pipa.
11 ¿. . .?
La señora que entra mira la lista de precios.
12 ¿. . .?
La lista de precios está al lado de la barra.

El desayuno

A Preguntas sobre el texto – Fragen zum Text

1 ¿Qué toman Cristina y Antonia?
2 ¿Qué toma Pablo?
3 ¿Pablo desayuna a veces en casa?
4 Y las chicas, ¿desayunan siempre en el bar?
5 ¿Por qué desayunan en el bar?

Y usted, ¿qué desayuna?

Erzählen Sie, was Sie selbst frühstücken.
Sie können z. B. so beginnen:

Por la mañana, generalmente, tomo . . .
Pero los domingos . . .

B no . . . nunca § 102
(W) Präsens von ir § 80

1 A ¿Vas en tren o en avión?
B En tren. No voy nunca en avión.

2 ¿Va usted en avión o en barco?
3 ¿Carlos va en autobús o en tren?
4 ¿Vais en coche o en autobús?
5 ¿Las chicas van a pie o en coche?
6 ¿Van ustedes en tren o en barco?

C me gusta

1 A ¿Qué desayunas? **¿Café?**
B No, el café no me gusta. Me gusta más **el té.**

café – té

2 té – chocolate
3 chocolate – café con leche
4 café con leche – cortado
5 cortado – expreso
6 jamón – queso

D Verben auf -ar § 51
Präsens von ser und tener § 49a, 91

Utilice la forma correcta del verbo.

Setzen Sie die entsprechende Verbform ein.

1 Pablo y Cristina . . . en un bar	(estar)
y . . . café con leche.	(tomar)
2 También . . . hambre.	(tener)
. . . tomar un bocadillo.	(desear)
3 Antonia . . . con ellos.	(estar)
4 – ¿. . . (vosotros) siempre en el bar?,	(desayunar)
. . . Antonia.	(preguntar)
5 – Sí, . . . casi siempre aquí,	(desayunar)
porque . . . muy práctico.	(ser)
6 – ¿Y siempre . . . café?	(tomar)
7 – Yo no, . . . Pablo, pero tú, Cristina,	(decir)
generalmente . . . café, ¿no?	(tomar)
8 – Pues, sí, siempre . . . café y un	(desayunar)
bocadillo. A veces (nosotros) . . . té,	(tomar)
pero nos /uns/ . . . más el café.	(gustar)
9 – Yo, generalmente, . . . en casa.	(desayunar)
Por la mañana mis padres y yo . . .	(desayunar)
siempre té con limón y pan tostado	
con mantequilla y mermelada.	

Empiezo a las nueve

A empezar § 54
¿A qué hora? + Uhrzeit § 19a

Construya diálogos. Bilden Sie Dialoge.

1 A ¿A qué hora empieza **Carlos** hoy?
B A **las ocho.**
A ¿Y mañana?
B Mañana empieza a **las diez.**

	hoy	*mañana*
Carlos	8:00	10:00
2 el camarero	6:00	12:00
3 el barman	16:00	13:00
4 la cocinera	10:00	11:00

B empezar § 54
¿A qué hora? + Uhrzeit § 19a

1 A **Luis,** ¿a qué hora empiezas hoy?
B A **las siete y media.**
A ¿Y mañana?
B Mañana empiezo a **las diez y media.**

2 A **Señores,** ¿a qué hora empiezan ustedes hoy?
B A **las ocho menos cuarto.**
A ¿Y mañana?
B Mañana empezamos a **las nueve y cuarto.**

	hoy	*mañana*
Luis (tú)	7:30	10:30
Señores (Uds.)	7:45	9:15
3 Jaime (tú)	9:30	11:30
4 María (tú)	6:30	13:30
5 Señoras (Uds.)	6:45	10:15
6 Señoritas (Uds.)	9:45	13:30

¿Trabaja usted mucho?

Erzählen Sie jetzt, wie Ihre Arbeitszeit aussieht.

C cerrar § 54
Uhrzeit + de la tarde, de la noche, de la mañana § 19a

Pregunte y conteste. Fragen und antworten Sie.

(Betrachten Sie zuerst die Tageseinteilung.)

01:00 — 12:00 — 20:00 — 01:00
la mañana — la tarde — la noche

1 A ¿A qué hora cierra **el banco?**
B **A las tres de la tarde.**

banco – 15:00

2 estanco – 19:30
3 restaurante – 23:00
4 oficina – 13:15
5 bar – 02:30
6 farmacia – 20:45
7 biblioteca – 11:00
8 tienda – 10:30
9 fábrica – 17:30

D Vocabulario – Vokabular

Complete el siguiente texto.

Vervollständigen Sie folgenden Text.

El señor Sotelo entra en un estanco que 1..... en la calle de 2..... Cruz, en el centro de Madrid, 3..... capital de España. Un estanco es una 4..... pequeña donde se compran 5....., postales, y también bolígrafos, etc.

El señor Sotelo 6..... comprar cigarrillos. En el estanco no 7..... los cigarrillos que él 8..... fuma, y compra 9..... paquete de Ducados, unos 10..... negros.

Después el señor Sotelo 11..... a la farmacia porque trabaja allí. Entra a 12..... nueve. 13..... ocho horas al día. Por la 14..... de nueve a una y por la 15..... de cuatro a ocho.

11 Un jersey azul

A almorzar – empezar § 54–56

1 A Oye, Pablo, hoy almorzamos en el bar "Estrella" Cristina y yo. ¿Y tú?
B (Yo) **almuerzo** siempre en el bar "Estrella".

2 A Cristina y tú empezáis a trabajar a las dos, ¿no?
B ...

3 A Hoy encuentras a Mari Carmen en el bar, ¿verdad?
B ...

4 A ¿Mari Carmen también almuerza en el bar?
B ...

5 A El banco donde trabajas tú cierra a la una, ¿no?
B ...

6 A Oye, Cristina, tienes un jersey muy bonito. Cuesta mucho, ¿no?
B ...

B almorzar § 54

1 A **Carlos,** ¿dónde almuerzas hoy? ¿En **casa?**
B No, hoy almuerzo en el **bar.**

Carlos (tú) – bar

2 Luisa (tú) – oficina – casa
3 Luis y Pedro (vosotros) – bar – fábrica
4 señor Gómez (usted) – casa – restaurante
5 señora Molina (ustedes) – estación – tren

C Zahlwörter § 18
Vocabulario – Wortschatz

tan . . . como	so . . . wie	*quizás*	vielleicht
chistoso	witzig	*el humor*	die Laune
el abrigo	der Mantel	*elegante*	elegant

Lea. Lesen Sie.

– Los precios cambian, don Ramón.
– No es verdad, don Pedro. Todo está muy barato, tan barato como en 1950.
– ¡Qué chistoso es usted, don Ramón! A ver, ¿cuánto cuestan este abrigo y estos zapatos?
– No sé . . . El abrigo quizás 1500 pesetas, los zapatos unas 300 pesetas . . .
– Está usted de muy buen humor hoy, amigo. No, no son 1500 y 300 pesetas, sino 8000 y 2800. ¿Qué dice?
– Que el abrigo es muy elegante . . .
– No es elegante, señor mío. ¿Usted tiene un hijo en Alemania?
– Yo no tengo hijos, don Ramón.
– Claro. Pues una carta para Alemania cuesta 33 pesetas; y para un paquete pequeño necesito 165 pesetas . . .
– Pero el periódico no es caro.
– No, no es caro. 40 pesetas . . .
– Bueno, yo almuerzo hoy en el restaurante Zaragoza. ¿Y usted?
– ¿Yo? Yo no tengo 1000 pesetas para almorzar en un restaurante. Yo almuerzo en casa.

D* Despedacigrama: El bar Goya

enfrente – gegenüber

Dieses "despedacigrama" enthält einen kurzen zusammenhängenden Text. Es geht darum, die Rechtecke mit den Buchstabengruppen an die richtige Stelle zu setzen. Jedes Wortende wird durch ein schwarzes Feld angezeigt.

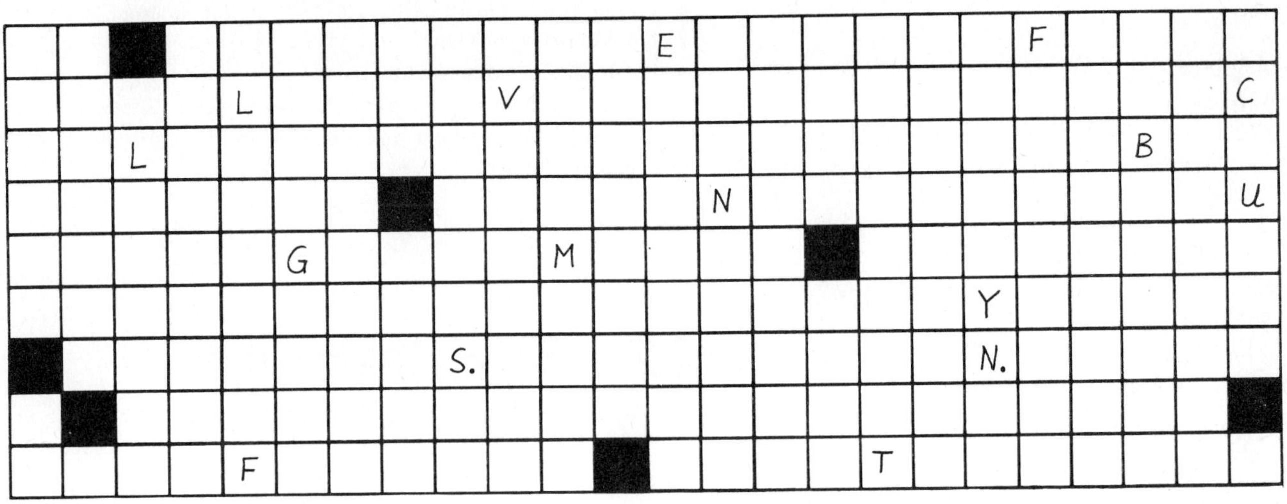

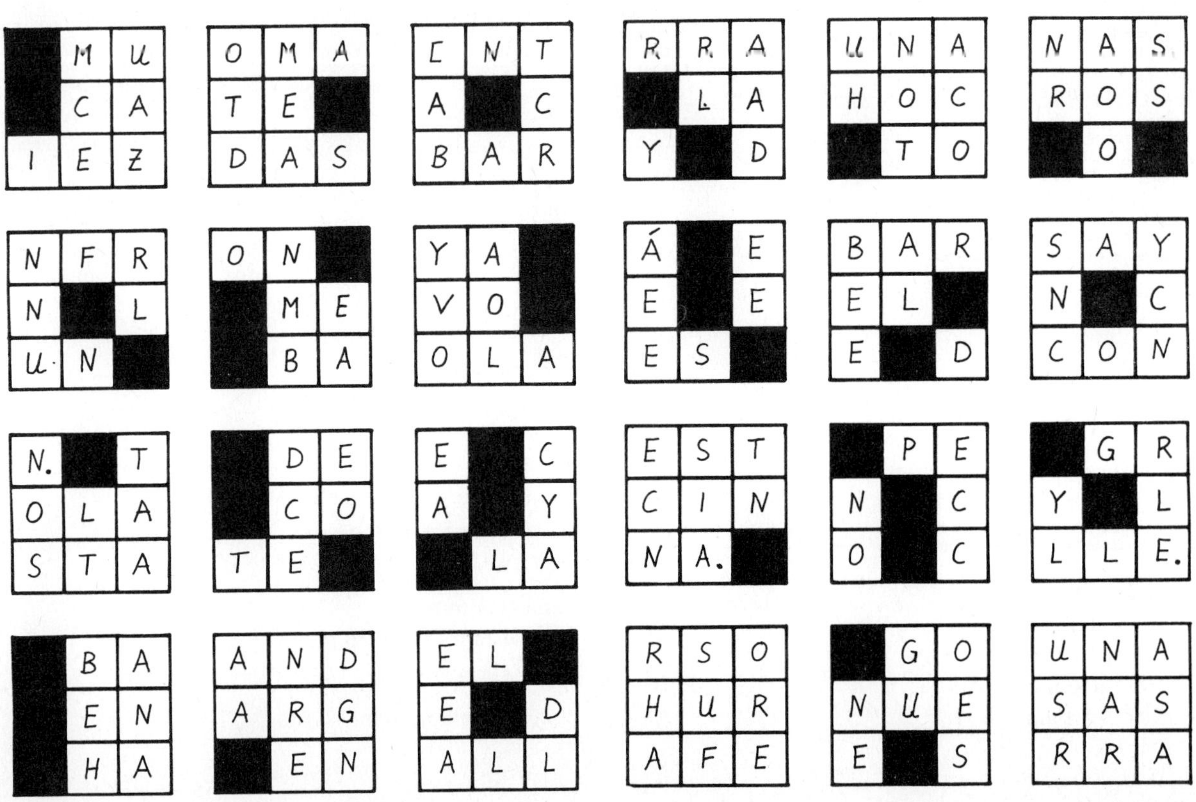

E Zahlwörter § 18
te gusta
(W) Adjektivdeklination § 9a

1 A ¿Te gusta **la camisa blanca?**
B Sí, y no es muy cara.
Cuesta **doscientas pesetas.**

camisa – (blanco) – 200 ptas.

2 blusa – (azul) – 300 ptas.
3 jersey – (rojo) – 600 ptas.
4 falda – (amarillo) – 700 ptas.
5 jersey – (negro) – 500 ptas.

F Zahlwörter § 18
(W) Adjektivdeklination § 9a

1 A ¿Cuánto cuesta el jersey azul?
B **Ochocientas** pesetas.
A **¿Y el jersey rojo?**
B **Setecientas cincuenta** pesetas.

jersey azul – 800 ptas.
jersey rojo – 750 ptas.

2 falda blanca – 550 ptas.
falda azul – 470 ptas.
3 blusa roja – 170 ptas.
blusa amarilla – 190 ptas.
4 camisa blanca – 330 ptas.
camisa roja – 520 ptas.

G (W) Verben auf -ar, Präsens § 51, 54
(W) ir: Präsens § 80

Rellene con las formas correctas de los verbos.

Setzen Sie die richtigen Verbformen ein.

1 Ana y María ... en una farmacia. (trabajar)
2 Siempre ... en casa. (desayunar)
3 ... café con leche y un bocadillo. (tomar)
4 Las dos ... el trabajo a las 8:30. (empezar)
5 La farmacia ... a las 2 de la tarde, (cerrar)
6 y las chicas casi siempre ... en un bar, (almorzar)
7 pero los domingos ... en casa. (almorzar)
8 ... el trabajo otra vez a las 4. (empezar)
9 No ... nunca en autobús, ... a pie. (ir)
10 Ahora ... a la farmacia. (ir)
11 Hoy ... una tienda nueva. (encontrar)
12 ... allí. (entrar)

H (W) Fragewörter § 47

Lesen Sie aufmerksam den Text der Übung **G**.
Stellen Sie Fragen zu den Sätzen 1–10.
Anrede: *vosotras.* Die Mädchen antworten in der „wir"-Form.

1 ¿Dónde ...?
2 ¿Dónde ...?
3 ¿Qué ...?
4 ¿A qué hora ...?
5 ¿A qué hora ...?
6 ¿Dónde ...?
7 ¿Dónde ...?
8 ¿A qué hora ...?
9 ¿Cómo ...?
10 ¿Adónde ...?

I Diálogo – Dialog

Lea primero este diálogo. Lesen Sie zuerst diesen Dialog.

1 A Buenos días. ¿Qué desea usted?
B Necesito un jersey.
A ¿De qué color?
B De color azul.
A Aquí tengo un jersey muy bonito.
B ¿Y cuánto cuesta este jersey?
A Cuesta dos mil pesetas, señora.

Orientieren Sie sich zunächst an dem vorgegebenen Beispiel.
Spielen Sie dann die Rollen ohne Hilfsmittel.

1 blauer Pullover – 2000 Peseten
2 gelber Rock – 4150
3 weiße Bluse – 1950
4 schwarzer Mantel – 14000
5 blaue Schuhe – 4400
6 weißer Pullover – 6150

J Traducción – Übersetzung

1 Ich bin 16 Jahre alt.
2 Ich arbeite in einem neuen Geschäft in der Solana-Straße.
3 Ich beginne um 9 Uhr.
4 Ich frühstücke niemals zu Hause.
5 Um 8.30 Uhr trinke ich einen Kaffee in einer Cafeteria.
6 Um 13.00 Uhr schließt das Geschäft und ich fahre mit dem Bus nach Hause.

12 Una llamada telefónica

A Preguntas sobre el texto – Fragen zum Text

1 ¿Dónde está el señor García?
2 ¿Con quién está allí?
3 ¿Adónde desea llamar?
4 ¿Dónde está el teléfono?
5 ¿Quién contesta?
6 ¿Está en casa la señora?
7 ¿El señor García almuerza en casa hoy?
8 ¿Está lejos de la Casa Barata?
9 ¿Qué hay en la Casa Barata esta semana?
10 ¿Qué necesitan los niños?

B te gusta – te gustan
(W) este § 35

Mire la página 23 del libro de texto.
Pregunte y conteste como en los ejemplos 1 y 2.

Sehen Sie sich die Seite 23 im Lehrbuch an.
Fragen und antworten Sie wie in den Beispielen 1 und 2.

1 A ¿Te gusta esta camisa?
B Sí, y no cuesta más que 98 ptas.

2 A ¿Te gustan estos pantalones?
B Sí, y no cuestan más que 290 ptas.

C* Sopa de letras

In dieser "sopa de letras" sind Begriffe versteckt. Diese Begriffe können horizontal, vertikal oder diagonal angeordnet sein und dabei vor- oder rückwärts gelesen werden.

E	S	V	U	N	A	L	E	I	O	A	S
P	U	Q	E	A	M	J	I	G	S	L	T
E	A	L	A	S	A	S	I	E	M	E	U
N	S	N	E	R	T	R	N	R	E	O	J
O	A	S	T	E	B	I	P	A	N	T	N
O	T	A	L	A	T	A	D	C	N	A	U
C	E	S	Ñ	E	L	A	A	O	Y	R	B
O	U	U	C	E	S	O	V	E	M	D	R
B	Q	L	E	I	R	S	N	H	A	O	N
R	A	B	M	L	Y	T	I	E	C	S	A
C	H	A	A	D	L	A	F	Y	S	O	L
A	C	N	U	S	E	O	R	N	E	G	B

Gesucht werden 10 Kleidungsstücke.

13 Viajantes

A mediodía

A Preguntas sobre el texto – Fragen zum Text

1 ¿Qué profesión /*Beruf* / tiene Ramón Martí?
2 ¿Cuántos años tiene? (33)
3 ¿Para qué empresa trabaja?
4 ¿Qué vende?
5 ¿Por qué viaja mucho?
6 ¿Dónde está hoy?
7 ¿Qué es Santa Fe?
8 ¿Por dónde pasea?
9 ¿Qué lleva?
10 Entra en un bar. ¿Qué desea hacer?
11 ¿Por qué desea beber?
12 ¿Por qué desea comer?
13 En una mesa hay dos chicos. ¿Qué hacen?
14 Y el señor de la mesa grande, ¿qué hace?
15 ¿Quién es?
16 ¿Cuántos años tiene? (35)
17 ¿De dónde es?
18 ¿Qué vende?
19 ¿Trabaja para la misma empresa que el señor Martí?

B Präsens von estar § 77

Rellene con las formas de **estar.**

Setzen Sie die passenden Formen von *estar* ein.

Juan y María . . . en un bar. Entra un buen amigo, Luis.

Luis ¿No . . . en Barcelona?
Juan y María No, . . . aquí unos días. . . . en el Gran Hotel.
Luis ¿Y los niños también . . . aquí?
Juan No, . . . en casa con la criada. Y tú, ¿por qué . . . en Santa Fe?
Luis . . . aquí porque busco trabajo.

C Personalpronomen als Subjekt § 25

Mire el dibujo en la página 12 del libro de texto.
Pregunte y conteste como en el ejemplo.

Sehen Sie sich die Seite 12 im Lehrbuch an.
Fragen und antworten Sie wie im Beispiel.
Wählen Sie andere Plätze.

1 A Ahora voy **al cine**, ¿y **tú**?
B **Yo** voy **a la farmacia.**

2 ¿y la señora?
3 ¿y el señor?
4 ¿y usted?
5 ¿y vosotros?
6 ¿y los chicos?
7 ¿y ustedes?

D Narración – Nacherzählung

Erzählen/Schreiben Sie, was Sie über Juan Moliner wissen. Benutzen Sie, wenn Sie wollen, folgende Stichwörter:

viajante – Barcelona – ropa – el señor Martí – Santa Fe – la señora Moliner – los niños – el Gran Hotel Santa Fe – restaurante – bueno

E algo § 38; no . . . nada § 38

Anrede: *señor, señora, señorita.*

1 *Camarero* ¿Qué desea usted, señor?
B Déme **una cerveza grande,** por favor.
Camarero Muy bien, ¿algo más?
B No, no quiero nada más. Está bien, gracias.

cerveza grande

2 coca-cola
3 café con leche
4 bocadillo de queso
5 naranjada

Por la tarde

A Preguntas sobre el texto – Fragen zum Text

1 ¿Dónde está Ramón Martí?
2 ¿Su mujer está también allí?
3 ¿Por qué marca el número 93?
4 ¿Ha llamado desde un hotel?
5 ¿Ha almorzado solo?
6 ¿Por qué no está Pedro Solar en Barcelona?
7 ¿Ya ha comprado Ramón algo para los niños?
8 Ramón ya no puede hablar por teléfono. ¿Por qué?

B Perfekt der Verben auf -ar § 60

Use la forma correcta del perfecto.

Setzen Sie die entsprechende Perfekt-Form ein.

1 A ¿**Empezáis** a trabajar siempre a las ocho?
B Generalmente sí, pero hoy **hemos empezado** a las 7,30.

2 A ¿Tienes sed? ¿Has **tomado** algo?
B No, hasta ahora no . . . . . . nada.

3 A ¿**Almuerzas** hoy en casa?
B No, ya . . . . . . en el bar "Estrella".

4 A ¿Cuándo **llamáis** por teléfono a Pedro?
B Ya . . . . . . esta mañana.

5 A ¿Tienes que **hablar** con el jefe?
B No, ya no, ... con él antes de la comida.

6 A ¿Dónde **están** las dependientas?
B . . . aquí todo el tiempo, ahora están en el bar.

7 A ¿**Buscan** más dependientas en tu empresa?
B Ahora ya no buscan, pero es verdad que . . . . . . tres o cuatro.

C Perfekt der Verben auf -ar § 60
Personalpronomen nach einer Präposition § 26

1 A Hoy es el cumpleaños de **Juan.** ¿Has comprado algo para **él**?
B No, todavía no **he comprado** nada.

2 Carmen
3 el tío
4 Ramón y Pedro
5 las niñas
6 el señor Moliner

D Diálogo — Dialog

Sie sind in einem spanischen Restaurant und möchten etwas zu essen und zu trinken bestellen.

1 Rufen Sie den Kellner.
A . . .
Camarero: ¡Diga, señor!

2 Bestellen Sie eine Flasche Bier.
A . . .
C.: Muy bien, señor. ¿Desea usted algo más?

3 Sie bestellen ein Schinkenbrötchen.
A . . .
C.: Sí, en seguida va.

4 Sie möchten zu Hause anrufen und fragen, wo man hier telefonieren kann.
A . . .
C.: Delante del bar hay una cabina telefónica. ¿Tiene usted monedas?

5 Sie haben eine Münze. Sie bedanken sich.
A . . .
C.: De nada, señor. Adiós, buenos días.

E Diálogo — Dialog
Zahlen § 18

¡Camarero, la cuenta (Rechnung), por favor!

1 A ¿Qué ha tomado usted?
B **Chocolate y churros.**
A Son . . . **65** pesetas.
B Aquí tiene **100.**
A Y la vuelta: 35 pesetas, señor.

2 bocadillo de tortilla y coca-cola — 120 —200
3 té con limón — 40 — 100
4 café con leche y bocadillo de queso — 130 — 500
5 pan, mermelada, mantequilla y café cortado — 90 — 1000

F En el hotel
Diálogo — Dialog

Mire la lista de hoteles en la página 25 del libro de texto. Elija entre los hoteles y conteste.

Sehen Sie sich die Liste der Hotels auf S. 25 im Lehrbuch an. Wählen Sie zwischen diesen Hotels und antworten Sie (schriftlich oder mündlich).

1 A ¿En qué hotel estás?
B . . .

2 A ¿Dónde está?
B . . .

3 A ¿Cuánto pagas?
B . . .

4 A ¿Comes en el hotel/la pensión/?
B . . .

5 A ¿Te gusta el hotel/la pensión/ la habitación/?
B . . .

6 A ¿Por qué?
B Porque . . .

Für die letzte Antwort können folgende Stichworte benutzt werden:
es muy caro/barato
está lejos del centro / cerca del centro
el bar/el restaurante — bueno/no bueno

G Hörverstehensübung

Hören Sie das Band/die Schallplatte.
Antworten Sie dann auf folgende Fragen:

1 ¿Estamos en un bar o en un restaurante?
2 ¿El señor tiene hambre o tiene sed?
3 ¿El señor toma una naranjada o una limonada?
4 ¿Cuánto paga? ¿15 ó 50 ptas.?
5 Entra una señora. ¿Tiene hambre o tiene sed?
6 ¿Toma un bocadillo de queso o un bocadillo de jamón?
7 ¿Cuánto paga? ¿35 ó 50 ptas.?

14 Hacer la compra . . .

Algo diferente

A Preguntas sobre el texto – Fragen zum Text

1 ¿Dónde viven los señores Cornello?
2 ¿Tienen hijos?
3 ¿Los padres están en casa hoy?
4 ¿Cuándo van a volver?
5 ¿Quiénes van a preparar la comida?
6 ¿Qué comida hacen casi siempre?
7 ¿Qué van a preparar hoy?
8 ¿Las chicas saben hacer paella?
9 ¿En qué libro miran?
10 ¿Qué hace Luisa para acordarse de lo que van a comprar?
11 ¿Van a comprar muchas cosas para la paella? ¿Qué van a comprar además?
12 ¿Qué van a preparar para el postre?

B (W) Präsens von empezar § 54

1 Juan **empieza a trabajar** a las 8
y no **termina** hasta las dos.

empieza – termina

2 ¿Y tú? 9–17
3 ¿Y vosotros? 8,30–15,30
4 ¿Y la cocinera? 6–14
5 ¿Y los obreros de SEAT? 7,30–16
6 ¿Y el policía? 20–4,30
7 ¿Y usted? . . .

C Futur mit ir § 50

1 A ¿Están ya aquí **los padres de Luisa**?
B No, pero van a llegar **por la tarde.**

los padres de Luisa – por la tarde

2 tu hermano – el sábado
3 los abuelos – muy pronto
4 las chicas – antes de cenar
5 el jefe – a las nueve, más o menos
6 el correo – a las 11

De compras

Preguntas sobre el texto – Fragen zum Text

1 ¿Adónde van Luisa y Emilia?
2 ¿Dónde está el supermercado?
3 ¿Dónde pone Luisa lo que compra?
4 ¿Qué necesita?
5 Emilia compra la fruta. ¿Dónde la pone?
6 ¿Dónde pagan las chicas?
7 ¿A quién dan el dinero?
8 ¿En qué llevan la comida?
9 ¿Vuelven a casa las dos?
10 ¿Adónde va Luisa?
11 ¿Va a pie?
12 ¿Qué más piensa comprar Luisa?

En el puesto de pescado

A Maß, Menge, Anzahl + de § 6

a A Póngame **un kilo y medio** de **gambas,** por favor.
B Muy bien. ¿Desea algo más?
A No, gracias, no quiero nada más. ¿Cuánto es?
B Son **180 pesetas.**

1 1/2 kilo – gambas – 180 ptas.

b 1/2 kilo – calamares – 125 ptas.
c 1 kilo – sardinas – 80 ptas.
d 2 kilos – cigalas – 360 ptas.
e 2 1/2 kilos – sardinas – 200 ptas.

B Hörverstehensübung

Hören Sie das Band/die Schallplatte.
Wählen Sie dann die richtige Antwort und kreuzen Sie sie an.

1 ¿Qué compra Rosario?
a gambas
b naranjas
c sardinas

2 ¿Cuántas compra?
a 1 kilo
b 1/2 kilo
c 1 1/2 kilo

3 ¿Cuánto paga en total?
a 300 ptas.
b 80 ptas.
c 220 ptas.

15 . . . Y comer

En la cocina

A Perfekt: Verben auf -ar § 60

1 A ¿Has comprado **el pollo**?
B El pollo sí, pero he olvidado **las gambas.**

pollo – gambas

2 arroz – azafrán
3 plátanos – uvas
4 pescado – fruta
5 naranjas – gambas

B Futur mit ir § 59
(W) Adjektiv § 9–10

1 A ¿Vas a comprar **el pollo**?
B No, el pollo está ahora muy caro.

2 

3 

4 

5 

C Futur mit ir § 59
Estar vor Partizipien § 101

1 A ¿Cuándo va usted a vender el **coche** viejo?
B ¿El coche? Pero si ya está vendido.

coche

2 casa de Marbella
3 piso nuevo
4 libros de economía
5 acciones (Aktien)

D Estar vor Partizipien § 101
Ese, esa, esos, esas § 35

1 A ¿Cuánto cuesta **el coche blanco**?
B ¿El coche blanco? Ese ya está vendido.

el coche blanco

2 bicicleta azul
3 sillones rojos
4 cortinas verdes
5 sillas negras

E Perfekt: Verben auf -ar § 60
(W) Verben auf -ar, Präsens § 54

1 A ¿Has comprado **el pan**?
B Sí, he comprado todo lo que **necesito**.

(tú) – el pan

2 usted – el pescado
3 (vosotros) – el vino
4 (tú) – las gambas
5 ustedes – los ingredientes para la paella

F Futur mit ir § 59
(W) Uhrzeit § 19

1 A ¿Ya han **llegado** los padres de Emilia?
B No, pero van a llegar **a las diez.**

llegar – 10,00

2 ¿Ya ha llamado Ramón? (18,00)
3 ¿Ya ha salido la criada? (10,15)
4 ¿Ya has ido a la empresa Laresa? (15,45)
5 ¿Ya han venido tus amigos? (17,00)
6 ¿Ya habéis empezado en el banco? (7,45)
7 ¿Ya has empezado en el Instituto? (8,30)

G* Sopa de letras

In dieser "sopa de letras" sind Begriffe versteckt. Diese Begriffe können horizontal, vertikal oder diagonal angeordnet sein und dabei vor- oder rückwärts gelesen werden.

S	O	L	O	E	T	I	E	C	A	R	E
E	G	A	M	B	A	S	C	E	U	Q	L
Q	U	S	A	L	O	E	N	E	S	D	E
R	E	O	L	A	B	L	S	R	A	N	Z
M	I	S	T	O	E	A	L	S	N	A	O
O	M	A	L	N	Z	U	G	O	R	R	I
T	R	L	E	U	E	E	M	E	P	F	I
O	A	S	C	T	E	I	R	V	A	A	N
M	G	A	U	N	L	C	M	E	O	Z	I
A	R	R	O	Z	C	U	A	I	J	A	T
T	N	P	R	E	N	D	O	Y	P	O	E
E	O	S	A	L	A	G	I	C	N	O	C

Gesucht werden 13 verschiedene Zutaten für eine spanische Mahlzeit.

A la mesa – De sobremesa

A Regelmäßiges und unregelmäßiges Perfekt § 60–61c

Pregunte. Fragen Sie.

1 A ¿Has **escrito la carta**?
B No, no he tenido tiempo.

escribir la carta

2 leer el periódico
3 abrir las ventanas
4 poner la mesa
5 hacer la comida
6 llamar a tu madre
7 decir a tu hermano que vamos hoy al cine

B Regelmäßiges und unregelmäßiges Perfekt § 60–61 c

Use la forma correcta del perfecto.

Setzen Sie die entsprechende Perfekt-Form ein.

1	Emilia:	¿Qué pasa? ¿Ya estás aquí?	
		¿Ya . . . . . . la fruta?	(comprar)
2	Luisa:	¿No sabes que han . . .	(abrir)
		un supermercado aquí cerca?	
3	E:	¿. . . . . . allí?	(ir)
4	L:	Sí, y . . . . . . a Andrés.	(encontrar)
		Me . . . . . . que él compra todo allí.	(decir)
5	E:	¿Y está lejos ese supermercado?	
6	L:	No. Andrés me . . . . . . en su coche nuevo.	(llevar)
7	E:	¿Andrés tiene un coche nuevo?	
		¿. . . . . . el SEAT?	(vender)
8	L:	Sí, ahora . . . . . . un Renault.	(comprar)
9	E:	Bueno, ahora tenemos prisa. Los papás vuelven a las dos.	
		¿Ya . . . . . . la mesa?	(poner)
10	L:	Sí. Y también . . . . . . un mantel nuevo.	(poner)
11	E:	Muy bien. ¡Qué hambre tengo!	
12	L:	Claro, si tú no . . . . . . casi nada.	(comer)
13	E:	Tienes razón. Por la mañana (nosotras) sólo . . . . . . un café y nada más.	(tomar)

C Vom Präsens ins regelmäßige/unregelmäßige Perfekt

Lea este texto:

Lesen Sie diesen Text:

Luisa y Emilia bajan al supermercado. Luisa pone en el carrito lo que compra. Emilia toma una canastilla para la fruta que compra. Pasan por la caja. ¿Qué hacen allí? Pagan. La cajera abre una bolsa de plástico y pone allí todo lo que compran las chicas. Las chicas salen. Emilia vuelve a casa. Pero Luisa va al mercado. Toma un microbús.

Erzählen Sie, was die Mädchen heute früh getan haben. Setzen Sie alle Verben ins Perfekt.

"Esta mañana Luisa y Emilia . . ."

D ser – estar § 97–101

Rellene con la forma correcta de *ser* o *estar*.

Setzen Sie die passenden Formen von *ser* oder *estar* ein.

1 Las chicas . . . españolas.
2 Las blusas que llevan . . . muy caras.
3 ¿Por qué no lavas estas tazas? . . . muy sucias.
4 Su bicicleta . . . nueva y ya . . . rota.
5 La bicicleta . . . blanca.
6 El azúcar . . . dulce.
7 ¿Quién ha puesto azúcar en mi café? El café . . . muy dulce.
8 Benito Sánchez . . . periodista.
9 Los padres de Benito . . . muy altos, y él también . . . alto.
10 Este té . . . salado.
11 En Andalucía la tierra . . . mal repartida.
12 Este asiento . . . ocupado, pero aquel asiento . . . libre.
13 ¡Camarero, este bistec . . . muy salado!
14 El coche de Carlos . . . verde, y siempre . . . sucio.
15 La farmacia . . . abierta hoy.
16 Mira, ¡qué gris . . . el cielo ahora!
17 Estos chicos me gustan. . . . muy simpáticos.
18 Alberto . . . contento. Ha encontrado un trabajo.
19 El cine . . . nuevo.

Suena el teléfono

A estar + Partizip § 99
(W) al, a la § 2
(W) Uhrzeit § 19 a

Construya diálogos.

Bilden Sie Dialoge.

1 A ¡Dígame!
B Hola, soy **Merche.** Oye, **el club** está cerrado hoy.
A Vamos a **la discoteca** entonces.
B Sí, muy bien. ¿Te parece bien a **las nueve?**
A Sí, hasta luego.

Merche – club – discoteca – 21:00

2 Antonia – piscina – club – 15:00
3 Pedro – discoteca – cine – 22:00
4 Margarita – club – biblioteca – 17:00
5 Juan – bar – teatro – 19:30

B Diálogo – Dialog

Complete el diálogo.

Vervollständigen Sie den Dialog.

Suena el teléfono.

1 Emilia: ¡ . . . !
2 Merche: Hola. . . . Merche. Oye, Emilia, en la calle de la Cruz . . . un cine nuevo. Ponen una . . . muy buena.
3 E: Esta noche no . . . tiempo. Mañana . . . con mis padres a Valencia. Mis abuelos . . . allí.
4 M: ¿Tú y tus padres . . . a Valencia? ¿. . . en coche?
5 E: Sí, mi padre . . . comprado un coche nuevo. Ya sabes que trabaja para una . . . textil, y por eso tiene . . . viajar mucho.
6 M: ¿. . . a dormir en casa de los abuelos?
7 E: No, . . . a dormir en un hotel que está muy cerca, pero siempre . . . en casa de los abuelos, porque las comidas en el hotel son . . . caras.
8 M: ¿Vais a . . . muchos días en Valencia?
9 E: No, sólo hasta el domingo.

C* Sopa de letras

In dieser "sopa de letras" sind Begriffe versteckt. Diese Begriffe können horizontal, vertikal oder diagonal angeordnet sein und dabei vor- oder rückwärts gelesen werden.

G	O	Y	C	R	E	D	O	E	V	I	N
N	C	H	U	R	R	O	S	T	E	A	N
T	E	N	A	R	A	N	J	A	D	A	A
A	Ñ	U	N	A	U	C	D	L	S	L	R
S	O	L	L	I	D	A	C	O	B	O	A
O	S	O	N	T	L	V	E	C	R	C	N
J	A	Z	O	E	V	I	N	O	S	A	J
C	E	A	M	N	F	A	D	H	I	C	A
O	L	R	E	A	D	A	R	C	E	O	S
R	E	C	E	P	L	E	C	H	E	C	O
M	D	U	L	Z	E	M	M	I	A	C	N
A	L	L	I	U	Q	E	T	N	A	M	B

Gesucht werden 13 verschiedene Getränke oder Lebensmittel.

D Hörverstehensübung

Mire los dibujos de la página 28 del libro de textos.
¿Son las siguientes informaciones ciertas? ¿Sí o no?

Sehen Sie sich die beiden Zeichnungen auf Seite 28 im Textbuch an.
Sind folgende Angaben richtig? Ja oder nein?

En la cocina

	Sí	No
1		
2		
3		
4		

En el comedor

	Sí	No
1		
2		
3		
4		

16 El tiempo

A El tiempo – Wetter § 79

Mire el mapa y conteste a las preguntas.

Sehen Sie sich die Spanien-Karte an und antworten Sie auf die Fragen.

Estamos en junio

1 ¿Qué tiempo hace en Madrid?
2 ¿Qué tiempo hace en Barcelona?
3 ¿Qué tiempo hace en Mallorca?
4 ¿Qué tiempo hace en Torremolinos?
5 ¿Qué tiempo hace en Santander?
6 ¿Qué tiempo hace en Sevilla?

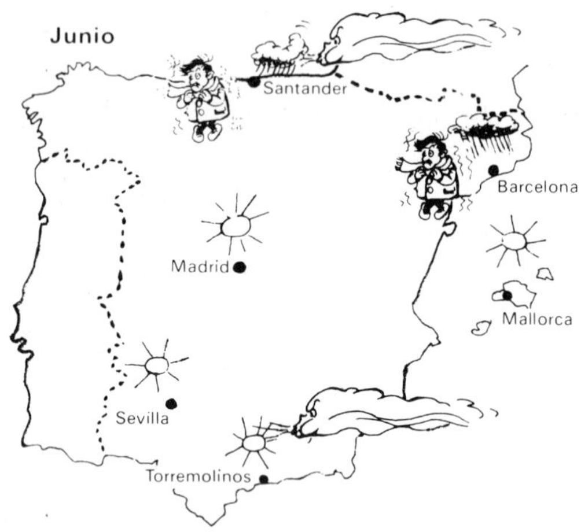

Estamos en enero

7 ¿Cuántos grados hace en Madrid?
8 ¿Cuántos grados hace en Santander?
9 ¿Cuántos grados hace en Alicante?
10 ¿Cuántos grados hace en Torremolinos?
11 ¿Cuántos grados hace en Burgos?
12 ¿Cuántos grados hace en Palma de Mallorca?

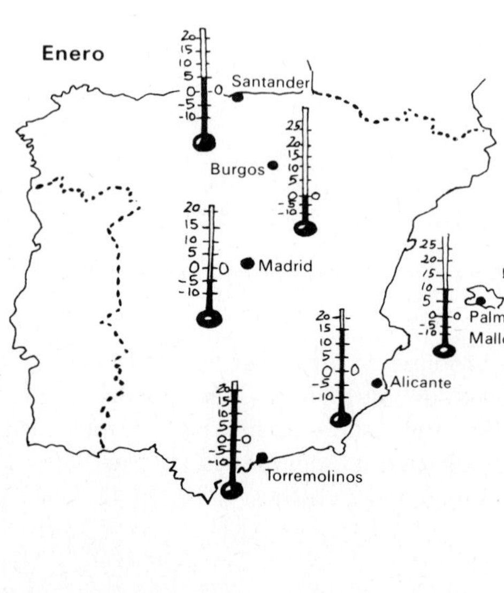

B tener calor, tener frío § 91
hace calor, hace frío § 79

Construya diálogos.
Bilden Sie Dialoge.

1 A ¡Qué **calor** tengo!
B Sí, hace mucho calor.
A Bueno, ya estamos en **junio.**

Verwenden Sie abwechselnd *calor* und *frío* und den passenden Monat.

calor		*frío*	
abril	junio	septiembre	diciembre
mayo	julio	noviembre	enero

C* hace calor, hace frío § 79
¿Le gusta a usted? – No me gusta § 32b

Construya diálogos.
Bilden Sie Dialoge.

1 A ¿Le gusta este tiempo a usted?
B No, no me gusta mucho. Hace demasiado **calor.**
A ¿Vamos a tomar un **helado?**
B Sí, vamos.

Verwenden Sie abwechselnd *frío* und *calor.* Wählen Sie dazu jeweils ein kaltes oder ein warmes Getränk.

calor		*frío*	
helado	naranjada	cortado	café
refresco	limonada	expreso	té
coca-cola		café con leche	

Dos postales

A Fecha y año – Datum und Jahr § 23

Lea la fecha:
Lesen Sie das Datum:

1 **Santander, treinta de mayo de mil novecientos setenta y cinco.**

Santander, 30.5.1975

2 Madrid, 1.1.1975
3 Madrid, 3.5.1808
4 San Salvador, 12.10.1492
5 Lepanto, 7.10.1571
6 Burgos, 30.7.1936

B buen – bueno § 11b

1 A Es un buen **hotel,** ¿verdad?
B Sí, es muy bueno.

2 A Es una buena **pensión,** ¿verdad?
B Sí, es muy buena.

3 restaurante
4 piscina
5 libro
6 coche
7 farmacia

C Narración – Nacherzählung

Erzählen Sie, ohne den Text vor Augen zu haben, was Antonio und Elena auf ihren Postkarten schreiben. Folgende Fragen können Ihnen helfen:

¿Dónde han estado?
¿Qué piensan de la comida madrileña?
¿Qué tiempo ha hecho?
¿Qué ciudades han visitado?

D Una carta – Ein Brief

Lesen Sie Lektion 13 noch einmal. Schreiben Sie eine Ansichtskarte von Carmen Moliner in Santa Fe an ihre Freundin Mercedes in Bilbao, mit Datum vom 5.6.

Carmen erzählt:
- sie und ihr Mann sind in Santa Fe;
- die Kinder sind bei den Großeltern in Barcelona;
- Juan arbeitet, aber sie ist im Hotel;
- das Hotel ist sehr gut;
- das Wetter ist gut, es ist sehr warm;
- sie essen in einem guten Restaurant in der Nähe des Hotels.

E Una carta – Ein Brief

Schreiben Sie eine Ansichtskarte aus irgendeinem Ort. Erzählen Sie, wo er liegt. Erzählen Sie vom Hotel, Essen, Wetter, wie es Ihnen geht, was Sie von diesem Ort halten, was Sie dort nicht mögen, wohin Sie morgen fahren . . .

Los meses

A Datum § 20

a A ¿Qué fecha es hoy?
B Hoy es **el veintiséis de octubre.**

26/10

b 1/9
c 15/5
d 6/1
e 3/4
f 17/1
g 1/1
h 21/8
i 12/10
j 2/6
k 11/12

B Datum § 20

a A ¿Cuándo es su cumpleaños?
B Mi cumpleaños es el veinticuatro de noviembre.

24/11

b 29/2
c 28/12
d . . .
e . . .

A ¿Cuándo es su cumpleaños?
B Hoy es mi cumpleaños.
A ¿Hoy? ¡Felicidades! (Alles Gute!)

17 América Central

A Preguntas sobre el texto – Fragen zum Text

1 ¿Dónde está Guatemala?
2 Nosotros hablamos de cuatro estaciones del año. ¿Cuáles son?
3 ¿Los guatemaltecos hablan también de cuatro estaciones?
4 ¿Cuáles son los meses de verano en la costa del Pacífico de Guatemala?
5 ¿Qué tiempo hace allí entonces?
6 ¿Cuáles son los meses de invierno en la costa del Pacífico de Guatemala?
7 ¿Qué tiempo hace entonces?

B* América Central

Mire el mapa en la página 11 del libro de texto.

Sehen Sie sich die Landkarte auf S. 11 im Textbuch an.

¿Con qué países limita . . .?

1 Panamá
2 Guatemala
3 Honduras
4 El Salvador
5 Costa Rica
6 Nicaragua

C (W) Regelmäßiges und unregelmäßiges Perfekt § 60–61 c

1 A ¿Has comido ya?
B No, no **he tenido** tiempo.

Elija el verbo conveniente y conteste:

Suchen Sie das passende Verb und antworten Sie:

comer – decir – hacer – traer – ver – volver

2 A ¿Cómo has llegado tan pronto?
B Andrés me . . . . . . en su coche.
3 A ¿Tienes hambre?
B Sí, no . . . . . . nada desde esta mañana.
4 A ¿Hay algo para comer?
B Sí, mamá . . . . . . unos bocadillos.
5 A ¿No quieres ir al cine con nosotros?
B No, ya . . . . . . la película que ponen en el Lux.
6 A ¿Ya tienes trabajo, Pedro?
B Sí, el jefe de Laresa me . . . . . . que voy a empezar el lunes.

18 En la playa

A Preguntas sobre el texto – Fragen zum Text

1 ¿Por qué es muy importante para España el turismo?
2 ¿Adónde van los extranjeros en verano?
3 ¿Dónde está la Costa Brava?
4 ¿Y la Costa del Sol?
5 ¿Adónde van los turistas en invierno?
6 ¿De qué países son los turistas que van a España?

B Nationalitätsadjektive – Länder § 9b

Mire el mapa en la página 35. Conteste a las preguntas.

Betrachten Sie die Landkarte auf S. 35. Antworten Sie dann auf die Fragen.

1 ¿De dónde es el señor Brown?
Es inglés. Es de Inglaterra.

2 ¿De dónde es el señor Moretti?
3 ¿De dónde es el señor Brandt?
4 ¿De dónde es la señora Svensson?
5 ¿De dónde es el señor Hederup?
6 ¿De dónde es la señorita Atze?
7 ¿De dónde es la señora Sorstad?
8 ¿De dónde es el señor Kovalainen?
9 ¿De dónde es la señora Dubois?
10 ¿De dónde es el señor Pérez?
11 ¿De dónde es la señorita Sánchez?

C Nationalitätsadjektive – Länder § 9b

Construya diálogos.

Bilden Sie Dialoge.

1 A Usted no es español, ¿verdad?
B No, soy **sueco.** Soy de Suecia.
A ¿Y su mujer también es sueca?
B No, ella no. Es **francesa.**

sueco – francesa

2 francés – italiana 3 alemán – danesa 4 inglés – sueca

5 A Usted no es española, ¿verdad?
B No, soy **francesa.** Soy de Francia.
A ¿Y su novio también es francés?
B No, él no. Es **italiano.**

francesa – italiano

6 inglesa – noruego 7 alemana – danés 8 italiana – sueco

D* A mí me gustaría § 32b
Länder

Mire el mapa. Construya diálogos.

Betrachten Sie die Landkarte. Bilden Sie Dialoge.

A A mí también me gustaría ir de vacaciones.
B ¿Adónde te gustaría ir?
A No sé, quizás a **Francia** o a **Italia** . . .

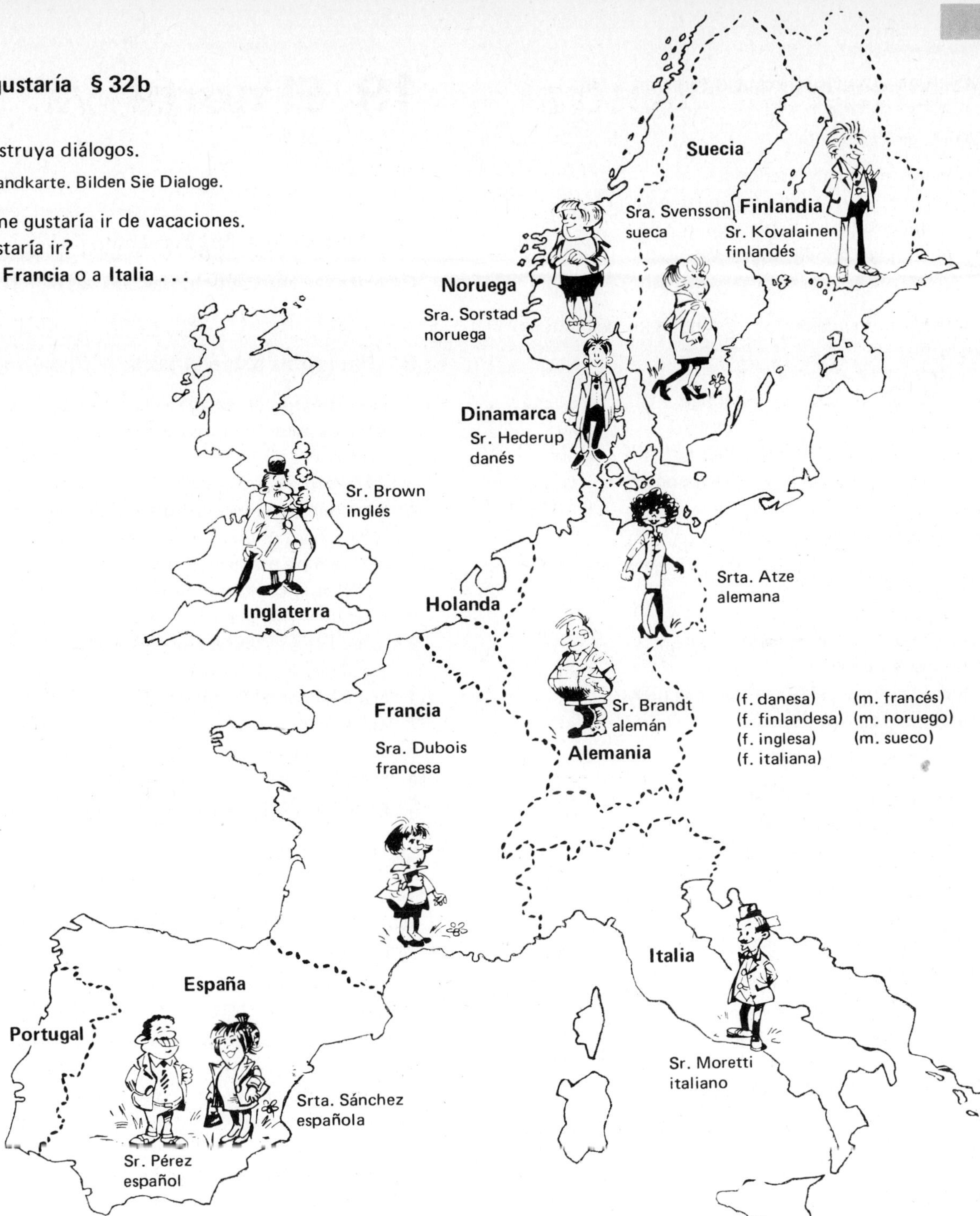

E Deklination der Nationalitätsadjektive § 9, 10

1 A Llevas **un traje** muy bonito.
¿Es de **Italia**?
B Sí, es un traje italiano.
¿Te gusta?
A Sí, es precioso (sehr schön).

traje — Italia

2 falda — Francia
3 tejanos — Inglaterra
4 jersey — Suecia
5 calcetines — Italia
6 corbata — Holanda
7 pantalones — Alemania

F Deklination der Nationalitätsadjektive § 9, 10

1 A Pablo siempre lleva **jerseys** muy bonitos. ¿Son de **Francia**?
B Sí, sólo compra jerseys franceses.

jerseys — ¿Francia?

2 trajes — ¿Suecia?
3 pantalones — ¿España?
4 camisas — ¿Italia?
5 chaquetas — ¿Inglaterra?
6 abrigos — ¿Noruega?

Jetzt können Sie auch über die Kleidungsstücke der anderen Kursteilnehmer sprechen:

Lleva usted una camisa . . .

G Sprachen – Nationalitätsadjektive § 9b

Anrede: *señor, señora, señorita.*

1 A ¿Habla usted **español,** señorita?
B Sí, un poco. Estudio español en Hamburgo.
A ¿Y su **novio** también habla español?
B No, él no, pero entiende un poco.

Üben Sie weiter mit anderen Sprachen, z.B.	Ersetzen Sie *novio* durch z.B.	
francés	amigo	hermana
inglés	mujer	madre
italiano	padres	padre
alemán	hermano	

H (W) Uhrzeit § 19a

a A ¿A qué hora pasa el **doce,** por favor?
B A **las dos y media.**
A ¿Cuánto tiempo tarda en llegar a **la plaza?**
B **Veinte** minutos.

12 – 14:30 – la plaza – 20

b 15 – 15:00 – la estación – 10
c 5 – 17:15 – el centro – 25
d 8 – 13:30 – la plaza de Colón – 15
e 1 – 7:10 – el aeropuerto – 10

I* Sopa de letras

In dieser "sopa de letras" sind Begriffe versteckt. Diese Begriffe können horizontal, vertikal oder diagonal angeordnet sein und dabei vor- oder rückwärts gelesen werden.

B	O	N	A	L	L	E	T	S	A	C	L
A	R	N	S	E	C	N	A	R	F	I	D
I	O	S	C	E	Ñ	E	T	E	S	T	I
N	G	E	L	L	U	S	O	E	O	A	R
G	O	O	E	O	E	G	D	M	N	L	S
L	U	G	C	G	M	N	U	A	U	I	E
E	M	E	E	B	A	C	M	T	C	A	N
S	U	Ñ	O	L	C	E	H	A	R	N	A
S	P	U	N	C	L	V	A	S	C	O	D
C	O	I	C	A	T	A	L	A	N	A	P
A	F	N	O	R	U	E	G	O	D	A	D
B	A	H	I	E	R	I	U	S	O	N	E

Gesucht werden 13 europäische Sprachen.

19 El norte

A Narración – Nacherzählung

Erzählen Sie auf Deutsch, was Sie über Nordspanien wissen.

B Preguntas sobre el texto – Fragen zum Text

1 ¿Qué tiempo hace generalmente en verano en el norte?
2 Muchos madrileños pasan sus vacaciones en el norte. ¿Por qué?
3 ¿Van otros turistas allí?
4 ¿Por qué se llama esta parte "La España verde"?
5 ¿De qué viven muchas personas en Galicia?
6 ¿De qué pesca viven, por ejemplo?
7 ¿Cuál es la principal industria de Galicia?
8 ¿Venden toda la pesca a otras partes de España?
9 ¿Hay otras industrias en el norte?
10 ¿Qué hay en Asturias?
11 ¿Qué hay en el País Vasco?
12 ¿Dónde hay vino?
13 ¿Cuál es la principal ciudad del norte?
14 ¿Qué sabe usted de Bilbao?
15 En el País Vasco se hablan dos lenguas. ¿Qué lenguas son?

C Vocabulario – Wortschatz

Welche Wörter aus beiden Spalten passen inhaltlich zueinander?

1	puerto importante	a	Galicia
2	40 días de sol al año	b	Madrid
3	110 días de sol al año	c	Asturias
4	minas de hierro	d	La Rioja
5	conserva de pescado	e	San Sebastián
6	minas de carbón	f	Madrid
7	el vasco	g	la Costa Cantábrica
8	temperatura media 18 en agosto	h	"La España verde"
9	temperatura media 24 en agosto	i	el País Vasco
10	vino	j	Bilbao
11	mucha lluvia	k	el País Vasco

Haben Sie die Übung gemacht? Können Sie jetzt etwas über diese spanischen Städte oder Regionen erzählen?

Beispiel:

1 En el País Vasco hay un puerto muy importante: Bilbao.
2 En la Costa Cantábrica . . .

D Resumen – Zusammenfassung

Schreiben Sie eine Zusammenfassung über Nordspanien mit Hilfe von folgenden Stichwörtern:

el tiempo – la temperatura media – turistas – "La España verde" – pesca – industria – se exporta – minas de hierro – minas de carbón – 40 000 mineros – vino – Bilbao – el vasco

20 Los chicos de Masnou

A Preguntas sobre el texto — Fragen zum Text

1 ¿Dónde está Masnou?
2 ¿Dónde viven Carlos y Luis?
3 ¿Cuántos años tiene Carlos? (15)
4 ¿Y Luis? (13)
5 ¿Quién es Beatriz?
6 ¿Cuántos años tiene ella? (7)
7 ¿Qué hace Beatriz?
8 ¿Qué estudian los dos hermanos?
9 ¿Dónde?
10 ¿Almuerzan en el colegio?
11 ¿Qué hacen a mediodía cuando están en casa?

B Uhrzeit § 19

¿Qué hora es?

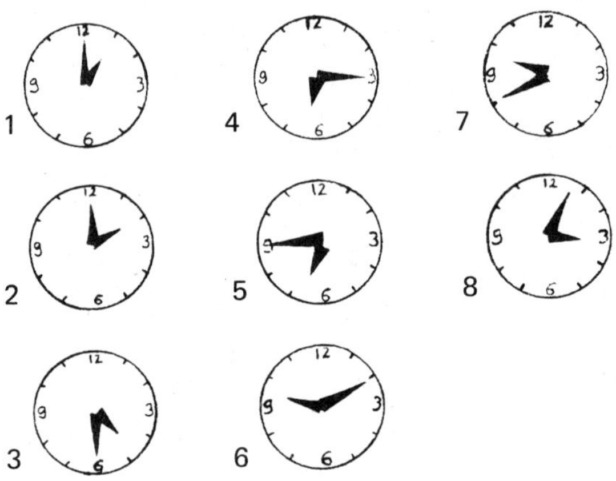

C tener § 91
Wochentage § 3d

1 A ¿Tenéis francés **el lunes?**
B No, tenemos francés **el martes.**
2 A Carlos, ¿tienes geografía el martes?
B . . .
3 A ¿Carlos y Ana tienen religión el miércoles?
B . . .
4 A ¿Luis tiene matemáticas el jueves?
B . . .
5 A ¿Ana tiene ciencias el viernes?
B . . .

D Possessivpronomen, Singular und Plural § 45

mi — tu, mis — tus

1 A ¿Dónde está **mi libro?**
B ¿Tu libro? No sé dónde está.

libro

2 pipa
3 bolígrafo
4 cigarrillos
5 revistas

nuestro — vuestro, nuestros — vuestros

6 A ¿Dónde está **nuestra bicicleta?**
B ¿Vuestra bicicleta? No sé dónde está.

bicicleta

7 revista
8 periódico
9 revistas
10 discos

E Possessivpronomen, Singular und Plural § 45

su — sus (Ihr, Ihre)

1 A ¿Dónde está **su coche?**
B ¿Mi coche? Está en **la plaza de Colón.**

coche — plaza de Colón

2 bicicleta — calle de Goya
3 hermano — en casa
4 niños — el colegio
5 maletas — el tren

F su — sus (ihr, ihre)
(W) encima de, debajo de, delante de, detrás de

Mire el dibujo. Pregunte y conteste.
Betrachten Sie die Zeichnung. Fragen und antworten Sie.

1 A ¿Dónde está **el tren** de los niños?
B ¿Su tren? **Está debajo de la cama.**

tren

2 bicicleta
3 avión
4 barco
5 coches
6 revistas

Können Sie jetzt auch über die verschiedenen Gegenstände im Klassenraum sprechen?

G Traducción – Übersetzung

1 Juan fährt nicht mit dem Auto zur Arbeit.
2 Sein Auto steht in der Solana-Straße.
3 Juan und seine Schwester fahren mit dem Bus.
4 Sein (Juans) Büro ist am Kolumbus-Platz.
5 Ihre (Juans und Anas) Eltern gehen zu Fuß zur Arbeit.
6 Sie haben ein Geschäft, das in der Nähe ihrer Wohnung liegt.

H (W) querer § 55

1 A ¿**Usted** tiene hambre?
B No, pero tengo sed. Quiero tomar **una limonada.**

usted – limonada

2 (tú) – coca-cola
3 (vosotros) – vaso de leche
4 ustedes – naranjada
5 las chicas – coca-cola
6 Alberto – limonada

I poder § 55 tener que § 91

1 A ¿Vas **al cine** esta noche?
B No puedo.
A ¿No puedes?
B No, tengo que **estudiar.**

(tú) – cine – estudiar

2 usted – bar – estudiar
3 Carlos – piscina – repasar la gramática
4 Pedro y Juan – plaza – ir a casa de un amigo
5 (vosotros) – hotel – contestar una carta
6 ustedes – bar – volver a la oficina

J (W) Wochentage

Construya diálogos.

Bilden Sie Dialoge. Verwenden Sie Ihren eigenen Namen.

1 A ¿Dígame?
B Hola, soy **Paco.** ¿Eres tú, **Carlos?**
A Sí, soy yo. ¿Qué hay?
B ¿Vamos a **la piscina esta tarde?**
A ¿Esta tarde? No puedo.
B ¿No puedes?
A No, tengo un examen de **francés mañana.**
B ¡Qué lástima, chico! Entonces no podemos ir.

piscina esta tarde – francés mañana.

2 cine el jueves – matemáticas el viernes
3 club mañana – historia el miércoles
4 biblioteca el lunes – geografía el martes

Sie können jetzt gemeinsam eine Liste von Tätigkeiten – Orten – Zeitangaben aus Ihrem Alltag zusammenstellen. Sie fragen, verabreden sich, lehnen ab oder nehmen die Aufforderung an.

¿Vamos mañana al teatro?
¿Vamos después a un restaurante español?
...
...

21 Un pescador

A Regiones autónomas

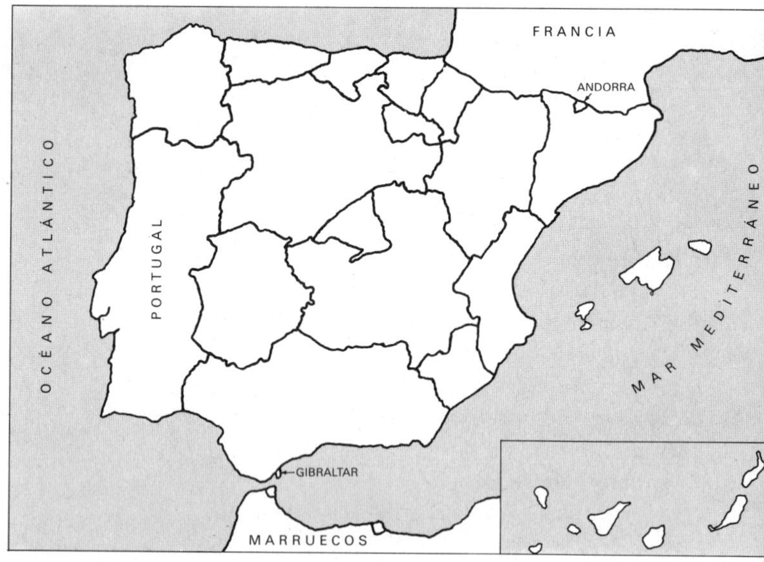

Escriba en el mapa los nombres de todas las regiones autónomas de España.

Tragen Sie die Namen aller autonomen Regionen Spaniens in die Karte ein.

B Tageseinteilung
(W) Uhrzeit § 19a

1 A ¿A qué hora va usted al trabajo?
B A **las once de la noche.**
A ¿A **las once de la noche?**
B Sí, soy **pescador.**

23:00 – pescador

2 21:00 – barman
3 16:00 – camarero/camarera
4 05:00 – cocinero/cocinera

¿Y usted?
¿A qué hora va usted al trabajo?
¿Por qué?

C Reflexives Verb § 33, 34
(W) Verben mit Diphthong § 54–56
(W) Uhrzeit § 19a

Erzählen Sie mit Hilfe von folgenden Stichworten den Tagesablauf von Juan:

Un día de Juan

despertarse, 7:00 – levantarse, 7:30 – desayunar, 8:00 – ir a la oficina, 8:30 – comprar el ABC, 8:45 – empezar el trabajo, 9:00 – trabajar, 9:00-13.00 – almorzar, bar, 13:30 – volver a la oficina, 14:45 – trabajar, 15:00-19.00 – volver a casa, 19:15 – ir en autobús – mirar la televisión, 20:00-22.00 – cenar, 22:30 – acostarse, 24:00.

D **Reflexives Verb § 33, 34**
(W) **Verben mit Diphthong § 54–56**
(W) **Uhrzeit § 19a**

Lassen Sie Juan seinen Tagesablauf in der „ich"-Form erzählen.

Erzählen Sie jetzt Ihren eigenen Tagesablauf.
Sie können z. B. so anfangen:

Yo me despierto (excepto los sábados y los domingos, claro) a las...

Álvaro Conqueiro

A Preguntas sobre el texto – Fragen zum Text

1 ¿Qué profesión tiene Álvaro Conqueiro?
2 ¿Dónde vive?
3 ¿Dónde está La Guardia?
4 ¿Quién es Dolores?
5 ¿Dónde trabaja ella?
6 Eulogio, ¿quién es? ¿Qué hace?
7 ¿De qué viven muchos de los habitantes de La Guardia?
8 ¿Qué tienen Álvaro y Eulogio?
9 ¿Cómo se llama la barca? ¿Es grande?
10 Álvaro y su hijo están cenando en casa. ¿Dolores también está cenando?

B Tagesablauf

Conteste a las preguntas.

1 ¿Adónde van Álvaro y Eulogio a las 9 de la noche?
2 ¿Con quiénes se encuentran allí?
3 ¿Qué tiempo hace esta noche?
4 ¿A qué hora salen del puerto? (21:30)
5 ¿Cuánto tiempo se quedan en el mar?
6 ¿A qué hora vuelven al puerto? (05:00)
7 ¿Dónde ponen las cajas?
8 ¿Qué hay en las cajas?
9 ¿Adónde van con las cajas?
10 Allí está Dolores. ¿Qué hace ella allí?
11 ¿Qué hacen Álvaro y su hijo con el resto de la pesca?
12 ¿Quiénes trabajan en la fábrica?
13 ¿A qué hora vuelven Álvaro y Eulogio a casa? (08:00)
14 ¿Qué hacen en casa?
15 ¿A qué hora se despiertan? (14:00)
16 ¿Adónde van?
17 ¿Almuerzan solos?

C Reflexives Verb § 33
Unregelmäßiges Präsens § 54, 90

Pregunte a Eulogio Conqueiro. Él contesta con frases completas.
Fragen Sie Eulogio Conqueiro. Er antwortet in vollständigen Sätzen.
Anrede: *tú*.

1 ¿Cómo te llamas?
E Me...
2 ¿Qué haces?
E Soy...
3 ¿A qué hora te vas hoy?
E... (21:00)
4 ¿Dónde te encuentras con los otros pescadores?
E... (en el puerto)
5 ¿Cuánto tiempo te quedas en el mar?
E... (toda la noche)
6 Por la mañana vuelves a casa. ¿A qué hora te acuestas?
E... (08:30)
7 ¿A qué hora te despiertas generalmente?
E... (14:00)
8 ¿Dónde almuerzas?
E... (en el bar del señor Silva)

D* Reflexives Verb § 33

Pregunte a Álvaro y a Eulogio Conqueiro. Ellos contestan con frases completas.
Stellen Sie die Fragen 3–7 aus der obigen Übung **C** an Álvaro und Eulogio Conqueiro. Einer von ihnen antwortet für beide in vollständigen Sätzen.

Anrede: ustedes oder vosotros.

¿A qué hora se van ustedes hoy?
(¿A qué hora os vais hoy?)
Nos... (21,00)
Etc.

E irse § 80
(W) tener que § 91

1 A ¿Ya te vas?
B Sí, tengo que ir **al trabajo.**

(tú) – trabajo

2 usted – biblioteca
3 (vosotros) – puerto
4 ustedes – mercado
5 (tú) – farmacia
6 Elena – plaza de Colón
7 las chicas – bar
8 Álvaro – puerto
9 (vosotros) – fábrica

F Perfekt: reflexive Verben § 34 b, 34 c

1 A ¿A qué hora va a **levantarse Pedro?**
B Pero si ya se ha levantado.

levantarse Pedro

2 despertarse Antonia
3 lavarse Carlos
4 afeitarse Eulogio y su padre
5 acostarse Álvaro
6 irse Luisa y Emilia

G Descripción del dibujo – Bildbeschreibung

Schauen Sie sich die Bilder an. Erzählen Sie, wie Luis seinen Tag verbringt.

H Gerundium: Verben auf -ar § 57

Mire el dibujo en la página 20 del libro de texto.
¿Qué hacen las personas en el bar?

Sehen Sie sich die Zeichnung auf S. 20 im Lehrbuch an. Beschreiben Sie, was die verschiedenen Personen gerade tun.
Benutzen Sie die nachstehenden Angaben.

Ejemplo:

1 ¿Qué hace el camarero?
El camarero **está fumando** un cigarrillo.

2 ¿Qué hace el barman?
3 ¿Qué hace el chico?
4 ¿Qué toma el chico?
5 ¿Qué hacen las chicas?
6 ¿Qué toma el señor?
7 ¿Qué hace la señora?
8 ¿Qué hace el camarero?

I Profesiones – Berufe

el monumento	Denkmal
el museo	Museum
duro	hart
la tierra	Erde
el orden	Ordnung

Lea primero estas explicaciones con atención.
¿De quién estamos hablando?

Lesen Sie zuerst aufmerksam folgende Erklärungen.
Von wem ist die Rede?

1 Es una persona que vende ropa, por ejemplo, a tiendas o almacenes que no están en la ciudad donde ella o él vive. Por eso viaja mucho.
2 Es una persona que trabaja en una fábrica donde – por ejemplo – monta coches.
3 Es una persona que prepara comidas en un bar, en un restaurante o en un hotel.
4 Es una persona que trabaja en un bar. Prepara algo para comer o beber y generalmente está detrás de la barra.
5 Es una persona que se gana la vida en el mar. Generalmente trabaja con otras personas y vende el producto de su trabajo a fábricas de conservas o en el mercado.
6 Es una persona que en las vacaciones va a otro país o a otra ciudad de su país, al mar, al campo o a la montaña y allí va a los museos, mira los monumentos o toma el sol.
7 Es una persona que nunca trabaja al sol. Hace un trabajo muy duro, generalmente bajo tierra.
8 Es una persona que trabaja en la calle. Mira si todo está en orden, si los coches van demasiado rápidos. También controla la frontera.
9 Es una persona que trabaja en una tienda. Vende y contesta las preguntas de las personas que buscan una información o desean comprar algo.
10 Es una persona que tiene una tienda pequeña donde se venden sellos, bolígrafos, tabaco, etc.

J Traducción – Übersetzung

1 – Wie heißt du?
2 – Ich heiße Ana Robel.
3 – Bist du Spanierin?
4 – Nein, ich bin Französin.
5 – Aber du sprichst sehr gut Spanisch. Arbeitest du hier?
6 – Ja, ich bin hier seit 1971.
7 – Wie gefällt dir die Arbeit? Arbeitest du viel?
8 – Es gefällt mir gut. Wir fangen schon um 8 Uhr an.
9 – Und wann mußt du aufstehen?
10 – Ich stehe um 7 Uhr auf, aber ich wache gewöhnlich um 6.30 Uhr auf.
11 – Es ist sehr warm jetzt. Gehen wir ein Eis kaufen?
12 – Ja, gehen wir, aber ich muß um 9 Uhr zu Hause sein.

22 El centro

A Narración – Nacherzählung

Erzählen Sie auf Deutsch, was Sie über Zentralspanien wissen.

B Preguntas sobre el texto – Fragen zum Text

1 ¿Dónde está la Meseta?
2 ¿Ocupa gran parte de España?
3 ¿Llueve mucho allí?
4 ¿Qué temperatura puede hacer en la Meseta
a) en verano? (+35)
b) en invierno? (–10)
5 ¿Dónde trabaja la gente principalmente?
6 ¿Qué se cultiva en Castilla la Nueva?
7 Muchos campesinos emigran. ¿Por qué?
8 ¿Adónde van?
9 ¿Cómo se llama la capital de España?
10 ¿Cuántos habitantes tiene?
11 ¿A cuántos metros de altura está situada?
12 ¿Por qué va mucha gente a Madrid a buscar trabajo?
13 ¿De dónde son los inmigrantes?
14 ¿Encuentran trabajo todos?

Madrid

C Descripción del dibujo – Bildbeschreibung

Mire las fotos del libro de texto. Conteste a las preguntas.
Betrachten Sie die Bilder im Lehrbuch. Antworten Sie auf die Fragen.

La Plaza de España
1 ¿Qué monumento es?
2 ¿Dónde está?
3 ¿Quiénes están delante del monumento?
4 ¿Cómo se llama el edificio que está a la izquierda?
5 ¿Cómo es el edificio?
6 ¿Dónde está el "Edificio España"?
7 ¿Dónde están los edificios más altos de Madrid?

La Plaza de la Cibeles
1 En Madrid, el tráfico es un gran problema. ¿Qué otro problema muy grave hay allí?
2 ¿Qué ves en la foto?

El Parque del Retiro
1 ¿Cómo se llama el parque más grande de Madrid?
2 ¿Dónde está?
3 ¿Qué es un estanque?
4 ¿Qué ves en el estanque?
5 ¿Dónde están los soldados?
6 ¿Qué monumento ves al fondo?

D En el Museo del Prado

Sind die folgenden 6 Behauptungen richtig? Wenn nicht, berichtigen Sie sie.

1 El Museo del Prado es uno de los museos de historia más importantes de Europa.
2 Allí hay más de 8 000 cuadros.
3 En el Prado hay cuadros de El Greco.
4 Uno de los cuadros más conocidos es "La Maja Desnuda" de Velázquez.
5 "La Maja Desnuda" está a la izquierda en la foto.
6 En el centro está el guía.

E Steigerung der Adjektive § 12
(W) éste § 35
(W) Zahlwörter § 18

(En una tienda)
1 A ¿Cuánto cuesta **la falda?**
B **Doscientas cincuenta pesetas.**
A ¿No tiene **una falda** más barata?
B No, ésta es **la falda** más barata que tengo.

falda – 250 ptas.

2 blusa – 450 ptas.
3 jersey – 800 ptas.
4 camisas – 225 ptas.
5 pantalones – 300 ptas.

F Steigerung: bueno § 12 b
(W) este § 35

(En una tienda)
1 A Este **traje** es bueno ...
B ¿No hay uno mejor?
A No, éste es el mejor **traje** que tenemos.

traje

2 jersey
3 falda
4 blusa
5 abrigo
6 chaqueta
7 camisa

G Steigerung: bueno § 12 b
(W) este § 35

1 A Estos **pantalones** son buenos ...
B ¿No hay unos mejores?
A No, éstos son los mejores **pantalones** que tenemos.

pantalones

2 calcetines
3 camisas
4 blusas
5 jerseys
6 leotardos

H Vergleich § 15

Mire el escaparate aquí arriba y haga frases.

Sehen Sie sich das Schaufenster an und bilden Sie Sätze.

1 El autobús de la izquierda es más barato que el autobús de la derecha.

2 Las bicicletas de la izquierda son más caras que las bicicletas de la derecha.

I Steigerung: bueno § 12 b
(W) te gusta

(Dos amigos se encuentran en la calle.)

1 A ¿Te gusta **el hotel?**
B Sí, es muy bueno.
A ¿Es mejor que el otro?
B Creo que es el mejor **hotel** del pueblo.

hotel

2 restaurante 3 pensión 4 bar

K Traducción – Übersetzung

(In einem Geschäft:)

– Der schwarze Anzug hier ist schön. Wieviel kostet er?
– Er ist sehr preiswert, mein Herr. Er kostet nur 990 Peseten.
– Haben Sie keinen billigeren Anzug?
– Nein, das hier ist der billigste Anzug, den wir haben.

J Steigerung: malo § 12 b
(W) este § 35

1 A Este **coche** es muy malo ...
B ¿Es peor que los otros?
A Creo que es el peor **coche** que hay.

coche

2 marca 3 biblioteca 4 hotel 5 restaurante

Sie können jetzt über die Dinge frei sprechen, mit denen Sie täglich konfrontiert werden, z.B.:

– El vino argentino es ... (¿bueno? ¿malo?)
– El volkswagen es ...
– Los coches japoneses son ...

En el rastro

L Demonstrativpronomen ese § 37
dar § 74
(W) Zahlwörter § 18

1 A ¿Cuánto me da usted por **el transistor?**
B ¿Por ese **transistor?** Le doy **300 pesetas.**

el transistor – 300 ptas.

2 la radio – 600 ptas.
3 los discos – 400 ptas.
4 las tazas – 150 ptas.
5 la bicicleta – 800 ptas.

23 La señora Carmen Pérez de González

A Ordnungszahlen 1–5 § 24

Mire el tablero en el libro de texto. Pregunte y conteste.
Sehen Sie sich die Tafel im Lehrbuch an. Fragen und antworten Sie.

1 A Tengo que hablar con **el señor Pérez.**
¿Dónde vive, por favor?
B Vive en el primero, izquierda.

el señor Pérez

2 el señor Argons
3 la señora de Gómez
4 la señora de González
5 el señor Alvarado
6 la señora de López
7 la señora de Colmayo
8 el dentista
9 la señora de Menéndez

B* Präsens von subir, vivir § 53 Ordnungszahlen 1–5 § 24

(Estamos en un ascensor.)

1 A ¿Subes al **cuarto** piso?
B Sí, vivo en el cuarto.

(tú) – 4°

2 (tú) – 2°
3 usted – 1°
4 el señor – 3°
5 (vosotros) – 4°
6 las chicas – 5°
7 ustedes – 2°
8 Carmen – 3°
9 el niño – 5°
10 usted – 4°

C Ordnungszahlen 1–5 § 24

la vida	Leben
la dama	Dame
casado	verheiratet
alegre	fröhlich, beschwipst
abrazar	umarmen
nunca	niemals
mellizos	Zwillinge
la sinfonía	Symphonie
el cajón	Schublade

Lea los siguientes párrafos en voz alta.

Lesen Sie laut folgende Sätze.

1 "Tú eres el **1** hombre de mi vida". La persona que dice esto es una dama que está casada por **4** vez.
2 Vosotros vivís en el **5** piso y no oís nada. Pero yo vivo en el **2** y el tráfico es lo **1** que escucho cuando me levanto.
3 Tomás no va a cambiar. Cuando toma el **1** whisky está sólo alegre, con el **2** abraza a todas las personas que están junto a él, y cuando va por el **3** dice siempre: "Nunca he visto tantos mellizos en mi casa".
4 Busca la **5** sinfonía de Beethoven, está entre la **3** y la **1** en el **2** cajón, a la derecha.

D Tageslauf

Un día en la vida de Carlos, un chico español.

Ordene las siguentes frases en forma lógica.
Puede escribir los números en la columna B.

Ordnen Sie nachstehende Sätze in logischer Reihenfolge.
Tragen Sie die richtigen Zahlen in Spalte B ein.

		B
1	Me acuesto más o menos a las diez. Me gusta leer o escuchar música y después acostarme.	
2	Me levanto muy pronto, pues en el colegio empezamos a las ocho de la mañana.	
3	Si tengo clases por la tarde, entonces no vuelvo a casa hasta las cinco o cinco y media.	
4	A mediodía vuelvo a casa a almorzar.	
5	Generalmente miro el telediario después de la cena para poder hablar un poco sobre política y conflictos internacionales en la clase de historia. Nuestro profesor nos ha dicho que tenemos que mirar las noticias todos los días.	
6	Si no tengo mucho que hacer, me encuentro con los amigos. Si hace calor, vamos a la piscina. Si llueve, al cine.	
7	Por la tarde estudio en casa. Si voy mal en una asignatura, me quedo a repasar. No me gusta tener que recuperar asignaturas en verano.	
8	Después tomo el desayuno con mis padres. Mi hermano casi nunca desayuna con nosotros porque siempre se queda en la cama hasta muy tarde.	
9	Si mi padre tiene tiempo nos lleva en coche al colegio. Pero generalmente voy en bicicleta. Hay muchos coches a esa hora de la mañana y en bicicleta llego en seguida.	

24 El periodista

A Preguntas sobre el texto – Fragen zum Text

1 ¿Qué hace Benito Sánchez?
2 ¿Qué escribe?
3 ¿Dónde escribe artículos?
4 ¿Dónde vive?
5 ¿Tiene familia?
6 ¿Cuántos años tiene él?
7 ¿Y su mujer?
8 Tiene dos hijas y un hijo.
¿Cuántos años tienen?
9 Trabaja también como profesor. ¿Por qué?
10 ¿Dónde trabaja como profesor?
11 ¿De qué da clases?
12 ¿Dónde está la academia?
13 ¿Cuándo trabaja allí?
14 ¿Qué es su amigo Juan?

B tener + Alter § 91
mayor – menor (que) § 12b
el/la mayor – menor § 12b

Carmen 5 | Enrique 7 | Juana 9

1 ¿Cuántos años tiene a) Carmen? b) Enrique? c) Juana?

2 . . . es la menor.
. . . es la mayor.
. . . es mayor que . . . pero es . . . que Juana.

C Preguntas sobre el texto – Fragen zum Text

Lea el diálogo en el libro de texto. Mire el plano del metro. Conteste a las preguntas.

Lesen Sie den Dialog im Lehrbuch. Sehen Sie sich den U-Bahn-Plan an. Antworten Sie dann auf die Fragen.

1 ¿En qué parte de Madrid vive Benito?
2 ¿Cómo va a la academia?
3 ¿Dónde toma el metro?
4 ¿Qué línea toma?
5 ¿Dónde tiene que hacer transbordo?
6 ¿Qué línea toma después?
7 ¿Dónde sube su amigo Juan al metro?
8 ¿Y dónde baja Juan?

D salir § 89
(W) quedarse § 33

1 A ¿Te quedas en **la tienda**?
B Sí, no salgo hasta las **nueve**.

(tú) – tienda – 9

2 (tú) – farmacia – 8
3 Enrique – biblioteca – 7
4 Juan y Jaime – academia – 9
5 (vosotros) – banco – 2:30

E acabar de § 62
(W) vivir § 53
(W) Possessivpronomen § 45

1 A ¿Vives todavía en casa de tus padres?
B No, ya no. Ahora vivo en **Sevilla.** Acabo de comprar un piso allí.

(tú) – Sevilla

2 Cristina – Barcelona
3 Juan y Emilia – Valencia
4 (vosotros) – Bilbao
5 usted – Santander

F salir § 89
(W) subir § 53; hacer § 79

Sehen Sie sich den U-Bahn-Plan von Madrid an. Beschreiben Sie:

1 wie Luis von Moncloa bis Tetuán kommt.
2 wie Sie von Iglesia bis Serrano kommen.
3 wie Sie und Ihr Freund von Atocha bis Batán kommen.

Stichworte: subir al metro – tomar la línea de – bajar – hacer transbordo – salir del metro

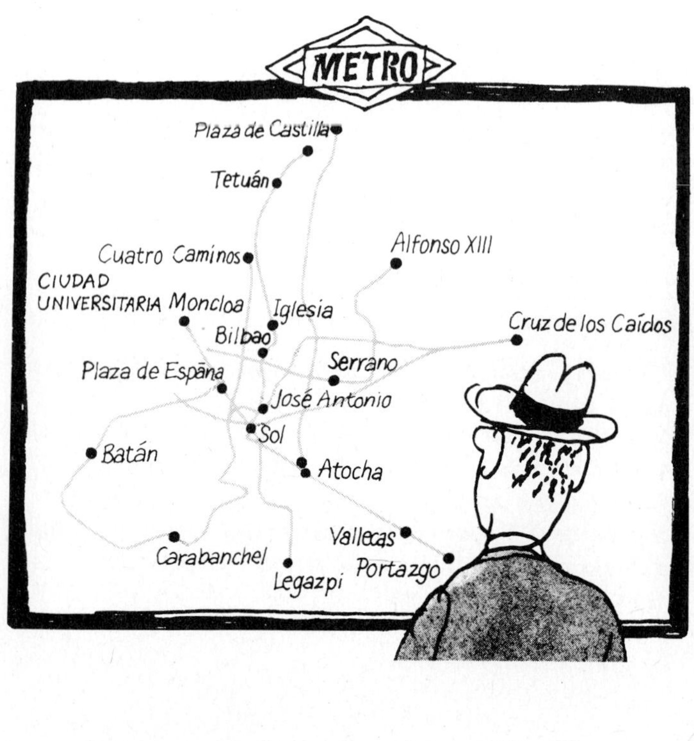

G Diálogo – Dialog: Entrevista

Übernehmen Sie die Rolle von Benito Sánchez und antworten Sie auf die Fragen des Journalisten.

Periodista Muy buenos días, señor.
Dígame, ¿qué profesión tiene usted?

1 *Benito S.* Soy . . . .
P. ¿Escribe usted artículos sobre economía?
2 B. . . . .
P. Ah, sí. Gana usted mucho, ¿no?
3 B. . . . .
P. ¿Está usted casado? ¿Tiene hijos?
4 B. . . . .
P. ¿Cuántos años tienen los niños? ¿Ya estudian el bachillerato?
5 B. . . . .
P. ¿Cuesta mucho dinero el colegio?
6 B. . . . .
P. ¿Dónde vive usted? ¿En el centro de Madrid?
7 B. . . . .
P. También tiene teléfono, ¿verdad?
8 B. . . . .
P. ¿Trabaja usted sólo como periodista?
9 B. . . . .
P. ¿Y qué clases da allí?
10 B. . . . .
P. ¿Y cómo va usted a la academia? ¿En coche?
11 B. . . . .

H Interview – Entrevista

Nun werden Sie interviewt. Antworten Sie auf die Fragen.

1 ¿Cuántos años tiene usted?
2 ¿Está usted casado/casada?
3 ¿Trabaja su mujer/marido?
4 ¿Cuántos años tiene su marido/mujer?
5 ¿Tiene usted hijos?
6 ¿Va usted en metro al trabajo?
7 ¿Cuánto tiempo tarda?
8 ¿Hay mucho tráfico en general?
9 ¿A qué hora empieza usted a trabajar?
10 ¿A qué hora sale usted de casa?
11 ¿Come usted a mediodía en casa?
12 ¿A qué hora termina usted su trabajo?
13 ¿Qué hace usted después de volver a casa?
14 ¿Ha ido usted a clase a una academia de noche o a la Universidad Popular?
15 ¿Le gustan las clases? ¿Por qué?
16 ¿Es muy exigente su profesor/profesora?
17 ¿Mira usted la televisión o le gusta más escuchar la radio?
18 ¿A qué hora se acuesta usted?

I Präsens § 51–55
Perfekt § 60–61 c

Sie haben Benito Sánchez nach vielen Jahren wieder getroffen und berichten Ihrer Frau über alle Neuigkeiten, die Sie erfahren haben.
Setzen Sie die richtigen Verbformen ein.

1 Oye, Carmen, ¿. . . . . a quién . . . . . esta tarde en el metro? A Benito, Benito Sánchez.	(saber; ver)
2 ¿Sabes que . . . . . un piso nuevo en Vallecas?	(comprar)
Ya no . . . . . con sus padres.	(vivir)
3 Sí, de verdad, ... casado desde hace diez años.	(estar)
4 . . . . . tres hijos, dos hijas y un hijo.	(tener)
Las hijas . . . . . nueve y cinco años y el chico	(tener)
. . . . . siete.	(tener)
5 Además me . . . . . que el colegio de los niños	(decir)
. . . . . mucho dinero. Por eso . . . . . clases de francés en una academia.	(costar; dar)
6 Y . . . . . su coche.	(vender)
7 Siempre . . . . . en metro. Hoy . . . . . al metro	(ir; subir)
en Vallecas y . . . . . en Sol.	(salir)
8 Me . . . . . que debemos ir a su casa un día.	(decir)

J Dialog – Diálogo: Un viejo amigo

Sie treffen einen Bekannten, den Sie lange nicht gesehen haben.
Erkundigen Sie sich nach seinem Befinden,
nach der Familie,
nach dem Beruf, etc.
Zum Schluß tauschen Sie Ihre Telefonnummern aus (Vorwahl und Rufnummer).

En el aeropuerto

A Präsens von venir § 93
(W) Nationalitätsadjektive § 9 b, 10
(W) Präsens von ser § 90

1 A ¿De dónde vienes?
B Vengo de **Colombia.**
A ¿Eres **colombiano?**
B No, soy **peruano.**

2 A ¿De dónde vienen **ustedes?**
B Venimos de **Francia.**
A ¿Son **franceses?**
B No, somos **italianos.**

(tú) – Colombia – colombiano – peruano
ustedes – Francia – franceses – italianos

3 (tú) – Chile – chileno – colombiano
4 (vosotros) – Alemania – alemanes – holandeses
5 usted – Honduras – hondureño – ecuatoriano
6 esa chica – Cuba – cubana – mexicana
7 ustedes – Panamá – panameños – norteamericanos
8 esos chicos – España – españoles – italianos
9 (vosotros) – Nicaragua – nicaragüenses – guatemaltecos

B Hörverstehensübung

Hören Sie die Cassette.
Wählen Sie dann die richtige Antwort und kreuzen Sie sie an:

1 ¿Cuántos años tiene el chico?
a 22
b 27
c 35

2 Vive cerca de
a Bilbao
b Santander
c Oviedo

3 Vive en casa de
a sus padres
b sus abuelos
c sus hermanos

4 Trabaja en
a un banco
b una farmacia
c una empresa que exporta bicicletas

5 Va al trabajo en
a moto
b coche
c bicicleta

6 ¿Le gusta el trabajo?
a no mucho
b mucho
c poco

25 El tren no llega

A Gerundium § 57, 58

1 A ¿Qué está haciendo Carmen?
B Está tomando café.

1 Carmen

5 Emilia

2 Luis

6 Pedro y Enrique

3 Juan y José

7 Ana y Rosario

4 Ana

8 el camarero

B Gerundium § 57, 58

1 A ¿Qué haces?
B Estoy **escuchando** algo.
A ¿Qué estás escuchando?
B **Un programa sobre el turismo.**

escuchar — un programa sobre el turismo

2 buscar — un bolígrafo
3 comer — un bocadillo
4 leer — un artículo sobre Gibraltar

C Gerundium § 57, 58
(W) venir § 93; poder § 55

Pregunte y conteste. (Al teléfono.)
Fragen und antworten Sie. (Am Telefon.)

A ¿Vienes a **la piscina?**
B Ahora no puedo. Estoy **mirando una película muy buena en la televisión.**

1	(tú)	piscina	mirar una película muy buena en la televisión
2	(tú)	piscina	preparar una clase de francés
3	usted	club	preparar la comida
4	(vosotros)	cine	leer un libro muy interesante
5	Carmen	bar	escribir una carta muy importante
6	José	plaza	hacer un trabajo muy importante
7	los chicos	biblioteca	estudiar

D (W) Uhrzeit § 19

Construya diálogos como el ejemplo.
Bilden Sie Dialoge wie im Beispiel.

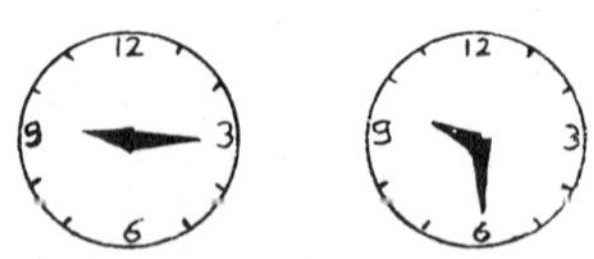

1 A ¿Qué hora es?
B Son **las nueve y cuarto.**
A ¿A qué hora llega el autobús?
B Creo que a **las nueve y media.**

E Gerundium § 57, 58

Erzählen Sie den Text der Lektion 25 nach. Benutzen Sie die Gerundiumformen, wo sie angebracht sind. Folgende Stichworte helfen Ihnen:

Doña Eusebia y don Tomás – estación – pueblo castellano – tren para Guadalajara – una postal – un periódico – calor – 50° – sudar – 15:20 mirar el horario – 16:00 otra vez el horario – 16:30 un bocadillo, agua mineral – sueño – nota – los domingos – 13:45 y 17:15 – volver

F Diálogo – Dialog: El tren para Guadalajara

Sie warten auf einen Zug nach Guadalajara. Da der Zug nicht ankommt, wenden Sie sich an den Bahnhofsbeamten.
Lesen Sie zuerst die Antworten. Übernehmen Sie die Rolle des Reisenden.

1 A ¿. . . . . ?
B Esperamos el tren para Guadalajara a las cinco y cuarto.
2 A ¿. . . . . ?
B Los domingos sólo hay dos trenes para Guadalajara.
3 A ¿. . . . . ?
B Hay uno a las dos menos cuarto y otro a las cinco y cuarto.
4 A ¿. . . . . ?
B Son las cuatro en punto.
5 A ¿. . . . . ?
B Puede tomar algo (ahí,) en la cantina.

G (W) El tiempo – Wetter § 79

Mire los mapas en la página 32. Elija poblaciones. Construya diálogos. (Una llamada telefónica.)

Betrachten Sie die Landkarte auf S. 32. Wählen Sie verschiedene Orte. Bilden Sie Dialoge und benutzen Sie Ihre eigenen Namen. (Ein Telefongespräch.)

A Hola, **Carmen,** soy **Andrés.**
B **¿Andrés?** ¿Dónde estás?
A Estoy en **Madrid.**
B ¿En **Madrid?** ¿Qué tiempo hace?
A Aquí hace **buen tiempo, hace sol y hace mucho calor.**

H Traducción – Übersetzung

1 In einem Café sitzt *(hay)* ein Mädchen.
2 In einem anderen Café sitzt ein anderes Mädchen.
3 Auf einem Tisch liegt ein belegtes Brötchen.
4 Auf einem anderen Tisch liegt ein halbes belegtes Brötchen.
5 Geben Sie mir bitte einen halben Liter Wein.
6 Ich will ein anderes Wörterbuch kaufen.

26 Una familia nerviosa

A Descripción del dibujo – Bildbeschreibung

Mire el dibujo del libro de texto. Describa el andén. Use:

Betrachten Sie die Zeichnung im Schülerbuch. Beschreiben Sie den Bahnsteig. Verwenden Sie:

a la izquierda – a la derecha – junto a la puerta – un banco – delante de la taquilla – junto a la puerta de la cantina (Bahnhofsrestaurant) – junto a la puerta del lavabo para caballeros (Herrentoilette)

B Personalpronomen im Akkusativ: bejahende Sätze § 27, 28 a

1 A ¿Quién tiene **la llave?**
B La tengo yo.

2

3

4

5

C Personalpronomen im Akkusativ: bejahende Sätze § 27, 28 a

1 A ¿Quién tiene **la maleta?**
B La tiene doña Ana.

doña Ana

2

don Ignacio

3

don Ignacio

4

doña Ana

5

Alfonso

6

Carmen

D Personalpronomen im Akkusativ: verneinende Sätze § 27, 28 a

Mire los dibujos de **B.** Pregunte y conteste.

Betrachten Sie die Zeichnungen der Übung **B.** Fragen und antworten Sie.

1 A ¿Quién tiene la llave?
B No sé, yo no la tengo.

E Akkusativ mit der Präposition a § 7 Personalpronomen im Akkusativ § 27, 28 a

1 A ¿Ves a **Antonia?**
B No, no la veo. ¿Dónde está?
A Allí, **junto a la puerta.**

Antonia – junto a la puerta

2 Cristina – en el banco
3 los chicos – en otro banco
4 las chicas – a la derecha de la puerta
5 los curas – delante de la taquilla
6 el señor – en el banco

F Perfekt: Verben auf -ar § 60 Stellung des Personalpronomens § 28 b (W) Futur mit ir § 59

1 A ¿Cuándo vas a comprar **el pollo?**
B Ya lo he comprado.

2 
3 

4 
5 

G Perfekt: Verben auf -ar § 60 Stellung des Personalpronomens § 28 b (W) Futur mit ir § 59

1 A ¿Vais a comprar **el vino** hoy?
B Ya lo hemos comprado.

2 
3 

4 
5 

H Personalpronomen im Akkusativ § 27, 28a Perfekt § 60–61c

1 A Mañana voy a **ver la película** de Saura..
B ¡Cómo! ¿No la has visto todavía?

2 A Tenemos que **abrir los paquetes** que han llegado esta semana.
B ....

3 A Tengo que **comprar un billete** para el tren de esta tarde.
B ....

4 A Mañana van a **poner las cortinas** en el piso nuevo.
B ....

5 A Mi secretaria va a **escribir las cartas** esta noche.
B ....

6 A Tengo que **llamar a mi madre** por teléfono. Hoy es su cumpleaños.
B ....

7 A El domingo vamos a **traer la bicicleta** que hemos comprado.
B ....

I Diálogo – Dialog: Empezar a

Welche Antwort paßt zu welcher Frage?

1. ¿Te acuestas ya?
2. ¿Buscáis la botella de agua mineral?
3. ¿Van al restaurante?
4. ¿Necesitas el abrigo?
5. ¿Por qué has abierto la ventana?

a Empezamos a tener calor.
b Sí, empiezan a tener hambre.
c Sí, empiezo a tener sueño.
d Sí, empezamos a tener sed.
e Sí, empiezo a tener frío.

J Ejercicio libre: "De Toril a Madrid"

A	B
Sie haben ein paar Tage in Toril verbracht, wollen nun aber nach Madrid. Fragen Sie einen Einwohner des Dorfes, wie man zum Bahnhof gelangt.	Der Bahnhof liegt vom Dorfzentrum weit entfernt. Sie fahren am besten mit dem Bus dorthin.
Fragen Sie auch, wie häufig Züge von Toril nach Madrid fahren.	Werktags verkehren vier Züge, sonntags jedoch nur zwei. Die Zeiten können Sie am Bahnhof erfragen.
Sie erkundigen sich beim Bahnhofsbeamten nach einer Verbindung von Toril nach Madrid (Umsteigen, Preis).	Es gibt keine direkte Verbindung. Sie müssen zuerst nach Segovia fahren und dort umsteigen. Die Fahrkarte kostet 295 Peseten.
Sie stehen auf dem Bahnsteig. Da der Zug auf sich warten läßt, fragen Sie einen Beamten, ob der Zug Verspätung hat.	Der Zug kommt erst gegen 17.15 Uhr, da heute Sonntag ist.
Da Sie Durst haben, fragen Sie auch, wo Sie etwas zu trinken kaufen können. Sie möchten auch eine Zeitung kaufen.	Sie haben noch viel Zeit, um in der 'cantina' etwas zu essen und zu trinken. Eine Zeitung bekommen Sie am Kiosk gegenüber dem Bahnhof.

Sie bedanken und verabschieden sich.

K* Sopa de letras

In dieser "sopa de letras" sind Begriffe versteckt. Diese Begriffe können horizontal, vertikal oder diagonal angeordnet sein und dabei vor- und rückwärts gelesen werden.

D	N	L	L	E	G	A	D	A	T	C	B
A	O	C	R	A	B	A	C	E	A	O	O
R	I	T	Y	L	N	N	T	O	C	C	S
E	V	A	R	E	S	E	U	A	N	H	M
S	A	U	L	E	L	E	D	P	A	E	O
T	E	T	I	L	U	I	U	N	L	A	S
A	R	O	I	C	L	P	A	N	A	A	Q
C	R	B	E	L	S	D	O	E	Q	R	U
I	O	Ú	O	N	I	E	L	R	U	A	I
Ó	N	S	P	L	O	S	O	T	E	M	P
N	E	A	A	C	S	A	T	E	L	A	M
A	T	S	C	H	I	O	S	A	Ñ	C	A

Gesucht werden 15 Begriffe, die mit einer Reise zu tun haben.

27 El piso nuevo

A poner § 84
Personalpronomen beim Infinitiv § 28 c

Mire el dibujo en la página 46 del libro de texto. Pregunte y conteste.

Betrachten Sie die Zeichnung auf S. 46 im Lehrbuch. Fragen und antworten Sie.

1 A ¿Dónde pongo **la mesa?**
B Puedes ponerla en **la sala.**

mesa – sala

2 nevera – cocina
3 sillas – comedor
4 televisor – sala
5 sillones – dormitorio

Üben Sie selbständig weiter. Verwenden Sie abwechselnd Gegenstände und Räume.

B Perfekt: poner § 84
Stellung des Personalpronomens § 28 b

Pregunte y conteste como en el ejemplo.

Fragen und antworten Sie wie im Beispiel.

A ¿Dónde está **la radio?**
B Ana la ha puesto en **la cocina.**

la radio – la cocina

2 la cama – el dormitorio
3 la alfombra – la sala
4 el espejo – el cuarto de baño
5 las sillas – el comedor

Sehen Sie sich die Zeichnung auf S. 46 im Lehrbuch an. Üben Sie weiter mit anderen Gegenständen und Zimmern.

C Personalpronomen § 25, 27, 28

1 A ¿Dónde está **el libro de José?**
B Creo que lo tiene él.

el libro de José – lo tiene él

2 la blusa de mamá
3 los calcetines de los chicos
4 el pantalón de Marisa
5 los zapatos de Ana
6 el abrigo de Daniel

D Futur mit ir § 59
Personalpronomen beim Infinitiv § 28c

1 A ¿Vas a comprar el **pollo** hoy?
B Hoy no, voy a comprarlo **mañana.**

(tú) – pollo – mañana

2 (tú) – arroz – lunes
3 (vosotros) – gambas – domingo
4 (usted) – vino tinto – otro día
5 (tú) col la semana que viene
6 (vosotras) – uvas – sábado

E Perfekt: verneinende Form § 60
Stellung des Personalpronomens § 28 b
(W) Futur mit ir § 59

1 A ¿Has comprado **el vino?**
B No, todavía no lo he comprado.
A Pues, tienes que comprarlo.
B Ya sé, voy a comprarlo mañana.

2

3

4

F Una carta – Ein Brief

Schreiben Sie einem/einer spanischen Bekannten, daß Sie sich in dieser Woche eine neue Wohnung eingerichtet haben. Schildern Sie, was Sie gekauft und wohin Sie alle Sachen gestellt haben. Sie können z. B. so beginnen:

Esta semana he/hemos comprado . . . .
He/Hemos gastado . . ., pero . . .

G Traducción – Übersetzung

1 Familie García ist gerade an ihrer neuen Wohnung angekommen.

2 *Herr García* – Wo ist der Schlüssel?
3 *Frau García* – Den habe ich.
4 *Felipe* – Ich habe Hunger. Wo ist das Schinkenbrot?
5 *Emilia* – Ana hat es.
6 *Ana* – Nein, ich habe es nicht.
7 *Roberto* – Ich habe es eben gegessen.

28 En la agencia de viajes

A Preguntas sobre el texto – Fragen zum Text

1 ¿Dónde entra María de Aizguirre?
2 ¿Cómo es ella?
3 ¿Cuántos años tiene?
4 ¿Qué lleva?
5 ¿Adónde quiere ir?
6 ¿Quiere ir en tren?
7 ¿Qué tiene que hacer en Madrid?
8 ¿Cuánto vale el pasaje?
9 ¿Puede comprar el pasaje en la agencia?
10 ¿Por qué no lo puede hacer?
11 ¿Dónde tiene que comprarlo?

B Vocabulario y horario de viajes Reisevokabular und Reisezeiten

Schauen Sie im Flugplan nach, welche anderen Flugverbindungen es zwischen Bilbao und Málaga gibt. Übernehmen Sie die Rolle des Reisebüroangestellten:

Hay un avión que . . . a las . . . y llega a Madrid a las . . . .
En Madrid . . . que hacer . . . El avión . . . de allí a las . . . y . . . a Málaga a las . . . .

Bilbao – Madrid

Bilbao S.	8,50	12,30	13,20	15,30	17,15
Madrid Ll.	10,10	13,15	14,40	16,15	18,00

Madrid – Málaga

Madrid S.	10,10	11,00	12,15	15,45	16,00
Málaga Ll.	11,00	11,50	13,05	16,35	17,00

S. = Salida
Ll. = Llegada

C Zahlwörter ab 1000 § 18

Mire la lista de precios. Construya diálogos.
Sehen Sie sich die Preisliste an. Bilden Sie Dialoge.

1 A Quiero ir de **Madrid** a **Málaga.** ¿Cuánto vale el pasaje?
B ¿Ida y vuelta?
A No, sólo ida.
B De **Madrid** a **Málaga** cuesta 2.780 pesetas.

Madrid – **Málaga**

Fragen Sie auf die gleiche Weise nach den Preisen.

2 Madrid – Palma de Mallorca
3 Madrid – Sevilla
4 Las Palmas – Madrid

Üben Sie weiter mit anderen Städten.

Tarifas Nacionales

De/a	Ida	Ida y vuelta
Las Palmas		
Madrid	16.125	32.250
Santa Cruz, Tenerife	1.980	3.960
Madrid		
Málaga	7.755	16.010
Palma de Mallorca	8.815	17.630
Sevilla	7.205	14.410
Málaga		
Melilla	3.865	7.730
Sevilla	2.710	5.420

D (W) Ordnungszahlen 1 – 2 § 24
(W) Datum § 20

a A **Dos** para **Valencia**, por favor.
B ¿De primera o de segunda?
A De **segunda**. ¿Hay que sacar reserva?
B Sí, ¿para cuándo los desea?
A Para **el diez de julio.**

2 – Valencia – 2ª – 10.7.

b 2 – Zaragoza – 1ª – 15.10.
c 3 – Toledo – 2ª – 8.5.
d 1 – Pamplona – 2ª – 5.7.

E (W) Perfekt § 60 – 61 b

¿Qué ha hecho esta mañana la señorita Aizguirre?

1 ir a la agencia de viajes
2 preguntar al empleado el precio de los pasajes
3 informarse del horario
4 después tomar un taxi al aeropuerto
5 allí comprar un billete

Können Sie jetzt erzählen, was Sie heute vormittag gemacht haben?

Esta mañana he . . ./no he ...

F (W) Uhrzeit, Tageseinteilung § 19 a, 19 b

Mire el horario de trenes. Pregunte y conteste.
Sehen Sie sich den Fahrplan an. Fragen und antworten Sie.

Barcelona a Valencia

K.	Estaciones		Talgo	Talgo	Ráp.	Exp.	Exp.
	Barcelona	S.	8,15	10,15	14,25	18,05	23,35
42	Sitges	Ll.	8,52	10,52	15,17	18,55	0,28
		S.	8,55	10,53	15,20	19,00	0,30
92	Tarragona	Ll.	9,22	11,22	15,59	19,48	1,20
		S.	9,23	11,23	16,11	20,03	1,32
298	Castellón	Ll.	11,39	13,39	19,47	23,49	5,54
		S.	11,40	13,40	19,50	23,51	6,05
339	Sagunto	Ll.	12,18	14,18	20,27	0,35	6,52
		S.	12,20	14,20	20,30	0,40	6,55
368	Valencia	Ll.	12,55	14,55	21,–	1,07	7,31

K = Kilómetros
S = Salida
Ll. = Llegada

Talgo = span. Luxuszug
Ráp. = tren rápido (Schnellzug)
Exp. = tren expreso (D-Zug)

A El señor Pérez quiere ir de **Barcelona** a **Valencia.** ¿A qué hora puede llegar a **Valencia?**
B Bueno, si toma **el Talgo de las diez y cuarto de la mañana** puede estar en **Valencia** a **las tres menos cinco de la tarde.**

Üben Sie weiter mit anderen Städten. Die fettgedruckten Angaben sind durch andere aus dem Fahrplan zu ersetzen.

G Diálogo – Dialog: En la oficina de viajes

Sie wollen von Las Palmas nach Madrid fliegen. Darum wenden Sie sich an ein Reisebüro, um sich nach Zeit, Preis usw. zu erkundigen.

Empleado	*Usted*
	Sie grüßen und erkundigen sich nach den Flügen Las Palmas – Madrid.
– Bueno, hay un avión que sale de Las Palmas a las dos en punto y llega a Madrid a las 15.15.	Sie wollen früher fliegen, da Sie sich die Stadt ansehen möchten.
– Entonces tome el avión que sale a las 8.50 y llega a Madrid a las 10.10.	Sie sind einverstanden und fragen nach dem Preis.
– Un momento, por favor. Voy a mirar en la lista. Cuesta 16.125 pesetas. Han subido bastante las tarifas nacionales.	Sie fragen, ob Sie das Flugticket im Reisebüro kaufen können.
– Lo siento, señor(a), pero tiene usted que comprar el pasaje en el aeropuerto.	Sie bedanken und verabschieden sich.

H Ein Telefongespräch

Sie telefonieren mit einem spanischen Bekannten. Sie beide wollen von Madrid nach Sevilla fliegen. Heute morgen haben Sie sich im Reisebüro nach einem Flug erkundigt. Berichten Sie davon.

Usted	*Su amigo*
Sie rufen Ihren Freund an.	Er meldet sich.
Sie sagen, wer Sie sind und warum Sie anrufen.	Er fragt, ob Sie schon Flugtickets gekauft haben.
Sie antworten, daß das nicht möglich ist und daß man sie am Flughafen kaufen muß.	Er erkundigt sich nach Flugzeit und Preis.
Sie erläutern alles ganz genau.	

Sie verabreden sich für 17.00 Uhr auf dem Flughafen und verabschieden sich.

29 El sur

A Narración – Nacherzählung

Erzählen Sie auf Deutsch, was Sie über Andalusien wissen.

B Preguntas sobre el texto – Fragen zum Text

1 ¿Qué tiempo hace en Andalucía a) en verano?
b) en invierno?
2 ¿Qué sabe usted de Cádiz?
3 ¿Cuánta tierra posee el 2% de la población de Andalucía?
4 ¿Qué se cultiva en el campo?
5 ¿Qué se exporta de Andalucía?
6 Mucha gente trabaja en el campo. ¿Qué otros trabajos hay?
7 ¿Hay turistas allí sólo en verano?
8 ¿Qué hacen los que no encuentran trabajo?
9 ¿Adónde van?
10 ¿Qué trabajo hay para ellos en el extranjero?
11 Muchos se quedan varios años en el extranjero. ¿Qué hacen con el dinero que ganan?
12 ¿Qué quieren hacer después si vuelven a España?
13 ¿De qué viven principalmente Ceuta y Melilla?
14 ¿Es grande Gibraltar?

C a – de – en – desde

Ponga las preposiciones que faltan.
Setzen Sie die fehlenden Präpositionen ein.

1 Además ... las 17 Comunidades Autónomas, dos ciudades ... el norte ... África pertenecen ... España ... 1668: Ceuta y Melilla.
2 Pero ... Marruecos la gente piensa que estas ciudades, ... realidad, pertenecen ... Marruecos.
3 Como ... Andalucía, el clima ... Ceuta y Melilla es agradable.
4 Las dos ciudades viven principalmente ... turismo y ... comercio.
5 Más ... un millón ... turistas ... año pasan allí unos días.
6 ... el sur ... la Península está Gibraltar.
7 Gibraltar es ... 1713 una colonia inglesa y tiene unos 25.000 habiantes.
8 La gente ... Gibraltar quiere ser inglesa, pero los españoles piensan que Gibraltar es una parte ... España.

D Entrevista – Interview

Sie unterhalten sich mit einem Andalusier und wollen etwas über dessen Land erfahren. Lesen Sie zuerst die Antworten. Übernehmen Sie dann die Rolle des Fragenden.

1 *Usted* ¿.......................................?
Andaluz Está en el sur del país.
2 ¿.......................................?
La ciudad más importante es Sevilla.
3 ¿.......................................?
Tiene unos 500.000 habitantes.
4 ¿.......................................?
No, en Andalucía la tierra es pobre o, por lo menos, está mal repartida. Hay muchos latifundios.
5 ¿.......................................?
Sí, en el campo se cultivan olivos, viñas y trigo. También se produce aceite de oliva. Y además hay importantes industrias de vinos y licores.
6 ¿.......................................?
Sí, sobre todo en verano hay muchísimos turistas en los centros turísticos, como por ejemplo en la Costa del Sol.
7 ¿.......................................?
Por desgracia no. Mucha gente no tiene trabajo o sólo una parte del año. Y además gana muy poco dinero.
8 ¿.......................................?
Tienen que emigrar. Pero ahora es muy difícil emigrar al extranjero.
9 ¿.......................................?
En general van al extranjero: a Francia, Suiza, Alemania Occidental e Inglaterra.
10 ¿.......................................?
Allí trabajan en fábricas, en hoteles o restaurantes o en el campo.

E Narración – Nacherzählung

Erzählen Sie auf Spanisch über Andalusien mit Hilfe folgender Stichwörter:

el tiempo – Sevilla – Cádiz – la tierra – latifundios – se cultiva – se produce – el jerez – se exporta – turistas – emigrar – trabajo – dinero – bar, gasolinera – piso

30 Un campesino andaluz

A Preguntas sobre el texto – Fragen zum Text

Mire el dibujo y lea las líneas 1–18 en la página 50 del libro de texto. Conteste a las preguntas.

Lesen Sie den Text (Zeilen 1–18) und betrachten Sie die Zeichnung auf S. 50 im Lehrbuch. Antworten Sie dann auf die Fragen.

1 ¿Quién es Tomás López?
2 ¿Está casado?
3 ¿En qué ciudad vive? ¿Dónde está esa ciudad?

4 ¿Adónde va todos los años?
5 ¿Va solo?
6 ¿Cuánto tiempo se queda en Francia?
7 ¿Este año se va el dos de abril. ¿Dónde está ese día por la mañana?
8 ¿Qué tren espera?
9 ¿Dónde está el perro?
10 ¿Dónde está el jefe de estación?
11 ¿A quién está esperando Tomás?
12 ¿Quién es Rafael?

B Preguntas sobre el texto – Fragen zum Text

Lea primero el texto de la página 50 (líneas 19–40). Conteste después a las preguntas.

Lesen Sie zuerst den Text auf Seite 50 (Zeilen 19–40). Antworten Sie dann auf die Fragen.

1 ¿Tiene Rafael trabajo ahora? ¿Dónde?
2 ¿Quién es Pedro? ¿Qué hace?
3 ¿José y su hermano van también a Francia?
4 ¿Adónde tienen que ir?
5 ¿Dónde tienen que hacer la mili?

C Präsens von conocer § 72
(W) Akkusativ mit der Präposition a § 7
(W) Personalpronomen im Akkusativ § 27, 28 a

1 A Conoces a **Luisa y a su hermana,** ¿no?
B ¿A Luisa y a su hermana? Claro que las conozco.

Luisa y su hermana

2 Pedro
3 Carmen
4 Rafael y Pedro
5 el señor López

D Perfekt von ver § 94
(W) Stellung des Personalpronomens § 28 b
(W) Akkusativ mit der Präposition a § 7

Pregunte y conteste como en el ejemplo.

Fragen und antworten Sie wie im Beispiel.

1 A ¿Has visto **la película del Savoy?**
B No, todavía no la he visto.

la película del Savoy

2 la película del Astoria
3 Jaime
4 su nuevo SEAT
5 las chicas alemanas
6 el nuevo edificio

E Zusätzliches Personalpronomen (Akkusativ) § 29
Präsens von conocer § 72

1 A ¿Conoces al **padre** de Rafael?
B A su padre no lo conozco, pero a su **madre** sí que la conozco.

padre — madre

2 el primo de Carmen
3 la hermana de Elena
4 la amiga de Luis
5 los amigos de Emilia y Elena
6 la abuela de Vicente y Luis
7 los hijos de los señores Sánchez

F Una carta – Ein Brief

Schreiben Sie als Tomás López einen Brief an einen Freund. Berichten Sie, daß Sie in Frankreich arbeiten, weil Sie in Andalusien keine Arbeit gefunden haben. Mit Ihnen sind zwei Freunde. José und sein Bruder mußten zum Militär nach Ceuta.

Sie können z. B. so beginnen:

¡Querido Rafael!
Te escribo desde el sur de Francia, donde trabajo en . . .

G Tomás, Paco y Rafael

Lea el siguiente texto con atención. Algunas informaciones no son correctas. ¿Cuáles son?

Lesen Sie aufmerksam folgenden Text. Einige Angaben sind falsch. Welche?

Rafael
Rafael, el hermano de Tomás López, tampoco tiene trabajo. Hoy va a pasar el día en su finca. Dice a Tomás que José y su hermano han hecho la mili en Ceuta.

Tomás Solana
Tomás Solana es un campesino andaluz. No tiene trabajo. Quiere emigrar a Andalucía, donde unos amigos han encontrado un trabajo para él. Es en una fábrica de maletas: la Seat.
La mujer de Tomás trabaja en una finca: vende parte de la pesca en el mercado. Los hijos van a la escuela y ya hablan muy bien el catalán.

Paco
Un amigo de Tomás – Paco – que está en Vigo, cerca de la frontera francesa, ha escrito una carta a Tomás y le dice que ahora está trabajando en las minas de carbón; pero el trabajo es demasiado duro para él y por eso ha pensado irse con su mujer a Madrid, donde viven los hermanos de ella.

H Entrevista – Interview

Stellen Sie Fragen an Tomás López. Sie müssen zu den folgenden Antworten passen.
Anrede: *usted.*

1 ¿ . . . ?
Tomás López.
2 ¿ . . . ?
De Andalucía.
3 ¿ . . . ?
30 años.
4 ¿ . . . ?
No, soy soltero.
5 ¿ . . . ?
En Jaén.
6 ¿ . . . ?
En el interior de Andalucía.
7 ¿ . . . ?
Al sur de Francia.
8 ¿ . . . ?
No, voy con unos amigos.
9 ¿ . . . ?
Sí, voy todos los años.
10 ¿ . . . ?
Unos meses.
11 ¿ . . . ?
Planto arroz con mis amigos.

I Traducción – Übersetzung

1 Eva wartet auf ihren Freund.
2 Sie kann Juan nicht finden.
3 Sie schaut auf die Uhr. Es ist halb neun.
4 In einer anderen Straße steht Juan und wartet auf Eva.
5 Er kann Eva nicht sehen.
6 Juan wartet eine halbe Stunde.
7 Dann hat er keine Lust mehr, länger zu warten.

J Hörverstehensübung

Sie hören jetzt eine relativ lange Rundfunksendung: die Nachrichten vom 28. Dezember, einen Tag, der in Spanien und Lateinamerika mit dem 1. April in Deutschland vergleichbar ist.
Hören Sie zuerst die ganze Sendung. Hören Sie sich dann die einzelnen Nachrichten an und machen Sie sich dabei Notizen.

ecológico	ökologisch	*la calefacción*	Heizung
el paraíso	Paradies	*la energía solar*	Sonnenenergie
llenar	füllen		
desaparecer	verschwinden	*celebrar*	feiern

Apuntes/Notizen
Madrid:
Central nuclear:
El cumpleaños del rey:
El último emigrante:
El tiempo:

Versuchen Sie jetzt, die Nachrichten mit vollständigen Sätzen wiederzugeben.

31 En la aduana

A Betontes Possessivpronomen § 46: suyo, suya (Singular und Plural) (W) este § 35

1 A ¿De quién es este **bolso**? ¿Es de **María**?
B Sí, creo que es suyo.

2

3

4

B Betontes Possessivpronomen § 46: mío, tuyo (Singular und Plural) (W) ese § 37

1 A Aquí está tu **reloj.**
B Ese reloj no es mío.
A ¿No es tuyo? ¿De quién es?
B No sé, pero no es mío. El mío está aquí.

2

3

4

C Betontes Possessivpronomen § 46: mío – suyo (Ihr) (Singular und Plural) (W) ese § 37

1 A Aquí está su **libro.**
B Ese libro no es mío.
A ¿No es suyo? ¿De quién es?
B No sé, pero no es mío. El mío está aquí.

2

3

4

D Betontes Possessivpronomen § 46
(W) ese § 37

1 A ¿Y ese **bolso** es de **Paco**?
B Creo que no. El suyo es más pequeño.

bolso – Paco

2 bicicleta – Carmen
3 blusas – niña
4 cámara – tu hermano
5 coche – Luisa
6 zapatos – tu amigo
7 moto – Ana

E mio – suyo § 46

Ponga el pronombre posesivo que falta.

Setzen Sie das entsprechende Possessivpronomen ein.

En la aduana

1 *Aduanero:* ¿Esta maleta es .....?
2 *Usted:* No, señor, no es ....., es de aquella señora.
3 *A:* Pero estos bolsos son ....., ¿no?
4 *U:* Tampoco. Los ..... están aquí a mi lado.
5 *A:* ¿Tiene algo que declarar, señor?
6 *U:* No, nada.
7 *A:* Entonces puede pasar. ¿Cuándo sale su avión?
8 *U:* El ..... sale a las tres en punto.
9 *A:* ¿Y el ....., señora?
10 *U:* No sé cuando sale el .....
11 *A:* Bueno, también puede pasar. ¿De quién son esas llaves que están ahí? ¿Son ....., señor?
12 *U:* Ah, sí, son ..... . Muchas gracias.
13 *A:* De nada, señor. ¡Buen viaje!

B Indefinido: comprar § 64
(W) Personalpronomen im Akkusativ § 27,28a

1 A ¿Ya has comprado **el pan?**
B Sí, lo compré ayer.

2

3

4

5

Erzählen Sie jetzt, was Sie gestern fürs Wochenende gekauft und wieviel Sie dafür bezahlt haben.

C Indefinido: pagar (S. 8)
(W) Zahlwörter § 18

1 A ¿Ha pagado usted **la lámpara?**
B Sí, ayer pagué **ochocientas pesetas.**
2 A ¿Han pagado ustedes la lámpara?
B Sí, ayer pagamos ochocientas pesetas.

3

4
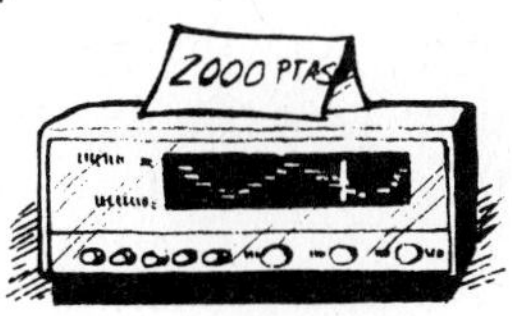

5

6

32 Robo de un cuadro

A Indefinido: Verben auf -ar § 64
hizo § 79, fue § 80

1 ¿Dónde entró la joven?
2 ¿Qué hizo allí?
3 ¿Adónde fue después?
4 ¿Fue en tren?
5 ¿Qué compró en el aeropuerto?
6 ¿Cuánto pagó?
7 ¿A qué hora tomó el avión?
8 ¿A qué hora llegó a Barajas?
9 ¿Qué hizo allí?
10 ¿A qué hora llegó a Málaga?
11 ¿Se quedó en el aeropuerto?

D Indefinido: Verben auf -ar § 64
(W) Uhrzeit § 19 a

1 A ¿Ya ha llegado **Carlos?**
B Sí, llegó ayer a **las dos.**

Carlos

2 Luis

3 Carmen y Elena

4 Joaquín

5 los señores Pérez

E Indefinido: Verben auf -ar § 64
Indefinido: llegar (S. 8)

Complete las preguntas.
Vervollständigen Sie die Fragen.

1 A ¿A qué hora llegaste?
B Llegué a las cuatro.

¿A qué hora . . . ?	Llegué a las cuatro.
2 ¿A qué hora . . . el avión?	Lo tomé a las dos.
3 ¿Dónde . . . de avión?	Cambié en Barajas.
4 ¿Con quién . . . ?	Hablé con el taxista.
5 ¿A qué hora . . . a Málaga?	Llegué a las cinco.

F Indefinido: Verben auf -ar § 64

Complete las preguntas.
Vervollständigen Sie die Fragen.

1 A ¿A qué hora tomasteis el tren?
B Lo tomamos a las tres y media.

¿A qué hora . . . el tren?	Lo tomamos a las tres y media.
2 ¿Dónde . . . de tren?	Cambiamos en Valladolid.
3 ¿A qué hora . . . a casa?	Llegamos a las cinco.
4 ¿A qué hora . . . el trabajo?	Lo empezamos a las ocho.
5 ¿A qué hora . . . el trabajo?	Lo terminamos a las once.

G Indefinido: empezar (S. 8)
(W) Uhrzeit § 19 a

1 A ¡Qué cansado estoy!
B ¿Trabajaste hasta tarde ayer?
A Bastante. Empecé a **las nueve** de la mañana y no terminé hasta **las diez** de la noche.

2

3

H Indefinido: Verben auf -ar § 64
Indefinido: pagar, llegar (S. 8)

Lassen Sie die Hauptperson erzählen, was sie gestern machte.
Verwenden Sie folgende Stichworte:

entrar a mirar los cuadros – tomar un autobús al aeropuerto – comprar un pasaje allí – pagar 2 780 ptas. – tomar el avión a las doce y media – llegar a Barajas – cambiar de avión – llegar a Málaga a las cinco menos veinticinco – tomar un taxi a un hotel.

I Indefinido: Verben auf -ar § 64
Indefinido: ir § 80

Setzen Sie die entsprechende Form des Indefinido ein.

1 Ayer Pedro . . . . . el Museo de Arte de Pamplona por primera vez.	(visitar)
2 Como no . . . . . el Museo en seguida, ... a un guardia.	(encontrar) (preguntar)
3 El guardia le . . . . . el edificio.	(enseñar, zeigen)
4 . . . . . allí a pie.	(ir)
5 . . . . . una entrada, ... un poco con el guía y . . . . . los cuadros.	(comprar; hablar) (mirar)
6 Después . . . . . en un bar a tomar un refresco.	(entrar)
7 . . . . . una naranjada, ... y	(tomar; pagar) (irse)

J Indefinido: Verben auf -ar § 64
Indefinido: ir § 80, pagar, llegar (S. 8)

Erzählen Sie von Pablos und Felisas Eisenbahnreise von Barcelona nach Paris.
Vervollständigen Sie die Sätze mit den richtigen Formen der Verben im Kästchen.

visitar — tomar — comprar — pagar — llegar — cambiar — ir — tomar — llegar

1 La semana pasada Pablo y Felisa . . . a la estación de Francia, en Barcelona.
2 . . . billetes de ida y vuelta, de segunda clase, para París.
3 . . . en total 6 000 ptas.
4 . . . el Expreso de las 08:05.
5 . . . a la frontera francesa a las 10:20.
6 . . . de tren allí.
7 . . . a París a las 22:30 del mismo día.
8 . . . el metro hasta la estación de Odeón.
9 . . . a una hermana de Felisa.

K Ejercicio libre: Ayer . . .

Erzählen Sie jetzt über Ihren gestrigen Tag:
was Sie getan haben, wann Sie aufgestanden sind . . .

Sie können u. a. folgende Verben verwenden:
levantarse – ir – desayunar – empezar – llegar – trabajar – hacer – hablar – comprar – pagar – cenar.

Ayer me levanté . . .

33 Cartas

Una carta del extranjero

A Preguntas sobre el texto — Fragen zum Text

1 ¿A quién escribe Carlos la carta?
2 ¿Dónde están Carlos y su mujer?
3 ¿Cuánto tiempo llevan allí?
4 ¿Qué tiempo ha hecho en Hannover?
5 ¿Dónde trabaja Carlos?
6 ¿Cómo ha ganado Carlos el dinero para el coche?
7 ¿Compraron un coche nuevo?
8 ¿Lo compraron al contado?
9 ¿Qué dice Carlos de la comida de Hannover?
10 ¿Con quién habló Carlos ayer?
11 ¿Cuándo va a ir José a Hannover?
12 ¿José tiene trabajo allí?
13 ¿Qué han enviado los padres de Carlos a Madrid?
14 ¿Qué ha enviado Carlos a su madre?

B (W) Datum, Jahreszahl § 20, 22

Lea la fecha.

Lesen Sie das Datum.

a	3. 8. 1492	e	1. 4. 1939
b	6. 10. 1571	f	10. 12. 1956
c	9. 12. 1931	g	20. 11. 1975
d	18. 7. 1936		

C llevar + Zeitangabe § 97

1 A ¿Desde cuándo está **usted** en **Berlín**?
B Ya llevo **dos años** aquí.

usted — Berlín — dos años

2 Fernando — Madrid — 6 meses
3 (tú) — Munich — 2 semanas
4 (vosotros) — Andalucía — mucho tiempo
5 los Martí — Alemania — un mes
6 ustedes — París — 5 años
7 Emilia — Ibiza — 10 meses

Una carta al extranjero

A Preguntas sobre el texto — Fragen zum Text

1 ¿Cuándo recibieron la carta los padres?
2 ¿Se ha comprado los zapatos la madre?
3 ¿Le gustan?
4 ¿Qué tiempo hace en Salo? ¿Y ayer?
5 Sus amigos, los Pérez, ¿qué hicieron la semana pasada?
6 ¿Adónde se van ellos?
7 ¿Dónde va a trabajar el padre?
8 ¿Dónde comieron el lunes?
9 El señor Pérez habló mucho de Suiza. ¿Por qué?
10 ¿El señor Pérez quiere volver allí?

B Indefinido: volver § 65 a, 95
(W) Präsens von estar § 77

1 A ¿Ya están aquí **los chicos**?
B Sí, volvieron **ayer**.

los chicos — ayer

2 el señor Sotelo — ayer por la mañana
3 (tú) — la semana pasada
4 ustedes — anteayer
5 (vosotros) — el jueves pasado

C Indefinido: volver § 65 a, 95
(W) Präsens von estar § 77

Pregunte y conteste como en el ejemplo.

Fragen und antworten Sie wie im Beispiel.

1 A ¿Ya está usted aquí? ¿Cuándo volvió?
B Volví ayer por la mañana.

2 A ¿Ya estás aquí? ¿Cuándo . . . ?
B . . . anteayer.
3 A ¿Ya están aquí las chicas? ¿Cuándo . . . ?
B . . . el martes pasado.
4 A ¿Ya estáis aquí? Cuándo . . . ?
B . . . el mes pasado.
5 A ¿Ya está aquí Jaime? ¿Cuándo . . . ?
B . . . la semana pasada.

D Indefinido: ver § 94
(W) Personalpronomen im Akkusativ § 27, 28a

1 A ¿**Usted** ha visto a **Enrique**?
B Sí, lo (le) vi anteayer.
A ¿Dónde lo (le) vio?
B En **la plaza de Sevilla.**

2 A ¿**Juana** ha visto a **Elena**?
Sí, la vio anteayer.
A ¿Dónde la vio?
B La vio en **el metro.**

1 usted — Enrique — la plaza de Sevilla
2 Juana — Elena — el metro

3 usted — los Sánchez — el puerto
4 tus padres — Juana — la calle de Colón
5 tú — Pilar y Pedro — el restaurante
6 Carlos — sus hermanos — el parque
7 (vosotros) — Carmen y Pilar — el metro
8 ustedes — Luis — la calle de Solana

E Indefinido: escribir § 65 b
(W) Personalpronomen im Dativ § 30, 31 a

Complete las respuestas.

Vervollständigen Sie die Antworten.

1 A ¿Has llamado a Carlos?
B No, pero le escribí una carta ayer.

2 A ¿Has hablado con Rosita?
B ... postal anteayer.
3 A ¿Habéis llamado a los Sánchez?
B ... carta la semana pasada.
4 A ¿Los chicos han llamado a la señorita Gómez?
B ... una postal anteayer.

F Indefinido: recibir § 65 b
(W) Personalpronomen im Akkusativ § 27, 28a

1 A ¿Ha llegado **la carta**?
B Sí, **Juan** la recibió ayer.

Juan 

2 (yo) 

4 (nosotros) 

3 las chicas 

5 (tú) 

G Indefinido: estar § 77
(W) Jahreszahl § 22

1 A **¿Juan** ha estado en **Madrid?**
B Sí, estuvo allí en **mil novecientos sesenta.**

Juan – Madrid – 1960

2 (tú) – Bogotá – 1965
3 tu hermana – Caracas – 1973
4 usted – Santiago – 1969
5 ustedes – La Habana – 1970
6 los chicos – Buenos Aires – 1971

Können Sie jetzt frei erzählen, wo Sie in den letzten Jahren Ihren Urlaub verbracht haben?

H Una carta – Ein Brief
Indefinido oder Perfekt?

1 Queridos amigos:
Muchísimas gracias por vuestra carta que ..... ayer. (llegar)
2 María y yo estamos bien. María ..... aquí la semana pasada. Hasta ahora no ..... un trabajo en uno de los muchos restaurantes de la ciudad. (llegar) (encontrar)
3 Ayer ..... (yo) por teléfono a Mari Carmen, que esta semana ..... un coche de segunda mano. (llamar) (comprar)
4 También ayer Mari Carmen y su marido me ..... que este año ..... mucho y que ..... bastante dinero. (decir; trabajar) (ganar)
5 El domingo María me ..... que en el centro hay una tienda española. Allí ..... (nosotros) jamón y pescado. Pero ya ..... (nosotros) a la comida de aquí. (decir) (comprar) (acostumbrarse)
6 ¿Qué tal el tiempo en España? Hoy ..... (yo) en el periódico que en Málaga ..... mucho frío. Aquí, en Alemania, ... muchísimo este año. (leer) (hacer) (llover)
7 Estoy esperando los discos, pero todavía no ..... . (llegar)
8 Mil recuerdos a todos y abrazos para vosotros de Antonio.

I Indefinido: ir § 80

Construya diálogos como en el ejemplo.

Bilden Sie Dialoge wie im Beispiel.

1 A La semana pasada **Juan** fue a **Valencia.**
B ¿A Valencia? ¿Cómo fue? ¿En **avión?**
A No, fue en **tren.**

Juan – Valencia – avión – tren

2 (yo) – Sevilla – tren – avión
3 Juan y Antonia – Bilbao – coche – autobús
4 (nosotros) – Sagunto – moto – bicicleta

J Indefinido: hacer § 79, ir § 80
(W) Reflexives Verb § 33

1 A ¿Qué hiciste ayer?
B Fui a la playa con mi hermana, ¿y tú?
A Me quedé en casa.

2 A ¿... (tú) el verano pasado?
B ... a Francia con mis hermanos, ¿y tú?
A ... en Madrid.
3 A ¿... usted ayer?
B ... a la playa con mis hijos, ¿y usted?
A ... en Barcelona.
4 A ¿... (vosotros) la semana pasada?
B ... al mar con unos amigos, ¿y vosotros?
A ... en la ciudad.
5 A ¿... ustedes el domingo pasado?
B ... al cine, ¿y usted?
A ... en casa.
6 A ¿... tu padre el verano pasado?
B ... a Portugal, ¿y el tuyo?
A ... en casa.

K Indefinido: Verben auf -ar, -er, -ir § 64–65 (W) Indefinido von ir § 80

Lea este texto.
Lesen Sie diesen Text.

1 Álvaro Conqueiro y su hijo van al puerto a las nueve de la noche.
2 Toman un bolso con los bocadillos.
3 Se encuentran en el puerto con los pescadores.
4 Media hora después salen al mar.
5 Se quedan en el mar toda la noche.
6 A las cinco de la mañana vuelven al puerto.
7 Llevan las cajas con la pesca al mercado.
8 Llegan allí a eso de las seis.
9 Dolores vende parte de la pesca allí.
10 Álvaro lleva el resto de la pesca a una fábrica de conservas.
11 A las ocho el padre y el hijo vuelven a casa.
12 Desayunan y se acuestan.
13 Se despiertan a las dos de la tarde.
14 Se levantan.
15 Se afeitan.
16 Se lavan.
17 Después van otra vez al mercado.
18 Allí almuerzan con Dolores.

Ponga ahora los verbos en indefinido. Comience así:
Setzen Sie jetzt die Verben in die historische Vergangenheit. Beginnen Sie mit:

1 Álvaro Conqueiro y su hijo *fueron* . . .

L Indefinido § 64, 65 Una carta – Ein Brief

Schreiben Sie einen kurzen Brief an Ihren Vater (Bruder, Freund):

- bedanken Sie sich für das Geld, das Sie gestern erhalten haben;
- erzählen Sie, daß Sie damit eine Schallplatte gekauft haben, die Sie sehr gern mögen;
- erzählen Sie, daß Sie gestern abend ins Kino gegangen sind.

Bestellen Sie Grüße an Ihre Geschwister (Freunde, Eltern). Vergessen Sie Anrede, Schluß und Datum nicht.

M Indefinido: Verben auf -ar, -er § 64, 65: 1. Person Singular und Plural Zusätzliches Personalpronomen (Dativ) § 32

Rellene con las formas correctas de los verbos.
Setzen Sie die richtigen Verbformen ein.

1	Ayer yo . . . a las nueve.	(levantarse)
2	. . . a la playa.	(ir)
3	. . . a una turista francesa.	(encontrar)
4	. . . de música y de cine.	(hablar)
5	A mediodía ella y yo . . . en el bar de la playa.	(comer)
6	Por la tarde (nosotros) . . . a la ciudad.	(volver)
7	. . . paella y . . . vino.	(comer, beber)
8	A las cinco . . . al cine.	(ir)
9	. . . una película francesa.	(ver)
10	A mí la película me . . . mucho,	(gustar)
11	pero a ella no le . . .	(gustar)
12	Por la noche . . . en un restaurante y . . . muy bien.	(cenar) (comer)
13	. . . un día muy agradable.	(ser)

N Una carta – Ein Brief

Achten Sie, wenn Sie diesen Brief nach den vorgegebenen Stichpunkten schreiben, auf den Gebrauch von Perfekt und Indefinido. (Vergessen Sie Anrede, Schluß und Datum nicht.)

Erzählen Sie,

– Sie seien heute von einer Fahrt nach Barcelona zurückgekommen, die Sie mit ein paar Freunden unternommen hätten.
– Sie hätten dort die Kathedrale, einige Museen und den Hafen besucht.
– Das Hotel "Cristóbal Colón", wo Sie gewohnt hätten, sei sehr gut und preiswert.
– Das spanische Essen habe Ihnen sehr gut geschmeckt, Sie hätten sich schnell an die spanische Küche gewöhnt.
– Das Wetter sei nicht schön gewesen, aber Ihre Eltern hätten Ihnen am Telefon gesagt, daß es auch in Deutschland sehr kalt gewesen sei.
– An einem Wochenende seien Sie allein nach Masnou gefahren und hätten dort spanische Freunde besucht.
– Jetzt hätten Sie wieder angefangen zu arbeiten, aber im Sommer möchten Sie nochmal nach Barcelona fahren.

O Indefinido: Verben auf -ar, -er, -ir § 64, 65: 1. und 2. Person Singular (W) Indefinido von ir § 80

Haga una entrevista a Carlos.
Interviewen Sie Carlos. Anrede: *tú*.

	Pregunte a Carlos	*Carlos contesta que*
1	a qué hora se levantó	se levantó a las siete
2	si desayunó café como siempre	ayer sólo tomó una taza de té
3	a qué hora fue al trabajo	salió de casa a las 8.15
4	si trabajó mucho	trabajó más de nueve horas
5	si volvió a casa tarde	llegó a casa a las 20.45
6	si se quedó en casa toda la noche	fue al cine con unos amigos vieron una película italiana
7	cómo fue al cine	fue en metro
8	qué hizo después del cine	tomó unas copas con los amigos
9	a qué hora se acostó	se acostó a las 03.30

34 El este

A Preguntas sobre el texto – Fragen zum Text

1 ¿Dónde están Cataluña y Valencia?
2 ¿Vive mucha gente en estas regiones?
3 ¿Hay muchos turistas todo el año?
4 ¿Qué lenguas se hablan allí?
5 ¿Qué industrias hay en Cataluña?
6 ¿Cuál es la industria más conocida? ¿Dónde está?
7 Hay muchos inmigrantes en Cataluña. ¿Por qué?
8 ¿De dónde son los inmigrantes?
9 ¿Por qué han construido sistemas de riego en Valencia?
10 ¿Qué se cultiva en las huertas?
11 ¿Adónde se exporta la fruta?
12 ¿Cuántas toneladas de fruta exporta España al año? (naranjas: más de 1 000 000; mandarinas: 300 000; limones: 100 000)
13 ¿Qué más da la tierra?

B se cultiva – se cultivan § 96

Rellene con las formas correctas.

Setzen Sie die passende Verbform ein.

1 En Valencia, en Cataluña y en las Islas Baleares ..... dos lenguas: el castellano y el catalán.	(hablar)
2 ¿Cómo ..... en catalán y en valenciano "patata"? ..... también "patata" en catalán y "creïlle" en valenciano.	(decir) (decir)
3 Sobre todo de Valencia ..... mucho de lo que ..... en sus famosas huertas.	(exportar) (cultivar)
4 ¿Qué ..... allí? En las huertas ..... naranjas y limones que ..... a casi todos los países de Europa.	(cultivar) (encontrar; exportar) (cultivar)
5 Pero también ..... arroz.	(cultivar)

El Catalán

C Diálogo – Dialog: Cataluña y Valencia

Ein Einheimischer und ein Urlaubsgast unterhalten sich über den Osten Spaniens.
Übernehmen Sie die Rolle des Einheimischen.

1 *Turista:* ¿Es verdad que en Cataluña se hablan dos lenguas?
Usted: .....
2 *T:* Creo que en las Islas Baleares también se habla catalán, ¿no?
U: .....
3 *T:* El catalán y el valenciano, ¿son dos lenguas distintas?
U: ...
4 *T:* ¿De qué industrias vive Cataluña principalmente?
U: .....
5 *T:* ¿Y Valencia?
U: .....
6 *T:* Ah, sí. ¿Y qué se cultiva en Valencia?
U: .....
7 *T:* ¿Y qué hacen con tantas toneladas de naranjas, limones y mandarinas?
U: .....

Los Caballé

D Preguntas sobre el texto – Fragen zum Text

1 ¿Dónde viven los Caballé?
2 ¿Son pescadores?
3 ¿Tienen una finca grande?
4 ¿Qué cultivan?
5 ¿Cuánta fruta recogen en febrero?
6 ¿Cómo transportan la fruta a la ciudad?
7 ¿Ha venido alguien hoy a buscar las cajas?
8 ¿Quién va a llevarlas entonces?
9 ¿Cómo va a llevarlas?

E (W) no ... nunca § 102
(W) einige unregelmäßige Verben

Conteste a las preguntas como en el ejemplo.

Antworten Sie auf die Fragen wie im Beispiel.

1 A ¿Por qué no compras el ABC?
B Porque no me gusta. No compro nunca el ABC.

2 A ¿Por qué no haces la cama?
B ...
3 A ¿Por qué no pones la mesa?
B ...
4 A ¿Por qué no sales con Antonio?
D ...
5 A ¿Por qué no dices adónde vas?
B ...
6 A ¿Por qué no vas al club?
B ...

F alguien – nadie § 39, 102
(W) Perfekt einiger unregelmäßiger Verben

1 A ¿Ha **traído el postre** alguien?
B No, todavía no lo ha traído nadie.

traer el postre

2 hacer el flan
3 abrir las botellas
4 poner la mesa
5 ver la película
6 escribir la carta

G Ejercicio libre: Mi región

Schreiben Sie – ähnlich wie im Textbuch die Ausführungen über Katalonien und Valencia – einen kurzen informativen Bericht über die Region, in der Sie leben.

H* Despedacigrama: Las provincias de ...

Dieses "despedacigrama" enthält einen kurzen zusammenhängenden Text. Es geht darum, die Rechtecke mit den Buchstabengruppen an die richtige Stelle zu setzen. Jedes Wortende wird durch ein schwarzes Feld angezeigt.

						O											■									
	V									Y											F					
																A			■							
■								■													u					
					■							■										T				
	I																									
			■											A.									■			
										Ñ								■				E				
				N																						■

U	L	A
■	T	U
Y	■	E

L	O	N
M	A	N
■	E	N

H	A	B
C	I	A
A	N.	■

■	I	B
R	I	S
X	P	O

C	H	A
E	S	P
D	I	A

■	A	L
■	E	L
D	E	L

S	E	■
L	E	N
T	A	L

D	E	■
C	A	N
I	A	N

D	E	■
U	N	A
I	E	N

A	S	■
A	I	I
E	N	C

U	T	A
L	■	Y
T	O	■

■	E	S
C	A.	■
A	■	T

T	E	L
F	O	R
S	T	A

N	C	I
■	Y	■
V	A	L

P	E	N
N	A	■
O	D	U

T	E	■
E	S	■
A	M	B

I	N	S
M	U	Y
C	E	■

L	I	■
■	V	A
■	C	A

C	A	S
T	E	■
O.	■	E

■	F	R
A	Ñ	O
L	E	C

L	A	■
■	Z	O
■	P	R

R	T	A
L	A	■
N	O,	■

■	P	R
L	E	N
■	P	A

■	M	U
E	L	■
U	N	■

O	V	I
C	I	A
I	S	■

L	A	S
■	V	A
■	E	L

■	E	L
E	R	I
T	I	C

35 El ministro

A algún – ningún; alguna – ninguna § 40
(W) Perfekt von ver § 94

1 A ¿Has visto alguna **fábrica** nueva allí?
B No, allí no he visto ninguna fábrica nueva.
2 A ¿Ha visto **Pedro** algún hospital nuevo allí?
B No, allí no ha visto ningún hospital nuevo.

1 (tú) – fábrica
2 Pedro – hospital

3 (vosotros) – piscina
4 (usted) – hotel
5 tus amigos – cine
6 (tú) – universidad

B ninguno – ninguna § 40

(En una tienda.)

1 *El dependiente* ¿Qué desea?
El cliente Una camisa verde.
El dependiente Lo siento (Es tut mir leid), no queda ninguna.

camisa verde

2 traje negro
3 jersey azul
4 blusa blanca
5 abrigo verde
6 corbata amarilla
7 falda roja

C (W) Personalpronomen beim Infinitiv § 28c
(W) Unregelmäßige Partizipien § 61a

1 A ¿Ha puesto alguien la mesa?
B No, nadie tiene ganas de ponerla.

poner la mesa

2 lavar los platos
3 hacer las camas
4 traer el vino
5 preparar la paella
6 escribir las cartas

D algo – alguien – nadie § 38, 39
alguno, algún – ninguno, ningún § 40

Ponga el pronombre indefinido que falta.

Setzen Sie das fehlende unbestimmte Pronomen ein.

1 A ¿Has comprado ..... periódico?
B Lo siento, pero no he comprado ..... .
2 A ¿Pero ..... revista nueva sí has traído, ¿no?
B Tampoco. No hay ..... interesante.
3 A Entonces voy a preguntar a mamá si ella ha comprado ..... para leer.
Mamá, tú has traído ..... periódicos, ¿verdad?
B No, no he podido comprar ..... periódico.
No he tenido tiempo.
4 A ..... de vosotros me hace un favor, pero si vosotros queréis ..... de mí, yo lo hago en seguida.
B Oye, ¿ha venido ..... a arreglar (reparieren) la radio?
5 A No, todavía no ha venido ....., porque ..... de vosotros ha llamado al mecánico.
B Bueno, quizás la puede arreglar ..... de vosotros.

E Diálogos – Dialoge

Lesen Sie zuerst alle Fragen.
Beantworten Sie sie dann nach den vorgegebenen Stichworten.

1 A ¿Vamos al cine esta noche? Te invito.
B Sie möchten nicht. Es gibt etwas Interessantes im Fernsehen zu sehen. Vielleicht geht irgendein anderer Freund mit ins Kino.

2 A ¿Has visto alguna vez una película de Buñuel?
B Sie haben bisher noch keinen gesehen, aber jemand hat Ihnen von seinen Filmen erzählt (contar).

3 A ¿Te gusta esta paella?
B Sie haben niemals eine so leckere Paella gegessen. Keine von den Paellas, die Sie gegessen haben, hat Ihnen so gut geschmeckt.

4 A ¿Ha venido alguien a traer el armario que he comprado en Galerías Preciados?
B Bis jetzt ist niemand hier gewesen.
Aber es hat jemand angerufen, Sie haben aber nichts von dem verstanden, was er gesagt hat.

F Traducción – Übersetzung

1 – Hast du das neue Schwimmbad gesehen?
2 – Nein, wo ist es?
3 – Niemand weiß, wo es ist. Ich glaube, es ist in Torreblanca.
4 – Ich bin in Torreblanca gewesen, aber ich habe dort kein Schwimmbad gesehen.
5 – Dann fahren wir hin. Können wir mit dem Bus fahren?
6 – Heute nicht, morgen früh.
7 – Gut, aber jemand von uns kann heute die Fahrkarten kaufen.
8 – Keiner von uns hat Geld!

36 En la comisaría

A Präsens – Imperfekt – Perfekt – Indefinido
Preguntas sobre el texto – Fragen zum Text

Lea la primera parte de la lección.
Conteste a las preguntas.

Lesen Sie den ersten Teil der Lektion.
Antworten Sie dann auf die Fragen.

1 ¿Quién entra en la comisaría?
2 ¿Qué dice?
3 ¿Cómo ha ocurrido?
4 ¿Cuándo ocurrió?
5 ¿Qué había en el bolso?

B Präsens – Imperfekt – Perfekt – Indefinido
Preguntas sobre el texto – Fragen zum Text

Lea la segunda parte de la lección.
Conteste a las preguntas.

Lesen Sie den zweiten Teil der Lektion.
Antworten Sie dann auf die Fragen.

1 Entra un señor. ¿Qué le han robado?
2 ¿Es la primera vez?
3 ¿Dónde estaba el coche cuando desapareció?
4 ¿Cuándo puso su coche allí?
5 ¿Y cuándo vio que el coche ya no estaba?

C Imperfekt – Indefinido
Preguntas sobre el texto – Fragen zum Text

Lea la tercera parte de la lección.
Conteste a las preguntas.

Lesen Sie den dritten Teil der Lektion.
Antworten Sie dann auf die Fragen.

1 ¿Qué llevan los dos chicos?
2 ¿Dónde han encontrado el cuadro?
3 ¿Cuándo?
4 ¿A quién se le cayó?
5 ¿Cómo era la mujer?
6 ¿Qué llevaba?
7 ¿Cuándo desapareció el cuadro?
8 ¿Dónde desapareció?
9 ¿Quién lo dice?

D Imperfekt – Indefinido
Preguntas sobre el texto – Fragen zum Text

Lea otra vez el texto de la lección 32 ("Robo de un cuadro").
Conteste a las preguntas.

Lesen Sie noch einmal Lektion 32 ("Robo de un cuadro"). Antworten Sie dann auf die Fragen.

1 ¿Quién entró en el museo?
2 ¿Qué hizo allí?
3 ¿Qué cuadro era?
4 ¿Cómo fue a Bilbao?
5 ¿Cómo fue a Madrid?
6 ¿Dónde cambió de avión?

E Imperfekt – Perfekt – Indefinido

Ponga el tiempo correcto del pasado.

Setzen Sie die richtige Vergangenheitszeit ein.

1 A Buenos días, señora. ¿En qué puedo servirle?	
B ...... mi bolso.	(perder)
2 A ¿Cómo .... ?	(ocurrir)
B .... en el bar Toledo de la calle	(estar)
de la Cruz. De repente ..... cuenta	(darse)
de que no ..... el bolso.	(llevar)
3 A ¿Y .... algo importante en su bolso?	(haber)
B Pues sí, ... mi carnet de identidad, las llaves de mi tienda y casi cinco mil pesetas.	(tener)
4 A ¿De qué color ..... el bolso?	(ser)
B .... negro y bastante grande.	(ser)

F Diálogos: En la comisaría

Setzen Sie die richtige Präposition bzw. das entsprechende Personalpronomen ein.

a	de	las	me
con	en	le	nos

1 *Entra un señor.*
a Buenos días, señor. ¿..... qué puedo servir . . .?
b He perdido mis llaves.
a ¿Cómo ha occurido?
b Estaba ..... el restaurante junto ..... la Casa Barata. Salí. ..... repente ..... di cuenta ..... que no llevaba mis llaves ..... casa.
a Las llaves, ¿dónde ..... tiene usted generalmente?
b ..... el bolso del pantalón.

2 *Entran dos chicos ..... unas llaves.*
a Hemos encontrado estas llaves cerca ..... la Casa Barata. ..... han dicho que se ..... cayeron ..... un señor.
b ¿Cuándo pasó?
a Hace un cuarto ..... hora.
b ¿Y cómo era el señor?
a Hemos preguntado ..... la calle, pero nadie ..... ha dicho nada.
b Oiga, señor, estas llaves, ¿son ..... usted?
a No, no son mías. ¡Qué lástima!

G Diálogo – En la comisaría

Sie haben Ihre Aktentasche (la cartera) verloren.
Nun gehen Sie zur Polizei, um den Verlust zu melden.

1 *Policía* Buenos días, señor/señora. ¿En qué puedo servirle?
Usted Erzählen Sie, daß Ihnen Ihre Aktentasche abhanden gekommen sei.
2 *P* ¿Y cuándo pasó?
U Vor ungefähr einer halben Stunde.

3 *P* ¿Que había en la cartera?
U In der Aktentasche seien ein paar Schallplatten, eine Flasche Sherry, Ihr Wörterbuch (diccionario), der Reisepaß, der Zimmerschlüssel der Pension, wo Sie wohnen, und Schecks sowie Bargeld gewesen.
4 *P* ¿Cómo ha ocurrido?
U Sie seien im Kino gewesen, um den letzten Film von Saura zu sehen. Und plötzlich hätten Sie festgestellt, daß Ihre Aktentasche abhanden gekommen sei.
5 *P* ¿Cómo es la cartera?
U Die Aktentasche sei klein und schwarz.
6 *P* Muy bien. Entonces tiene usted que rellenar esta ficha y esperar unos días. A ver si la encontramos.
U Sie fragen, ob Sie wiederkommen sollen, um sich zu erkundigen, ob jemand die Tasche gefunden hat.
7 *P* No. Escriba su dirección en la ficha. Vamos a informarle en seguida si encontramos la cartera.
U Sie bedanken und verabschieden sich.
8 *P* Adiós, señor/señora. No hay de qué.

37 Cartas al director

Contaminación

A Preguntas sobre el texto – Fragen zum Text

1 ¿Qué trabajo tiene la persona que escribe la carta?
2 ¿A quién escribe la carta?
3 ¿Dónde trabaja Jesús Casares?
4 ¿Trabaja también en la terraza?
5 ¿Le gusta estar en la terraza? ¿Por qué?
6 ¿Cómo era antes? ¿Se podía respirar mejor?
7 ¿Por qué estaba limpio el aire?
8 ¿Trabajaba también en la terraza entonces?
9 ¿Qué hacían los clientes allí?
10 ¿Qué tienen que hacer los responsables?

B (W) muy – mucho § 17 a – 17 c
(W) mucho – mucha, muchos – muchas § 17 d

Rellene con las formas correctas.

Setzen Sie die passenden Formen ein.

1 No me gusta . . . trabajar en la terraza.
2 Por la calle pasan . . . coches y autobuses.
3 El aire está . . . sucio.
4 Antes, yo trabajaba . . . en la terraza.
5 Antes, había . . . árboles y el aire estaba . . . limpio.
6 A todos los clientes les gustaba . . . estar allí.
7 Y los turistas escribían . . . postales.
8 Allí estaban . . . contentos.
9 Se quedaban . . . tiempo e iba y venía . . . gente.
10 Ahora se van porque los coches les molestan . . .
11 y porque el aire está . . . sucio.

C Adjektiv oder Adverb
¿cómodo? – ¿cómodamente? § 16b

1 Soy camarero y trabajo en una cafetería . . . . en la calle de Córcega. Antes trabajaba en un hotel . . . . (grande) (pequeño)
2 El trabajo en la terraza de la cafetería no me gusta, porque por la calle pasan . . . . coches y autobuses, y por eso el aire está muy . . . . (continuo) (sucio)
3 Antes había . . . . árboles y el aire estaba . . . . , porque no pasaban . . . . coches. (mucho) (limpio) (tanto)
4 En la cafetería los clientes leían y comían . . . . y los turistas estaban muy . . . . (tranquilo) (contento)
5 Hoy, con este tráfico . . . . , ... no se puede respirar. (terrible; general)
6 La contaminación, ... , es un problema difícil, pero tiene que haber alguna solución, ¿no? (especial)

D Imperfekt von estar – haber – ser § 77, 78, 90

1 A ¿Quién . . . . . el chico que estaba en la calle?
B Felipe. Llegó ayer de Argentina.

2 A ¿Has visto mi abrigo?
B Ana dijo que . . . . . uno en la sala.

3 A ¿Dónde ibais de vacaciones cuando . . . . . pequeños?
B Íbamos siempre a una playa que . . . . . cerca del pueblo.

4 A ¿Fuisteis a la plaza anoche?
B Sí, pero . . . . . muchísima gente. Todos los asientos . . . . . ocupados. Cuando volvimos a casa no . . . . . todavía las once.

5 A ¿Has hablado con los chicos?
B Sí, ... muy contentos. No tienen que recuperar ninguna asignatura.

6 A ¿Por qué no has comprado el jersey?
B Porque no . . . . . ninguno blanco y el que . . . . . en el escaparate . . . . . demasiado grande para mí.

E Imperfekt §§ 66, 67, 90

El mes pasado Benito Sánchez, el periodista madrileño, se fue a París a trabajar allí. Antes vivía en Madrid.

Lea otra vez la lección número 24, en la página 43 del libro de texto, líneas 1–16. Describa cómo Benito Sánchez vivía antes.

Lesen Sie noch einmal Lektion 24, Zeilen 1–16 auf Seite 43 im Lehrbuch. Beschreiben Sie, wie Benito Sánchez lebte, bevor er nach Paris ging.

F Präsens – Imperfekt

Schreiben Sie einen Leserbrief als Mutter von drei Kindern. Sie wohnen im Zentrum der Stadt. Vergleichen Sie den jetzigen mit dem früheren Zustand.
Fragen Sie zum Schluß, was die Verantwortlichen für die Kinder tun. Verwenden Sie folgende Stichwörter (pocos/pocas = wenige):

	hoy	antes
casas altas	sí	no
supermercados	4	ninguno
estación de metro	muy cerca	ninguna
árboles	pocos	muchos
gente	mucha	poca

	hoy	antes
turistas	muchos	pocos
coches y autobuses	muchísimos	muy pocos
bicicletas	pocas	muchas
niños por la calle	no	sí, tranquilamente

Einige Verben: haber — tener — ir y venir — pasar — jugar

G Ejercicio libre: Cambio de aire

a) Sehen Sie sich alle Zeichnungen genau an. Schreiben Sie (vielleicht in kleinen Gruppen) die Wörter und Wendungen, die Sie brauchen, um die Geschichte zu erzählen. (Sie können den Lehrer nach unbekannten Wörtern und Wendungen fragen bzw. im Wörterbuch nachschlagen.)

b) Erzählen Sie jetzt (schriftlich und mündlich) die Geschichte „Cambio de aire".

Cambio de aire

von E. Clusellas

H Hörverstehensübung

Escuche la cinta/el disco y conteste a las preguntas.

Hören Sie das Band/die Schallplatte und antworten Sie auf die Fragen.

a continuación	anschließend
sociedad de consumo	Konsumgesellschaft
radioyente	Zuhörer
carta radiofónica	Hörerbrief
ama de casa	Hausfrau
protestar	protestieren
contra	gegen
he aquí	hier ist/sind
carne	Fleisch
cobrar	Lohn/Gehalt erhalten

1 a ¿Quién ha escrito la carta?
  b ¿Está casada?
  c ¿Cuántos hijos tienen?
  d ¿Dónde viven?
  e ¿Qué hace su marido?

2 ¿Cómo era antes? ¿Cómo es ahora?

Algunas palabras-clave:

Einige Schlüsselwörter:

antes ahora
vino
carne
desayuno
televisor
coche
dinero

3 ¿Qué compró la señora ayer?
c . . . , f . . . , l . . . , p . . . , c . . .

4 a ¿Cuánto dinero le quedó cuando volvió a casa ayer?
  b ¿Su marido podía darle más dinero?
  c ¿Cuándo va a cobrar el marido?
  d ¿Qué día es cuando escribe la carta?

**Correspondencia*

I* Preguntas sobre el texto – Fragen zum Text

1 ¿Cuántos años tiene Jean-Louis Touron?
2 ¿De qué país es?
3 ¿Estudia español?
4 ¿Con quién le gustaría tener correspondencia?
5 ¿Qué le gusta?
6 ¿Sabe escribir español?
7 ¿Cómo ha hecho para escribir esta carta?
8 ¿Qué pueden hacer sus amigos españoles?

J* Una carta – Ein Brief

Escriba una carta al director de un periódico español o latinoamericano. (Cuántos años tiene, dónde vive, dónde estudia español, cuántos años lo ha estudiado, lo que le gusta a usted, lo que prefiere, etc.)

Algunas palabras-clave:

Einige Schlüsselwörter:

tocar la guitarra	Gitarre spielen
el piano	Klavier spielen
la flauta	Flöte spielen
tocar en una orquesta	in einem Orchester spielen
cantar	singen
cocinar	kochen
esquiar	skifahren
patinar	Schlittschuh laufen
nadar	schwimmen
coleccionar sellos	Briefmarken sammeln
jugar al fútbol	Fußball spielen
al golf	Golf spielen
al tenis	Tennis spielen
a las cartas	Karten spielen
al ajedrez	Schach spielen
al hockey sobre hielo	Eishockey spielen

38 Billetes y monedas

A Personalpronomen: Dativ, 3. Person Singular und Plural § 30

1 A ¿El empleado puede cambiar el cheque **al señor** Bernal?
  B Sí, **le** puede cambiar el cheque.
2 A ¿El señor Bernal firma el cheque **al empleado?**
  B Sí, . . .
3 A ¿El señor Bernal da el pasaporte **al empleado?**
  B No . . .
4 A ¿La señora Bernal da su pasaporte **al empleado?**
  B Sí, . . .
5 A ¿Qué devuelve el empleado **a la señora?**
  B . . . el pasaporte.
6 A ¿Qué entrega **al señor Bernal?**
  B . . . un ticket.
7 A ¿El empleado entrega el dinero **a los Bernal?**
  B No, . . .
8 A ¿Quién entrega el dinero **a los Bernal?**
  B El cajero . . .
9 A ¿El cajero puede cambiar el billete al señor?
  B Sí, . . .

B Personalpronomen: Dativ, 3. Person Singular und Plural § 30

1 A ¿Devuelves todo el dinero a **Carlos?**
  B No, sólo le devuelvo cincuenta pesetas.

2 A ¿Devuelve usted todo el dinero a Elena?
  B No, . . .

3 A ¿Devuelve usted todo el dinero a los Gómez?
B No, . . .

4 A ¿Devuelves todo a las chicas?
B No, . . .

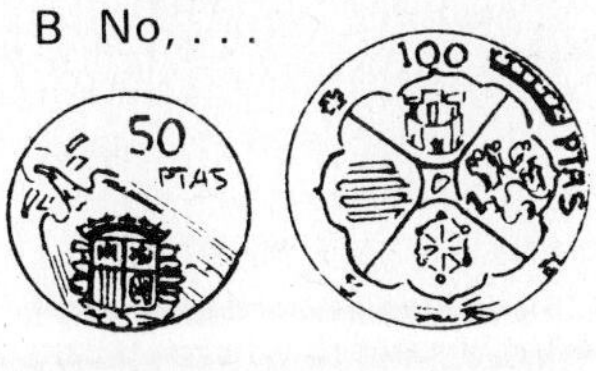

C* (W) algunos – algunas; ninguno – ninguna § 40
(W) Nationalitätsadjektive § 96, 10

Mire la foto en la página 55 del libro de texto. Construya diálogos.

Betrachten Sie das Bild auf S. 59 im Lehrbuch. Bilden Sie Dialoge.

1 A ¿Lleva usted dinero extranjero?
B Sí, tengo algunos **marcos alemanes**.
A ¿Y **dólares**?
B No, ninguno.

marcos alemanes – dólares

2 francos franceses – libras
3 pesos argentinos – liras
4 coronas suecas – escudos
5 pesos mejicanos – bolívares

el marco D-Mark
la libra (esterlina) Pfund
la lira Lire
la corona Krone

D Personalpronomen: Dativ § 30
(W) Adjektivdeklination § 9a
(W) ¿Te gusta(n)? – Me gusta(n) más

1 A ¿Te gusta la falda verde? (rojo)
B Sí, pero me gusta más la roja.
2 A ¿A Isabel no le gustan los leotardos rojos? (blanco)
B Sí, pero le gustan más los blancos.

3 A ¿Te gusta la camisa blanca? (azul)
B . . . .
4 A ¿Os gusta el traje negro? (gris)
B . . . .
5 A ¿No os gustan los calcetines blancos? (rojo)
B . . . .
6 A ¿A Federico no le gustan las corbatas azules? (rojo)
B . . . .
7 A ¿Os gusta el jersey amarillo? (blanco)
B . . . .
8 A ¿A ustedes no les gustan las gabardinas blancas? (gris)
B . . . .

E* Me gustaría
Personalpronomen, Dativ § 30
(W) venir § 93; poder § 55

1 A ¿Vienes el **lunes**?
B Me gustaría venir, pero no puedo.

(tú) – lunes

2 usted – martes
3 Elena – miércoles
4 Elena y Luis – jueves
5 (vosotros) – viernes

F En el banco

Rellene con las palabras que faltan.

Setzen Sie die fehlenden Wörter ein.

1 Todos los años los Bernal . . . . . a España . . . . . pasar sus vacaciones allí. Siempre viven en un . . . . . pequeño cerca de la . . . . . Cantábrica.
2 Como los Bernal . . . . . franceses, tienen que . . . . . sus francos en un banco.
3 – ¿Me . . . . . cambiar estos 500 francos . . . . . pesetas?
4 – ¿Cómo . . . . . las pesetas? ¿En billetes de mil?
5 – Sí, por favor, y . . . . . billetes de 100.
6 El empleado del banco . . . . . da un ticket al señor Bernal. Ahora tiene . . . . . ir a la caja. El cajero . . . . . entrega el dinero y un recibo.

G Perfekt § 61a
Stellung des Personalpronomens § 28b

1 A ¿Cuándo va **usted** a vender **el coche**?
B Ya lo he vendido.

usted – coche

2 (tú) – moto
3 (vosotros) – bicicleta
4 ustedes – libros
5 (tú) – piso

H Unregelmäßige Partizipien § 61c
(W) Personalpronomen beim Infinitiv § 28c

Conteste a las preguntas como en el ejemplo.

Antworten Sie auf die Fragen wie im Beispiel.

1 A ¿Has escrito la carta?
B No. Me he olvidado de (ich habe vergessen) escribirla.

2 ¿Has puesto la mesa?
3 ¿Has hecho la cama?
4 ¿Has abierto la ventana?

I Gerundium § 57
Personalpronomen beim Gerundium § 28 e

1 A ¿Pones **el mantel nuevo**?
B Estoy buscándolo, pero no lo encuentro.

el mantel nuevo

2 servilletas azules
3 tazas nuevas
4 vasos pequeños
5 platos grandes

J Diálogo: En el banco

Sie wollen Geld und einen Reisescheck wechseln.
Orientieren Sie sich zunächst an den folgenden Angaben.
Üben Sie danach frei.

Empleado	*Usted*
– Buenos días, señor. ¿En qué puedo servirle?	Sie möchten einen Scheck und DM in Peseten gewechselt haben.
– Muy bien. Haga el favor de firmar aquí, en el cheque. Fecha, nombre y apellido.	Sie fragen nach dem Datum.
– Hoy es el 19 de mayo. ¿Tiene usted algún documento de identidad?	Sie haben den Paß nicht bei sich und fragen, ob der Führerschein (permiso de conducir) ausreicht.
– Pues claro, señor. Está bien. Tenga su número.	Sie bedanken sich (und gehen zur Kasse).
– Aquí tiene usted su dinero. Y el recibo.	Sie bitten darum, daß man Ihnen einen Tausend-Pesetenschein in Kleingeld wechselt.
– ¿Las quiere de 100 ó de 50?	Sie möchten 50- und 25-Pesetenstücke haben.

K* Sopa de letras

In dieser "sopa de letras" sind Begriffe versteckt. Diese Begriffe können horizontal, vertikal oder diagonal angeordnet sein und dabei vor- oder rückwärts gelesen werden.

O	N	O	I	C	A	T	S	E	D	L	F
R	T	B	A	H	O	T	E	L	A	A	E
O	L	N	C	N	E	O	R	A	R	T	O
T	A	R	E	Y	S	Z	B	M	E	I	T
U	R	E	T	I	U	A	A	N	N	P	R
T	D	R	O	N	M	C	I	X	I	S	E
I	E	N	I	C	I	A	C	J	L	O	U
T	T	N	L	A	P	I	C	O	O	H	P
S	A	L	B	A	R	H	C	R	S	I	O
N	C	A	I	G	L	E	S	I	A	N	R
I	E	F	B	E	N	D	V	E	G	P	E
A	M	A	B	A	I	M	E	D	A	C	A

Gesucht werden 15 Orte, wo man arbeiten kann.

39 Deporte y tapas

A Preguntas sobre el texto – Fragen zum Text

1 ¿Dónde está la familia Álvarez?
2 ¿El camarero les presta mucha atención?
3 ¿Qué está haciendo el camarero?
*
4 ¿El camarero es muy aficionado al ciclismo?
5 ¿Practica algún deporte?
6 ¿Y sus hijos?
7 ¿En qué club juega su hijo mayor?

B jugar a § 54
pero . . . sí

1 A ¿Eres muy aficionado al **ciclismo**?
B Sí, pero me gusta más el **fútbol**.
A ¿Lo practicas?
B Yo no, pero **mi hermano** sí juega al fútbol.

(tú) – ciclismo – fútbol – mi hermano

2 (usted) – ciclismo – fútbol – mis hijos
3 (vosotros) – natación – tenis – Ana y Julián
4 (tú) – fútbol – pin-pon – mi hermana

C Personalpronomen nach einer Präposition § 26

1 A ¿Queréis helados?
B Sí, para mí uno de **vainilla.**
A ¿Y para ti, Ana?
C Para mí uno de **chocolate.**

vainilla – chocolate

2 café – plátano
3 almendra – limón

D Personalpronomen nach einer Präposition § 26

1 A **¿El jerez** es para **el joven?**
B Sí, es para él.
A ¿Y **los helados** son para **vosotros?**
B Sí, son para nosotros.

el jerez – el joven
los helados – vosotros

2 el vino tinto – la chica
el refresco – los chicos

3 los calamares – ustedes
las almendras – los niños

4 el helado – el chico
la horchata – usted

5 la limonada – la señora
la naranjada – Luis

E Präsens von preferir § 56
(W) ¿Te gusta(n) – ¿Os gusta(n) – ¿Le(s) gusta(n)?

Fragen und antworten Sie.
Sie können dabei Ihre(n) Partner duzen oder siezen.

1 A ¿Te gustan los **mejillones?**
B Sí, pero ahora prefiero unas **almendras.**
2 A ¿Os gusta el **vino tinto?**
B Sí, pero ahora preferimos un **vaso de vino blanco.**

mejillones – almendras
vino tinto – vaso de vino blanco

3 naranjada – cerveza
4 gambas – calamares
5 cortado – té
6 jerez – vermú
7 sardinas – cigalas

F Zusätzliches Personalpronomen § 29
(W) conocer § 72
(W) Akkusativ mit der Präposition a § 7

1 A ¿Conoces a **Luisa?**
B ¿A Luisa? No, a ella no la conozco, pero **a sus padres** sí.

Luisa – sus padres

2 Carmen – su novio
3 Joaquín – sus hermanos
4 los Gómez – sus hijos
5 las chicas – su hermano

En el aparcamiento

G Personalpronomen nach der Präposition con § 26
(W) ninguno de § 40

1 A *Él* ¿Vienes conmigo o con **Luisa?**
B *Ella* ¿Contigo o con ella? No voy con ninguno de vosotros. Voy **a pie.**

Luisa – a pie

2 Pedro – en metro
3 las chicas – en taxi
4 los chicos – en autobús
5 Eulogio – en metro

H Personalpronomen § 25–32

Setzen Sie das richtige Personalpronomen ein.

usted	me	le	nos
nosotros	mí	lo	conmigo
ustedes	te	les	contigo
ellos	ti		

1 Los señores Pereda van a una cafetería a tomar un refresco. Con ..... están sus hijos. Se sientan en la terraza, pero el camarero no ..... presta mucha atención.
2 Después de cinco minutos pregunta a los Pereda qué desean tomar: ¿Qué desean ....., señores? ¿Qué ..... traigo?
3 *Rafael* Para ....., tráiga..... una cerveza bien fría. Y para ....., Luisa? ¿Qué ..... gustaría tomar?
4 *Luisa* .... gustaría tomar un helado de café.
5 *Rafael* Bueno, entonces tráiga.... a mi mujer un helado. ¿..... quieres con nata?
6 *Luisa* No, gracias, Rafael.
7 *Camarero* ¿Y a los niños? ¿Qué ..... traigo a .....?
8 *Niño* Para ....., una horchata.
9 *Niña* Lo mismo para ...... Tráiga..... dos horchatas para ......
10 *Camarero* En seguida viene todo, señores.

I Diálogos: En la cafetería

1

Usted	*Camarero*
Rufen Sie den Kellner!	
	¡Diga, señor (señora)!
Bestellen Sie ein großes Bier und etwas zu essen.	
	¿Quiere usted un bocadillo?
Sie möchten lieber eine Portion Oliven und Krabben.	
	Muy bien, señor, en seguida.

2

Usted	*Camarero*
Sie fragen den Kellner, ob der Tisch am Fenster frei ist.	
	Pues sí, señor. Siéntese. ¿Desea tomar algo?
Sie möchten frühstücken. Bestellen Sie Kaffee mit Milch, Brot, Marmelade und ein weich gekochtes Ei (huevo pasado por agua). Vorher möchten Sie ein Glas Orangensaft.	
	En seguida, señor (señora). ¿Desea algo más?
Sie möchten noch eine Zeitung und eine Schachtel Zigaretten.	
	¿Qué marca desea usted?
Es ist Ihnen egal. Der Kellner soll Ihnen aber spanische Zigaretten bringen.	
	Muy bien. Voy a traerle un paquete de Ducados.

3

Usted	*Camarero*
	¡Diga, señor!
Sie möchten bezahlen.	
	Muy bien, señor. ¿Qué ha tomado usted?
Nennen Sie, was Sie getrunken und gegessen haben. Vergessen Sie die Zigaretten nicht.	
	¿Algo más, señor?
Nein, das war alles.	
	Son ..... 420 pesetas, por favor.
Sie geben dem Kellner den Betrag und ein Trinkgeld.	
	Muchas gracias, señor. Adiós.
Sie verabschieden sich ebenfalls.	

J Ejercicio libre: Deportes y televisión

Antworten Sie auf folgende Fragen.

1 ¿Practica usted algún deporte?
2 ¿Qué deportes le gustan a usted?
3 ¿Va usted en bicicleta al trabajo? ¿Por qué?
4 ¿Es usted aficionado al fútbol?
5 ¿Le gustaría jugar al tenis? ¿Es el tenis hoy un deporte sólo para ricos?
6 ¿Le gusta ver deporte en la televisión?
7 ¿Cómo pasa usted el fin de semana?

K* Sopa de letras

In dieser "sopa de letras" sind Begriffe versteckt. Diese Begriffe können horizontal, vertikal oder diagonal angeordnet sein und dabei vor- oder rückwärts gelesen werden.

M	R	A	V	I	L	O	B	E	N
C	O	R	O	N	A	D	A	M	D
E	L	O	S	E	Í	R	A	F	O
O	I	S	U	T	B	R	A	L	L
D	R	E	N	I	C	T	O	A	A
U	A	P	L	O	E	C	Ñ	L	R
C	T	A	E	S	N	P	S	U	F
S	N	R	E	A	T	E	F	N	C
E	E	P	R	V	I	D	A	D	O
P	A	F	C	N	Í	L	E	H	C

Gesucht werden 13 verschiedene Währungen.

40 Una página escogida

Narración — Nacherzählung

Erzählen Sie auf Spanisch:

1 Was Elena mag.
2 Was María mag.
3 Was Sie gerne mögen und was Sie nicht mögen:
A mí (no) me gusta ....
A mi marido y a mí (no) nos gusta ....
A mis amigos (no) les gusta ....

B Zusätzliches Personalpronomen § 29
(W) Akkusativ mit der Präposition a § 7

1 A ¿Has visto a **Elena** en el **club**?
B A ella nunca la he visto allí.

Elena — club

2 Paco — fábrica
3 mis amigos — parque
4 Luis y su novia — bar
5 mi hermana — colegio
6 Marisa y Ana — oficina

C ¿Qué dice usted si .....?

Lea las siguientes informaciones.
Marque después con una cruz el comentario conveniente.

Lesen Sie zuerst folgende Aussagen.
Kreuzen Sie dann jeweils den passenden Kommentar an.

1 Juan se ha caído y ahora tiene un pie roto. Le han llevado al hospital donde debe quedarse dos semanas.
☐ ¡Qué alegría!
☐ ¡Cuánto lo siento!
☐ ¡Estupendo!

2 Los Fernández ya no viven con sus padres. Se han comprado un piso en Vallecas y ahora no saben cómo pagarlo.
☐ ¡Vale!
☐ ¡Caramba!
☐ ¡Está muy bien!

3 Me han robado el coche. Ayer lo aparqué aquí y esta mañana, cuando quería ir a la oficina, ya no estaba.
☐ ¿De verdad?
☐ ¡Qué amables!
☐ ¡No está mal!

4 Todos mis hijos practican deportes. El menor ha ganado una copa de tenis y el mayor juega en el Real Madrid.

☐ ¿Dígame?
☐ ¡Caramba!
☐ ¡Qué lástima!

5 Las chicas, que no saben cocinar bien, quieren dar una sorpresa (Überraschung) a sus padres. Cuando éstos llegan a casa encuentran una estupenda paella sobre la mesa. Dicen:

☐ ¡Gracias a Dios!
☐ ¡Lo sentimos mucho!
☐ ¡No lo podemos creer!

D Hörverstehensübung

Hören Sie die Erklärungen vom Band und tragen Sie jeweils das gemeinte spanische Wort ein.

Horizontales (hier) Waagrecht
Verticales (hier) Senkrecht
la leche de chufas Erdmandelmilch

Jetzt können Sie versuchen, die einzelnen schon eingetragenen Begriffe selbst zu definieren:

Un pasaporte es . . .
Un bar es . . . / En un bar se . . .

41 Consultorio

A Preguntas sobre el texto – Fragen zum Text

1 ¿Cuántos pacientes están esperando al médico?
2 ¿Dónde están?
3 ¿Por qué está allí el primer paciente, don Alfredo?
4 ¿Qué le hace el médico al paciente?

B Bejahender Imperativ, Verben auf -ar § 69 Anrede: usted/ustedes.

Conteste a las preguntas como en los dos ejemplos.
Antworten Sie auf die Fragen wie in den folgenden Beispielen.

1 A No me encuentro bien. Quizás trabajo demasiado.
B Bueno, pues trabaj*e* menos.

2 A Estamos muy cansados. Quizás trabajamos demasiado.
B Bueno, pues trabaj*en* menos.

3 A No me encuentro bien. Quizás fumo demasiado.
B . . . . .

4 A No duermo bien. Quizás tomo demasiado café.
B . . . . .

5 A Estamos muy cansados. Quizás estudiamos demasiado.
B . . . . .

6 A Nos duelen los ojos. Quizás miramos demasiado la televisión.
B . . . . .

7 A Me duele la cabeza. Quizás tomo demasiada cerveza.
B . . . . .

C Bejahender Imperativ, Verben auf -er, -ir § 69

1 A Me duele el estómago. Creo que como demasiado.
B Bueno, pues com*a* un poco menos.

2 A Estamos muy cansados. Creo que bebemos demasiado.
B Bueno, pues beb*an* un poco menos.

3 A Me duelen los ojos. Creo que leo demasiado.
B . . . .

4 A Estoy muy cansado. Creo que duermo muy poco.
B . . . .

5 A Nos duele el estómago. Creo que comemos demasiado.
B . . . .

6 A Estamos muy cansados. Creo que dormimos poco.
B . . . .

7 A Me duele el estómago. Creo que bebo demasiado.
B . . . .

D Verneinender Imperativ, Verben auf -ar, -er, -ir § 69
Anrede: usted/ustedes.

1 A ¿Puedo trabajar?
B Sí, pero hoy no trabaje.

2 ¿Puedo escribir?
3 ¿Puedo comer?
4 ¿Puedo leer?
5 ¿Puedo tomar café?
6 ¿Podemos fumar?
7 ¿Podemos beber?
8 ¿Podemos escribir?
9 ¿Podemos hablar?

E Verneinender Imperativ, Verben auf -ar, -er, -ir § 69
Anrede: usted.
(W) Personalpronomen im Akkusativ § 27, 28 a
(W) este § 35

1 A ¿Puedo **comer** estas **naranjas?**
B No, no las coma usted.

comer . . . naranjas

2 beber . . . vino
3 leer . . . libros
4 abrir . . . ventana
5 tomar . . . pastillas
6 beber . . . agua (§ 4 a)
7 comprar . . . bolígrafo
8 vender . . . coche
9 comer . . . pan

F Bejahender Imperativ, reflexive Verben auf -ar § 69
Anrede: usted.

1 A ¿Me quedo un poco más?
B Sí, quédese un poco más.

quedarse un poco más

2 sentarse en ese sillón
3 levantarse mañana más pronto
4 lavarse primero las manos
5 afeitarse esta tarde otra vez
6 acostarse hoy más pronto

G Imperativ: einige unregelmäßige Verben

Conteste a las preguntas como en el ejemplo.
Antworten Sie auf die Fragen wie im Beispiel.

1 A ¿Le hago una paella? (valenciana)
B Sí, por favor, hágame una paella valenciana.

2 ¿Le traigo una cerveza? (bien fría)
3 ¿Le doy un bocadillo? (de jamón)
4 ¿Le pongo gambas? (1/2 kilo)
5 ¿Le digo dónde está el banco? (el Banco de Crédito)

H Bejahender Imperativ: ir § 69, tener § 69

1 A Quisiera ir al centro. ¿Puedo ir? (los coches)
B Sí, vaya al centro, pero tenga cuidado con los coches.

2 Quisiera ir a la playa. ¿Puedo ir? (el sol)
3 Quisiera ir a la Sierra Nevada. ¿Puedo ir? (el viento)
4 Quisiera ir a la costa. ¿Puedo ir? (el frío)
5 Quisiera ir a la piscina. ¿Puedo ir? (el agua)

I Präsens von doler § 55

1 A ¿Cómo está usted?
B Muy mal. No me encuentro bien.
A ¿Qué le pasa?
B Me duele mucho **la cabeza.**
2 A ¿Cómo estás?
B Muy mal. No me encuentro bien.
A ¿Qué te pasa?
B Me duelen mucho **los ojos.**

3 (tú) – garganta
4 (usted) – piernas
5 (usted) – estómago
6 (tú) – pies
7 (tú) – mano

J Bejahender Imperativ: Verben auf -ar, -er § 69

La paciente tiene la gripe.
Tiene que
ir a la farmacia
comprar unas medicinas
tomar dos pastillas por la mañana
volver el próximo jueves.
¿Qué le dice el médico? " . . . "

K Bejahender Imperativ: Verben auf -ar, -er § 69

a) Erzählen Sie auf Deutsch, was Sie über señor Martínez wissen.

b) El señor Martínez tiene que **ir** a la farmacia. Tiene que **comprar** unas medicinas. Además tiene que **trabajar** menos, **fumar** menos y **hacer** más ejercicio.

¿Qué le dice el médico? " . . . "

L Imperativ § 69
Anrede: usted.

Ponga la forma conveniente del Imperativo.
Setzen Sie die entsprechende Imperativform ein.

1 – Hola, señor Sánchez, ... y . . . . . el favor de sentarse.	(pasar) (hacer)
– Buenos días, doña Inés. ¿Me hace el favor de darle estos discos a su marido?	
– Jorge vuelve en seguida. . . . . . y	(entrar) (sentarse)
– Lo siento mucho, pero no tengo tiempo. . . . . le a su marido que le espero el domingo en mi casa.	(decir)
– De acuerdo. Pero, ¿por qué no se sienta? Jorge tiene que volver pronto, ... le unos minutos.	(esperar)
– Otra vez, doña Inés. . . . . . le recuerdos.	(dar)

2 – Señor Alonso, ... el televisor un poco más bajo (leiser), ¡ ..... el favor! ¡Y ..... la ventana si piensa fumar aún más!	(poner) (hacer) (abrir)
– ¡No me ..... eso, doña María! ..... usted la puerta y así no lo oye. Y ..... cuidado con el frío.	(decir) (cerrar) (tener)
– No ..... miedo. Y usted, ... menos, ... menos y ..... más fruta. Eso es bueno para la salud.	(tener; fumar) (beber; comer)
3 – Buenos días, doctor. No me encuentro bien.	
– ¡ ....., por favor! ¿Dónde le duele?	(sentarse)
– Me duele la garganta. Me parece que tengo gripe.	
– A ver . ..... bien la boca. Está bien. ..... me. Ya veo. Sí, es una gripe.	(abrir) (permitir)
..... esta receta, ... a la farmacia y ..... estas pastillas. ..... tres pastillas cada día y ..... el viernes que viene.	(tener; ir) (comprar; tomar) (volver)

M Diálogo: ¿Hay un médico por aquí cerca?

Sie sind krank und fragen den Hotelportier nach einem Arzt.

Usted	*Portero*
Fragen Sie, ob man einen guten Arzt in der Nähe kennt.	Pues sí. El doctor Antolínez, ahí en la calle Mayor, es un un buen médico.
Sie möchten auch wissen, wann er Sprechstunde (consulta) hat.	Lo siento, señor. No lo sé. Pero puedo llamar por teléfono al médico. ¿Qué le pasa a usted?
Sie fühlen sich nicht wohl. Sie sind sehr müde und haben starke Kopfschmerzen. Außerdem haben Sie Fieber.	Claro. Con este frío hay mucha gente que tiene gripe.
Bitten Sie den Portier, Ihnen Bescheid zu sagen, wann Sie zum Arzt kommen sollen. Sie erwarten seine Auskunft auf Ihrem Zimmer, da Sie sich ein wenig hinlegen wollen.	

N Hörverstehensübung

Escuche el texto sobre las Islas Canarias en la cinta/el disco. Escriba los datos correspondientes.

Hören Sie das Band/die Schallplatte. Tragen Sie dann die richtigen Angaben ein.

1 *a* situación geográfica (Lage) ...
  b distancia (Entfernung) de África ...
2 principales islas
  a ... *b* ...
3 *a* ciudad más importante ...
  b habitantes ...
4 el clima ...
5 productos
  a ... *c* ...
  b ... *d* ...
6 industrias ...
7 la gente trabaja en
  a ... *b* ... *c* ...

42 Andrés está triste

A Preguntas sobre el texto – Fragen zum Text

1 ¿Dónde están José y Ramón?
2 ¿Qué están haciendo?
3 ¿Qué van a hacer?
4 ¿Para quiénes son las cuatro entradas?
5 ¿Qué hace José con la entrada de Andrés? ¿Por qué?
6 ¿Es verdad que Andrés ya tiene una entrada?
7 ¿Por qué corre Andrés a la taquilla?
8 ¿Compra otra entrada? ¿Qué le dice la taquillera?
9 ¿Está contento Andrés? ¿Qué hace?
10 A medianoche los amigos salen del cine. ¿Les ha gustado la película?

B Resumen – Zusammenfassung

Haga un resumen oral o escrito utilizando estas palabras:

Machen Sie eine mündliche oder schriftliche Zusammenfassung. Verwenden Sie folgende Wörter:

José – Savoy – "La caza" – 4 entradas – Andrés – devolver – fútbol – salvar – cola – agotado – triste a medianoche – Saura – la semana que viene – volver

C Traducción – Übersetzung

1 Cristina schreibt gerade einen Brief.
2 Ihr Bruder Jaime hat zwei Eintrittskarten fürs Savoy-Kino.
3 Aber sie hat keine. Sie ist sehr traurig.
4 Jaime wartet auf Carlos. Er wird mit ihm ins Kino gehen.
5 Jaime sieht gerade fern und ißt ein belegtes Brot.
6 Es ist sehr warm im Zimmer. Die Tür ist offen, aber das Fenster ist geschlossen.
7 Um 6 Uhr kommt Carlos. Er hat eben zwei Eintrittskarten gekauft.
8 Er gibt Cristina eine Eintrittskarte. Cristina ist sehr froh und gibt ihm 80 Peseten.
9 Jaime wird die zweite Karte an der Kasse zurückgeben.
10 Sie fahren mit dem Autobus zum Kino.
11 Als sie dort ankommen, hat der Film schon begonnen.
12 Die Kassiererin sagt ihnen, daß sie keine Karte zurückgeben können.
13 Carlos ist sehr traurig. Er muß zwei Karten bezahlen, um einen Film zu sehen.

D Diálogo: ¿Vamos al cine?

José ruft Cristina an, um zu fragen, ob sie mit ihm ins Kino gehen möchte.

Cristina	*José*
(Das Telefon läutet.) Cristina meldet sich.	José fragt Cristina, wie es ihr geht und ob sie heute Zeit hat.
Cristina erkundigt sich nach dem Grund.	José sagt ihr, daß er gerne mit ihr ins Kino gehen möchte.
Cristina möchte wissen, um was für einen Film es sich handelt und wo der Film gezeigt wird.	Es ist „Carmen", der neueste Film von Saura, der im Savoy-Kino läuft.
Cristina ist einverstanden und bittet José, er möge sie gegen 21.00 Uhr zu Hause abholen	José ist einverstanden.

Sie verabschieden sich.

E Esta noche a las 21.45 . . .

Sie möchten mit Ramón und José ins Kino gehen, haben aber die beiden nicht angetroffen.
Schreiben Sie ihnen eine Notiz, aus der sie alles entnehmen können, was Sie mitzuteilen haben!

- Film: "La Caza" von Carlos Saura.
- Ort: Savoy-Kino in der Alcalá-Straße.
- Beginn: 22.00 Uhr
- Karten: Sie besorgen sie.
- Treffpunkt: heute abend um 21.45 vor dem Kino.
- Danach: Sie möchten mit Ihren Freunden auf ein Bier in die Toledo-Bar.

F* En el Festival de Cine de Berlín

a pesar de	trotz
la muerte	der Tod
el golfo	der Straßenjunge
el lobo	der Wolf
el actor	der Schauspieler
el bailarín	der Tänzer
che	*Argentina:* Hör mal!
los ingredientes	*Argentina:* Appetithappen *España:* Zutaten

Lea primero esta conversación entre un español y un argentino.
Lesen Sie zuerst dieses Gespräch zwischen einem Spanier und einem Argentinier.

Argentino ¿Le han gustado las películas latinoamericanas?
Español Pues . . . . , buenas, pero siempre en la misma línea. El cine latinoamericano no ha cambiado mucho desde los años sesenta. Siempre político, demasiado intelectual para mi gusto.
A No diga eso, amigo. ¡Un cine para intelectuales! Creo que las películas son muy directas, muy claras. ¿Y quién puede hoy hacer cine en Latinoamérica sin hacer política?
E Vale, vale. Pero desde el brasileño Glauber Rocha o el argentino Solanas no ha habido películas nuevas. En España . . .
A Yo creo que España está haciendo películas demasiado comerciales, bien hechas, pero comerciales. "Volver a empezar" ha ganado un "Oscar", pero ¿qué quiere decir eso?
E Quiere decir solamente que, a pesar de los problemas económicos, el cine español quiere distanciarse de aquellos dramas folklóricos y religiosos de los años 50. Mire usted: durante el franquismo y después se han hecho en España cosas muy importantes. Saura, Berlanga, Bardem, el mismo Buñuel . . .
A Buñuel es otra historia. Prácticamente no ha hecho películas en España. Después de "Tierra sin pan" se fue a México y Estados Unidos y no volvió a España hasta 1961. Es verdad que con su muerte el cine perdió una de sus grandes figuras, pero Saura . . .
E Hombre, no me va a decir usted que Saura no es un cambio radical. "Los golfos" fue una película muy nueva para España.
A Es verdad. "La caza", "Ana y los lobos" . . . Pero, ¿no cree usted que "Carmen" es una vuelta al folklore?
E Mire, yo creo que "Carmen" es una idea original e inteligente. Si se piensa que es una ópera . . . Además Antonio Gades da lo mejor del flamenco . . .
A . . . Y lo peor como actor. Nunca he visto tantos buenos bailarines al lado de actores tan malos.
E Hombre, si lo ve usted así . . .
A El problema es que el público europeo no entiende a América Latina.
E No se puede hablar así de "público europeo". El cine latinoamericano tiene un público muy pequeño, especialmente en Alemania, y no es un cine fácil . . .
A Exacto. Cuando se hacen películas fáciles, también se venden fácilmente. Pero el cine de Latinoamérica es un cine que hace pensar, que habla de aquellos problemas y de aquella dura realidad . . .

E . . . Pero que no llega tampoco al público latinoamericano.
A ¡Pero hágame el favor, che! ¿No sabe lo que está pasando en América Latina?
E Lo sé tan bien como usted, amigo. Usted y yo sabemos que el cine no puede cambiar la realidad, pero ése es otro problema.
A Bueno, me parece que usted y yo nunca vamos a entendernos. ¿Por qué no vamos a tomar unos ingredientes? A esta hora no viene mal . . .
E ¿Ingredientes? ¿Qué dice usted? En casa cocina mi mujer. Yo de eso nada.
A ¡Y después dicen que nos entienden!

Und jetzt sagen Sie, ob folgende Aussagen korrekt (C) sind oder falsch (F).

a) *El español cree que:*

	C	F
1 El cine español de hoy ha producido buenas películas y no todas comerciales.		
2 El cine latinoamericano tiene poco público en Europa porque poca gente habla español.		
3 El cine de Saura no es como el de los años del franquismo.		
4 Las películas latinoamericanas no son muy conocidas en Europa porque son poco originales.		
5 Los "ingredientes" es lo que se necesita para preparar una comida.		

b) *El argentino piensa que:*

	C	F
1 Saura ha hecho buenas películas sobre problemas sociales, pero a veces hace películas solamente comerciales.		
2 Buñuel no es un director de cine típicamente español porque ha pasado muchísimos años fuera de España.		
3 Las películas latinoamericanas no son muy conocidas en España porque el público español no es intelectual.		
4 "Volver a empezar" ha ganado un "Oscar" porque el tema de la película es la dictatura franquista.		
5 "Carmen" es una película mala porque los actores solamente bailan flamenco.		

43 Latinoamérica

A Präsens - Indefinido
Preguntas sobre el texto — Fragen zum Text

1 ¿Qué empezaron a hacer los españoles en el siglo XVI?
2 ¿Por qué se habla español en gran parte de Latinoamérica?
3 ¿Por qué se habla español en algunas regiones que hoy pertenecen a los Estados Unidos?
4 ¿Se habla español en todo el continente? ¿Por qué?
5 ¿En cuántos países se habla español?
6 ¿Cuánto tiempo fueron colonias de España estos países?

B Indefinido § 64 — 65 c

Ponga la forma correcta del indefinido.
Setzen Sie die passende Indefinido-Form ein.

1 En el siglo XVI los españoles . . . . . a conquistar América.	(empezar)
2 Una gran parte de este continente . . . . . una colonia española.	(ser)
3 Por eso muchos habitantes de América pronto . . . . . español.	(hablar)
4 Los españoles también . . . . . la mayor parte del sur de Estados Unidos,	(conquistar)
territorio que . . . . . a México hasta el siglo XIX.	(pertenecer)
5 El Brasil no . . . . . nunca una colonia española.	(ser)

El Ecuador

C Preguntas sobre el texto — Fragen zum Text

Ahora pregunte usted.
Stellen Sie Fragen zu den folgenden Aussagen.

1 Este país se llama así porque está situado en el ecuador.
2 Tiene una superficie de 300 000 km^2.
3 Tiene unos 8 000 000 de habitantes.
4 Sólo un 10% de los habitantes de Ecuador son blancos.
5 La capital de Ecuador es Quito.
6 Alrededor del 10% de la población adulta son analfabetos.
7 Los principales productos que exporta el Ecuador son petróleo, plátanos, café y cacao.
8 Es el sucre.

Eraclio Pacheco

D Preguntas sobre el texto – Fragen zum Text

1 ¿Dónde vive Eraclio Pacheco?
2 ¿Es indio?
3 ¿Sabe leer y escribir?
4 ¿Cuántos hijos tiene?
5 ¿Cuándo murió su mujer?
6 ¿Quién es Casimiro?
7 ¿Es analfabeto también?
8 ¿Qué trabajo tienen?
9 ¿Cómo hacen los sombreros?
10 ¿A quién venden los sombreros?
11 ¿Dónde compra el padre la paja?
12 ¿Cómo lleva la paja a casa?
13 ¿Por qué tiene que venir el Sr. Brown?

E hace + Zeitangabe § 79

1 A ¿Está **Pedro?**
B No, ha ido **al cine.**
A ¿Hace mucho?
B Hace **veinte minutos.**

Pedro – cine – 20 minutos

2 los chicos – bar – 1/2 hora
3 Ana – piscina – 1 hora
4 tus padres – biblioteca – 1/4 hora

F* La literatura latinoamericana

el escritor	Schriftsteller
la unión	Verbindung
el compromiso	Engagement
confesar (ie)	bekennen
andino	Anden- . . .
el maestro	Lehrer
el descubridor	Entdecker

Lea primero el siguiente texto.
Lesen Sie zuerst den folgenden Text.

Latinoamérica ha producido en los últimos cincuenta años una literatura que es quizás la más interesante de todas las literaturas de hoy. La lista de autores es larguísima. Aquí vamos a hablar solamente de algunos nombres clásicos.
Empezamos con García Márquez, que ganó el premio Nobel en 1982. También otros latinoamericanos, como Neruda o Asturias, lo han recibido (en 1971 y 1967).
García Márquez, nacido en Aracataca, Colombia, es uno de los escritores que – como dice Heinrich Böll - mejor representa la unión entre la literatura y el compromiso político.
La poesía de Pablo Neruda habla del amor a la mujer, de nuestra América y también de las pequeñas cosas de todos los días. No sólo fue poeta, también fue representante diplomático de su país – Chile –. Escribió sus memorias en un libro que se llama "Confieso que he vivido".
Miguel Ángel Asturias escribió "El Señor Presidente", una novela que habla de un dictador imaginario pero no menos real que los muchos de la historia de nuestros países. También otros escritores – como Roa Bastos, nacido en Asunción, y Alejo Carpentier, de la Habana – han escrito sobre la dictadura. Asturias también escribió "Leyendas de Guatemala" donde – como el nombre ya lo dice – habla de las tradiciones de su país.
La literatura andina tiene entre sus representantes a Jorge Icaza, Ciro Alegría y Augusto Céspedes, que también critican las condiciones de vida de los indios de sus países: Ecuador, Perú, Bolivia.
Uno de los más famosos escritores de la prosa castellana es Jorge Luis Borges, maestro de muchos argentinos y también de otros escritores. Así piensa Carlos Fuentes quien, junto a Juan Rulfo y Octavio Paz, es uno de los grandes nombres de la literatura mexicana actual.
Algunos escritores latinoamericanos son al mismo tiempo figuras políticas importantes de sus países, como por ejemplo Ernesto Cardenal, Ministro de Cultura de Nicaraqua.
Pero en América Latina, ¿no hay escritoras? Las mujeres, excepto algunas pocas como Gabriela Mistral (premio Nobel) o Juana de Ibarburu, ocupan en nuestra literatura, lo mismo que en la sociedad, un segundo lugar. Sólo en los últimos años la mujer empieza a emanciparse un poco en un mundo todavía dominado por los hombres. El ejemplo de Domitila ("Si me permiten hablar") es una demostración de que el talento literario no tiene sexo y que las mujeres latinoamericanas tienen mucho que decir.
Como dijo H.M. Enzensberger, "los alemanes fueron los últimos descubridores de América Latina". Nunca es demasiado tarde para empezar.

Welche Staatsangehörigkeit haben die unten genannten lateinamerikanischen Schriftsteller? Tragen Sie die Ziffern aus der linken Spalte richtig in die rechte Spalte ein (z.B.: 1 = colombiano; García Márquez es colombiano).

	Escritor	*Nacionalidad*	
1	G. García Márquez	argentino	
2	A. Céspedes	nicaragüense	
3	J.L. Borges	cubano	
4	C. Fuentes	guatemalteco	
5	A. Carpentier	boliviano	
6	M.A. Asturias	peruano	
7	P. Neruda	ecuatoriano	
8	A. Roa Bastos	colombiano	1
9	E. Cardenal	mexicano	
10	J. Icaza	chileno	
11	C. Alegría	paraguayo	

Ordnen Sie jetzt die deutschen Titel den entsprechenden spanischen Titeln zu (z.B.: 1. García Márquez, "Hundert Jahre Einsamkeit" → "Cien años de soledad").

	Escritor	*Título alemán*	*Título español*	
1	G.G. Márquez	Hundert Jahre Einsamkeit	El recurso del método	
2	A. Céspedes	Teufelsmetall	Yo el supremo	
3	C. Fuentes	Nichts als das Leben	Huasipungo	
4	A. Carpentier	Staatsräson	Confieso que he vivido	
5	M.A. Asturias	Der Herr Präsident	La muerte de Artemio Cruz	
6	P. Neruda	Ich bekenne, ich habe gelebt	Metal del diablo	
7	A. Roa Bastos	Ich, der Allmächtige	Los perros hambrientos	
8	E. Cardenal	Gebet für Marilyn Monroe	Historia universal de la infamia	
9	J. Icaza	Huasipungo	El Señor Presidente	
10	C. Alegría	Die hungrigen Hunde	Cien años de soledad	1
11	J.L. Borges	Universalgeschichte der Niedertracht	Oración por Marilyn Monroe	

44 Las flores

A Indefinido – Imperfekt – Plusquamperfekt

Tomás Pereda erzählt in der „ich"-Form, was geschehen ist:

Una mañana salí de casa . . .

B Indefinido – Imperfekt – Plusquamperfekt Narración – Nacherzählung

Geben Sie den Inhalt mit Hilfe von folgenden Stichwörtern wieder:

Una mañana – Tomás Pereda – salir – trabajo – el coche – robar – metro – policía.
Al día siguiente – alegrarse – rosas – entradas.
Por la noche – volver tarde – piso – el ladrón – mientras.
Vender – ir al teatro.

C Plusquamperfekt § 63

Forme frases como en el ejemplo.
Bilden Sie Sätze wie im Beispiel.

1 La función empezó a las 9.30.
Tomás llegó a las 10.
Cuando Tomás llegó, la función ya había empezado.

2 Los Pereda salieron a las 10.
Los ladrones entraron a las 11.
3 El tren salió a las 17.45.
Paco llegó a la estación a las 18.15.
4 Trajeron el correo a las 9.
Nosotros salimos a las 8.
5 Entramos en el cine a las 16.
La película empezó a las 15.45.
6 El señor Pérez llegó al aparcamiento a las 7.
El coche desapareció a las 6.
7 Pepe volvió a las 7.30.
Isabel llamó a las 8.

D Indefinido – Imperfekt – Perfekt – Plusquamperfekt

Rellene con el tiempo correcto del pasado.
Tragen Sie die passende Vergangenheitszeit ein.

1	Un día Tomás . . . . . de su casa.	(salir)
2	Siempre . . . . . al trabajo en coche, pero ese día no . . . . . encontrar su SEAT. Alguien lo	(ir) (poder) (robar)
3	Tomás . . . . . que ir en metro, pero antes . . . . . el robo a la policía.	(tener) (denunciar)
4	¿Cuándo . . . . . el robo?, le . . . . . el policía.	(ocurrir) (preguntar)
5	No lo sé. Esta mañana, mientras . . . . . , me . . . . . cuenta de que el coche todavía . . . . allí. . . . . . de casa a eso de las siete.	(desayunar; dar) (estar, salir)
6	Al día siguiente el coche . . . . . . otra vez delante de la casa. Claro que Tomás . . . . . mucho.	(estar) (alegrarse)
7	Dentro del coche Tomás . . . . . dos entradas para el teatro y un ramo de flores.	(encontrar)
8	Tomás . . . . . que el ladrón . . . . . . una buena persona.	(pensar) (ser)
9	Por la noche los Pereda . . . . . al teatro; . . . . . tarde a casa.	(ir) (volver)
10	Cuando . . . . . en su piso, ... que . . . . . muchas cosas.	(entrar; ver) (desaparecer)
11	Mientras ellos . . . . . en el teatro, el ladrón . . . . . en el piso y . . . . . todo lo que . . . . . allí.	(estar) (entrar; llevarse) (haber)
12	Los Pereda nunca más . . . . . al teatro.	(ir)

E Präsens – Imperfekt – Indefinido
Datos personales – Personalien

Tomás Pereda fue a la policía a denunciar el robo.

Allí tuvo que rellenar esta ficha *(Formular):*

ficha n° 328764
NOMBRE Tomás
APELLIDOS Pereda y Álvarez
NACIONALIDAD español
FECHA DE NACIMIENTO 9.11.1940
ESTADO CIVIL casado
DOMICILIO Calle de Ríos Rosas 163, Madrid
TELÉFONO 2 36 52 12
TRABAJO Banco de Vizcaya
OCUPACIÓN Cajero

El robo:
COCHE SEAT de color verde, modelo 1974
SITIO Aparcamiento de Ríos Rosas
HORA 08.15

la *nacionalidad*	Staatsangehörigkeit	el *domicilio*	Adresse
el *nacimiento*	Geburt	la *ocupación*	Beruf
el *estado civil*	Familienstand	el *modelo*	Modell
		el *sitio*	Platz, Ort

Conteste a estas preguntas del policía. Usted es el Sr. Pereda.

Antworten Sie auf die Fragen des Polizisten. Sie sind Herr Pereda.
"Yo . . . "

1 ¿Cómo se llama? . . .
2 ¿Es español? . . .
3 ¿Cuál es la fecha de su nacimiento? . . .
4 ¿Dónde vive? . . .
5 ¿Tiene teléfono? . . .
6 ¿Dónde trabaja? . . .
7 ¿Qué hace allí? . . .
8 ¿De qué marca era el coche? . . .
9 ¿De qué color era? . . .
10 ¿Dónde estaba el coche cuando desapareció? . . .
11 ¿A qué hora descubrió que el coche había desaparecido? . . .
12 ¿Qué había en el coche? . . . (libros, papeles, llaves, etc)

F Datos personales – Personalien

Füllen Sie ein Formular auf Spanisch aus. Tragen Sie Ihre Personalien ein.

45 Extremadura

A Preguntas sobre el texto – Fragen zum Text

1 ¿Dónde está Extremadura?
2 La mayor parte de los extremeños, ¿qué hacen?
3 ¿Tienen tierra propia los campesinos?
4 ¿Qué animales *(Tiere)* tienen?
5 ¿Qué se ha hecho con las tierras secas que antes no producían nada?
6 ¿Por qué emigran muchos extremeños?

Jorge Rodríguez

B Preguntas sobre el texto – Fragen zum Text

1 ¿Jorge Rodríguez piensa emigrar?
2 ¿Por qué?
3 ¿Todos los emigrantes de Extremadura van al extranjero?
4 ¿No vuelve nadie?
5 ¿No les gusta la vida en el extranjero? ¿Por qué?
6 ¿Dónde están los hijos de Jorge Rodríguez?
7 ¿Por qué no quiere casi nadie quedarse en el pueblo?
8 ¿Qué pasa si la emigración continúa?

C Extremadura

la falta de	Mangel an	*el bosque*	Wald
abandonar	verlassen	*el conquistador*	Eroberer
la agricultura	Landwirtschaft	*extremo*	extrem
la ganadería	Viehzucht	*la riqueza*	Reichtum
la cría	Zucht		

Entre Castilla y Andalucía, junto a la frontera de Portugal, está Extremadura. El clima es muy duro, con inviernos muy fríos; en verano hace muchísimo calor.
La tierra es buena, pero la falta de agua y los latifundios hacen de esta región una de las más pobres de España. Los pantanos no han podido solucionar el problema.
Los campesinos tienen que emigrar a centros industriales de Madrid o Barcelona. Hay muchos pueblos pequeños casi abandonados, en los que solamente viven algunos viejos. La agricultura y la ganadería, sobre todo la cría de cerdos y ovejas, no son suficientes. Hace muchos siglos esta región estaba cubierta de bosques.
Dos de los más importantes conquistadores de América nacieron en Extremadura: Hernán Cortés, el conquistador de México, y Francisco Pizarro, el conquistador del Perú.

¿Correcto (C) o falso (F)?

Sind folgende Angaben richtig oder falsch?

	C	F
1 En Extremadura las temperaturas son extremas.		
2 Como la tierra está mal repartida y hay poca agua, Extremadura no es una región rica.		
3 Los pantanos han solucionado el problema del agua.		
4 Una gran parte de la población ha emigrado a zonas industriales.		
5 La cría de ovejas y cerdos es la mayor riqueza de la región.		

D* Sopa de letras

In dieser "sopa de letras" sind Begriffe versteckt. Diese Begriffe können horizontal, vertikal oder diagonal angeordnet sein und dabei vor- oder rückwärts gelesen werden.

Gesucht werden die 17 "autonomen Regionen" Spaniens und die zwei spanischen Städte in Nordafrika.

E	N	P	M	U	C	N	H	O	M	S	P	A	I	C	R	U	M	A	I
A	R	A	G	O	N	S	O	A	E	S	A	M	E	O	S	V	E	M	S
N	R	I	I	C	A	N	D	E	A	O	C	S	A	V	S	I	A	P	A
O	A	S	S	T	O	R	D	Ñ	L	O	S	L	O	E	S	D	A	I	I
A	S	V	L	O	I	M	U	S	M	A	O	U	R	N	A	G	I	R	R
S	O	A	A	D	A	L	A	I	C	U	L	A	D	N	A	V	R	E	A
A	L	L	U	R	A	J	C	I	O	N	E	L	P	L	O	R	B	Ñ	N
I	Q	E	D	T	R	B	O	A	P	L	Z	A	I	L	J	E	A	D	A
R	U	N	A	E	P	A	T	I	A	I	Y	C	R	T	O	M	T	L	C
U	E	C	L	A	D	U	R	B	R	S	I	E	L	O	S	O	N	O	S
T	N	I	N	N	E	U	S	E	L	A	Y	A	Ñ	I	C	A	A	R	A
S	O	A	H	C	N	A	M	A	L	A	L	L	I	T	S	A	C	R	L
A	P	N	A	S	L	E	S	E	V	A	L	A	T	E	Z	R	A	I	S
E	U	O	R	S	E	X	T	R	E	M	A	D	U	R	A	N	D	O	I
D	E	N	I	Q	U	E	J	I	C	A	S	O	A	L	L	I	L	E	M

E Hörverstehensübung:

Mari Paz Naranjo, campeona de España

Escuche primero dos veces la casete.

Hören Sie zunächst zweimal die Cassette.

la campeona (deporte)	Meisterin
el atletismo	Leichtathletik
el éxito	Erfolg
el entrenamiento	Training
entrenarse	trainieren
el campeonato	Meisterschaft
batir el récord	den Rekord schlagen
la máquina de coser	Nähmaschine

In der linken Spalte stehen 5 Sätze, in der rechten 10. Nach dem eben gehörten Text paßt zu jedem Satz der linken Spalte nur einer aus der rechten. Welcher?

1	Mari Paz Naranjo, cuando era joven, no practicaba atletismo:
2	Mari Paz tiene hoy
3	Mari Paz empezó a correr
4	En el Campeonato de Europa en Estrasburgo
5	Mari Paz dice a los periodistas: "Me gustaría . . .

A	más de cincuenta años.
B	porque el médico le dijo que tenía que hacer más ejercicio.
C	entonces sólo los hombres practicaban deportes.
D	Mari Paz dejó los estudios porque estaba muy cansada.
E	Mari Paz llegó segunda.
F	porque vio cómo corría su hija.
G	tenía dos hijos pequeños y muy poco tiempo libre.
H	menos de cincuenta años.
I	ganar el campeonato mundial.
J	reunir dinero para poder ver el Campeonato de Puerto Rico.

Wörterverzeichnis nach Lektionen

Bei den Strukturen und Verbformen, die erst in einer späteren Lektion geübt werden, ist der entsprechende Paragraph der Grammatik angegeben.

1 En la frontera

1 = uno	eins, einer
en la frontera	an der Grenze
qué	was
hay	es gibt
el bolso	Tasche
¿Qué hay en el bolso?	Was ist in der Tasche?
un disco	eine Schallplatte
y	und
un libro	ein Buch
¿Algo más?	Etwas mehr/anderes?
sí	ja
también	auch
un periódico	eine Zeitung
una carta	ein Brief
una revista	eine Zeitschrift
¿Y esto? ¿Qué es?	Und das? Was ist das?
Es una cámara fotográfica.	Das ist ein Fotoapparat.
la maleta	Koffer
¿En qué maleta?	In welchem Koffer?
la maleta negra *(§ 9 a)*	der schwarze Koffer
camisas	Hemden
botellas	Flaschen
¿Cuántas?	Wieviele?
dos	zwei
o	oder
tres	drei
cuatro	vier
el tabaco	Tabak
el chocolate	Schokolade
no	nein
el señor	Herr
la maleta blanca *(§ 9 a)*	der weiße Koffer
discos	Schallplatten
¿Cuántos?	Wieviele?
cinco	fünf
Übungen:	
¿Qué es esto?	Was ist das?

2 ¿Dónde está?

¿Dónde está?	Wo ist/liegt es?
Burgos	*Stadt im Norden Spaniens*
España	Spanien
Burgos está en España, ¿verdad?	Burgos liegt in Spanien, nicht wahr?
Sí, claro.	Ja, klar.
Lima	*Hauptstadt Perus*
el chico	Junge
Lima está en Perú.	Lima liegt in Peru.
Montevideo	*Hauptstadt Uruguays*
No sé. (Präs. *saber*)	Ich weiß nicht.
la señora	Frau, Dame
¡Mucho gusto!	Sehr erfreut!
¡Encantado!	Angenehm!
Buenos días.	Guten Tag./ Guten Morgen.
¿Cómo está usted?	Wie geht es Ihnen?
Muy bien, gracias, ¿y usted?	Sehr gut, danke, und Ihnen?
¡Adiós!	Auf Wiedersehen!
el amigo	Freund
entre amigos	unter Freunden
¡Hola, Pedro!	Hallo, Pedro!
¿Qué tal?	Wie geht's?
Y tú, ¿cómo estás?	Und Dir, wie geht es Dir?
Bild:	
la agencia de viajes	Reisebüro
Granada	*Stadt im Süden Spaniens*
Madrid	*Hauptstadt Spaniens*
Caracas	*Hauptstadt Venezuelas*

3 España

aquí	hier
se habla(n)	man spricht
la lengua	Sprache
el español, el castellano	Spanisch
el catalán	Katalanisch
el gallego	Galicisch
el vasco	Baskisch
la capital de España	die Hauptstadt Spaniens
el centro del país	das Landesinnere
una ciudad grande	eine große Stadt
en el noreste	im Nordosten
en la costa	an der Küste
la fábrica de coches	Automobilfabrik
en el oeste	im Westen
en el norte	im Norden
en el sur	im Süden
una isla	eine Insel
los Pirineos	die Pyrenäen
España limita con Francia.	Spanien grenzt an Frankreich.
exportar	exportieren
la naranja	Apfelsine
el vino tinto	Rotwein
el jerez	Sherrywein
el zapato	Schuh
el río	Fluß
el mar	Meer
el océano	Ozean

Hoy voy a Sagunto

hoy	heute
voy *(ir § 80)*	ich gehe/fahre
Sagunto	*Stadt im Osten Spaniens*
Hoy voy a Sagunto.	Heute fahre ich nach Sagunto.
entre	zwischen
Valencia	*Stadt im Osten Spaniens*
Castellón (de la Plana)	*Stadt im Osten Spaniens*
Está entre Valencia y Castellón.	Es liegt zwischen Valencia und Castellón.
vas *(ir)*	du gehst/fährst
¿Cómo vas?	Wie fährst du hin?
en tren	mit dem Zug
en autobús	mit dem Bus

Latinoamérica – Montevideo

Latinoamérica	Lateinamerika
mañana	morgen
en avión	mit dem Flugzeug
¿Va usted en avión?	Fliegen Sie?
en barco	mit dem Schiff

Argentina y Nicaragua

Argentina	Argentinien
Nicaragua	Nicaragua
grande	groß
un país grande	ein großes Land
un país pequeño	ein kleines Land
América Central	Mittelamerika
el Mar Caribe	das Karibische Meer
el Océano Pacífico	der Stille Ozean
el Océano Atlántico	der Atlantische Ozean

En un avión

adónde	wohin
¿Adónde va usted?	Wo fahren Sie hin?
¿El avión no va a Ecuador?	Fliegt die Maschine nicht nach Ekuador?
No, va a Cuba.	Nein, sie fliegt nach Kuba.
la señorita	Fräulein
Übungen:	
la región	Region
donde	wo
allí *(§ 37a)*	dort
muchos	viele, zahlreiche
el problema político	politisches Problem
pero	aber
junto al mar	am Meer

4 En la calle

en la calle	auf der Straße
la calle de Solana	Solana-Straße *(José Solana, spanischer Maler und Schriftsteller 1885–1945)*

La señorita está en la calle.	Das Fräulein ist auf der Straße.
Lleva una maleta. *(llevar § 51)*	Sie trägt einen Koffer.
Busca el hotel. *(buscar § 51)*	Sie sucht das Hotel.
Goya	*Francisco de Goya, spanischer Maler (1746–1828)*
la farmacia	Apotheke
el banco	Bank
el bar (*Pl* bares)	Imbißstube
el autobús	Autobus
el coche	Wagen
Cervantes	*Miguel de Cervantes, spanischer Schriftsteller (1547–1616)*
La señorita entra en el hotel. *(entrar § 51)*	Das Fräulein geht in das Hotel hinein.
¿Dónde está el hotel, por favor?	Wo ist das Hotel, bitte?
el portero	Portier
sé *(saber § 88)*	ich weiß
No sé dónde está.	Ich weiß nicht, wo er ist.
el guardia	Polizist
¡Pregunte a un guardia! *(§§ 69, 7) (preguntar)*	Fragen Sie einen Polizisten!
la plaza de Colón	Kolumbus-Platz *(Cristóbal Colón, Entdecker Amerikas 1451–1506)*
¿Está lejos?	Ist es weit?
cerca	nah
allí *(§ 37a)*	dort
No hay de qué.	Keine Ursache.

* ¿Cuántas paradas?

la parada	Haltestelle
Tome el autobús *(§ 69) (tomar)*	Fahren Sie mit dem Bus. *(nehmen)*
el número	Nummer
seis	sechs
Ud.	*Abkürzung für usted*
Pues, regular.	*Nun, es geht.*

¿Adónde vas?

¿Adónde vas?	Wo gehst du hin?
el cine	Kino
Voy al cine.	Ich gehe ins Kino.
la biblioteca	Bibliothek
¡Hasta luego!	Bis später!
Übungen:	
caro	teuer
barato	billig
enfrente	gegenüber
el/la turista	der/die Tourist/in
dice *(Präs. decir)*	er/sie sagt

Grußformeln

Buenos días sagt man am Vormittag, bis zum Mittagessen (ca. 14 Uhr).
Buenas tardes sagt man am Nachmittag, bis etwa zum Einbruch der Dunkelheit.
Buenas noches sagt man nach Einbruch der Dunkelheit.

Du – Sie

Das Duzen ist in Spanien und Lateinamerika anders als in Deutschland. Junge Leute und gute Bekannte duzen sich fast immer.
Aber: selbst bei Grußformeln wie **¡Hola!** und **¿Qué tal?** kommt es oft vor, daß man die betreffende Person nicht duzt.

Bitte

Als Aufforderung: **por favor** oder **haga/haz el favor de . . .** (s. Lektion 32).
Nach „Danke": **No hay de qué** oder **De nada.**
Nimm/Nehmen Sie! **¡Ten! ¡Toma! / ¡Tenga! ¡Tome!**

---

5 En Barcelona

Barcelona	*Stadt im Nordosten Spaniens*
¿quién?	wer?
la chica	Mädchen
¿Quién es la chica que está en la calle?	Wer ist das Mädchen auf der Straße?
Trabaja en el hotel. *(trabajar)*	Sie arbeitet im Hotel.
¿Qué hace allí? *(hacer § 79)*	Was macht sie dort?
la cocina	Küche
la cocinera	Köchin
la fábrica	Fabrik
Monta coches. *(montar)*	Er baut Autos zusammen.
SEAT *(Abk. für Sociedad Española de Automóviles de Turismo)*	*Autofabrik SEAT in Barcelona, eine der größten Firmen Spaniens mit ca. 25 000 Angestellten*
el mecánico	Mechaniker
ahora	jetzt
la bicicleta	Fahrrad
Va en bicicleta a la fábrica.	Er fährt mit dem Fahrrad zur Fabrik.
¿Dónde trabajas?	Wo arbeitest du?
aquí	hier
mucho *(§ 17)*	viel
¿Ganas mucho en el hotel?	Verdienst du gut im Hotel?
pero	aber
poco	wenig
yo	ich
pronto	bald
Voy a París a trabajar.	Ich gehe nach Paris, um zu arbeiten.
el restaurante	Restaurant
¿por qué?	warum?
porque	weil
mi	mein, meine
la familia	Familie
Mi familia está allí.	Meine Familie lebt dort.
la casa	Haus
Voy a casa de Mari Carmen.	Ich gehe zu Mari Carmen.
Übungen:	
su familia	seine/ihre Familie

6 Postales y sellos

la postal	Postkarte
el sello	Briefmarke
el cuadro	Bild, Gemälde
Picasso	*Pablo Picasso, spanischer Künstler (1881–1973), lebte und arbeitete seit 1904 in Frankreich*
¿Cuánto cuesta? *(costar/ue/ § 54)*	Wieviel kostet es?
siete	sieben
la peseta	Pesete
¡Tenga! *(§ 69) (tener § 91)*	*hier:* Bitte schön! *(haben; besitzen)*
diez	zehn
la vuelta	Wechselgeld
Tenga la vuelta.	Hier ist der Rest.
ocho	acht
nueve	neun
la iglesia	Kirche
la catedral	Kathedrale
trece	dreizehn
Paco Camino	*spanischer Stierkämpfer (geb. 1941)*
once	elf
quinoo	fünfzehn
doce	zwölf
catorce	vierzehn

* Los precios cambian

el precio	der Preis
cambiar	sich ändern
los precios cambian	die Preise ändern sich
solamente	nur
ya no	nicht mehr

En la estafeta de correos

la estafeta de correos	Postamt
Déme . . . *(§ 69) (dar § 74)*	Geben Sie mir . . .
Déme dos sellos de seis pesetas.	Geben Sie mir zwei Briefmarken zu 6 Peseten.
Son doce pesetas.	Es macht 12 Peseten.
Übungen:	
europeo	europäisch

7 En Casa de Mari Carmen

en casa de Carmen	bei Carmen
Están en casa de Carmen.	Sie sind bei Carmen.
la mesa	Tisch
la silla	Stuhl
la taza	Tasse
la chica	Mädchen
el café	Kaffee
Las chicas toman café. *(tomar)*	Die Mädchen trinken Kaffee. *(nehmen)*
los padres	Eltern
Entran los padres de Carmen.	Carmens Eltern kommen herein.
la madre	Mutter
el padre	Vater
la empresa	Unternehmen
La empresa exporta maletas. *(exportar)*	Die Firma exportiert Koffer.
el domingo	Sonntag
Buenas tardes.	Guten Tag *(s. L. 4)*
Carmen dice que usted va a París. *(decir § 75)*	Carmen sagt, daß Sie nach Paris gehen.
¿Vamos?	Gehen wir?
¿Adónde vais?	Wo geht ihr hin?
Vamos al cine de la calle de Solana.	Wir gehen zum Kino in der Solana-Straße.
nuevo	neu
Bueno, ¿vamos?	Nun, gehen wir?

Mari Carmen busca trabajo

el trabajo	Arbeit
¿Cuántos trabajáis en el hotel?	Zu wievielt arbeitet ihr im Hotel?
el jefe	Chef
simpático	freundlich
exigente	anspruchsvoll
la hora	Stunde
el día	Tag
Trabajo ocho horas al día.	Ich arbeite acht Stunden am Tag.
por la mañana	vormittags
de ocho a una	von acht bis eins
por la tarde	nachmittags
¿Quiénes son los chicos?	Wer sind die jungen Männer?
la recepción	Rezeption
Ahora que tú vas a París . . .	Jetzt, wo du nach Paris gehst . . .
¿No necesitan una cocinera? *(necesitar)*	Braucht man keine Köchin?
No pagan mucho. *(pagar)*	Sie bezahlen nicht gut.
**Anzeige:*	
la pensión	Pension
el camarero	Kellner
el teléfono	Telefon
moderno	modern
camarero con experiencia	erfahrener Kellner
el mes	Monat
sesenta mil pesetas al mes	60 000 Peseten im Monat
las pagas	*hier:* zusätzliche Monatsgehälter
Übungen:	
después	danach, nachher

8 En las Ramblas

las Ramblas	*berühmte breite Allee im Zentrum Barcelonas*
el ABC	*konservative spanische Tageszeitung, erscheint in Madrid und ist eine der wichtigsten Zeitungen des Landes*
Es verdad.	Es stimmt.
Blanco y Negro	*eine der größten spanischen Wochenzeitungen, erscheint in Madrid*
No quedan, señora.	Es ist keine übriggeblieben, meine Dame.
¿Qué revistas tiene usted? *(tener § 91)*	Welche Zeitschriften haben Sie?
¡Hola!	*spanische Illustrierte*
Semana	*spanische Illustrierte (der Name bedeutet „Woche")*
***la lotería**	Lotterie
el gordo	*hier:* höchster Lotteriegewinn
El gordo para hoy.	Es wird heute gezogen.
el número	*hier:* Los
¿Quién compra un número? *(comprar)*	Wer kauft ein Los?
veinte	zwanzig
la Sagrada Familia	*Kirche in Barcelona, begonnen 1884, noch nicht vollendet, Werk des Architekten Antonio Gaudí (1852–1926)*
Voy a pie.	Ich gehe zu Fuß.
el año	Jahr
¿Cuántos años tienes?	Wie alt bist du?
Yo tengo seis.	Ich bin 6 Jahre alt.
a ver	mal sehen
si	ob
A ver si adivinas cuántos años tiene mi padre.	Mal sehen, ob du raten kannst, wie alt mein Vater ist.
cuarenta	vierzig
menos	weniger
treinta y cinco	fünfunddreißig
¡Eso es!	Genau das! Richtig!
Übungen:	
el dinero	Geld

9 En la calle de la Cruz

la calle de la Cruz	„Kreuz-Straße"
el centro	Zentrum
el estanco	Tabakladen
Allí está el estanco.	Dort ist der Tabakladen.
el buzón	Briefkasten
Delante del estanco hay un buzón.	Vor dem Tabakladen ist ein Briefkasten.
a la derecha de	rechts von
a la izquierda de	links von
la tienda	Geschäft
un coche negro	ein schwarzes Auto

El estanco

el cigarrillo	Zigarette
Desea comprar cigarrillos. *(desear)*	Er möchte Zigaretten kaufen. *(wünschen)*
la pipa	Tabakpfeife
la caja de cerillas	Schachtel Streichhölzer
el bolígrafo	Kugelschreiber
el paquete	Paket
un paquete de 46 *(§ 6)*	eine Schachtel „46" *(bekannte Zigarettenmarke)*
la marca	Marke
este; esta, estos estas *(§ 35)*	dieser; diese *(Sing. und Pl.)*
entonces	dann
aquel, aquella, aquellos, aquellas *(§ 36)*	jener, jenes, jene *(Sing. und Pl.)*
caro	teuer
barato	billig
al lado de	neben
estos, estas	diese hier *(Pl.)*
al lado de estas postales	neben diesen Postkarten hier
grande	groß
un bolígrafo grande	ein großer Kugelschreiber
ahí *(§ 37a)*	da; dort
ese, esa, esos, esas, *(§ 37)*	dieser, diese *(Sing. u. Pl.)*
¿Ése que está ahí?	Der da?
demasiado caro	zu teuer
pequeño	klein
25 pesetas, ¿no?	25 Peseten, nicht wahr?
la moto	Motorrad

10 El bar Granada

sólo	nur
la barra	Theke
largo	lang
la lámpara	Lampe

la cafetera	Kaffeemaschine
el taburete	Hocker
alto	groß, hoch
el camarero	Kellner
El camarero fuma un cigarrillo. *(fumar)*	Der Kellner raucht eine Zigarette.
su	sein/ihr
la bandeja	Tablett
el vaso	Glas
el barman	Barkeeper
detrás de	hinter
El barman está detrás de la barra.	Der Barkeeper steht hinter der Theke.
la radio	Rundfunk, Radio
Escucha la radio. *(escuchar)*	Er hört Radio. *(zuhören)*
encima de	auf, über
muchos, muchas	viele
moreno	dunkelhaarig
la otra, el otro	die andere, der andere
rubio	blond
la oficina	Büro
el instituto	Gymnasium
El chico estudia en el instituto. *(estudiar)*	Der Junge besucht das Gymnasium. *(lernen, studieren)*
otra mesa	ein anderer Tisch
En otra mesa hay un señor.	An einem anderen Tisch sitzt ein Herr.
siempre	immer
Desayuna en este bar. *(desayunar)*	Er frühstückt in dieser Cafeteria.
el pan	Brot
con	mit
la mermelada	Marmelade
la lista de precios	Preisliste
La señora mira la lista de precios. *(mirar)*	Die Dame sieht sich die Preisliste an.
el refresco	Erfrischung
la naranjada	Orangensaft
La naranjada no me gusta. *(gustar)*	Ich mag keinen Orangensaft. *(schmecken, gefallen)*
en seguida	gleich

Lista de precios:

la leche	Milch
el café con leche	Kaffee mit (viel) Milch
el (café) cortado	Kaffee mit (wenig) Milch
el (café) expreso	Espresso
la limonada	Zitronensaft, Limonade
el bocadillo de jamón	Schinkenbrötchen
el bocadillo de queso	Käsebrötchen
la tortilla	(spanisches Kartoffel-) Omelett
el té	Tee
el limón	Zitrone
el churro	in Öl gebackener Kringel
el pan tostado	geröstetes Brot
la mantequilla	Butter

El desayuno

el desayuno	Frühstück
una taza de chocolate *(§ 6)*	eine Tasse Schokolade
no ... nunca	niemals
nosotros, nosotras *(§ 25)*	wir
casi	fast
práctico	praktisch
a veces	manchmal
la tostada	Toastbrot
Me gusta más el café.	Ich mag lieber Kaffee.
generalmente *(§ 16b)*	im allgemeinen

Empiezo a las nueve

a las nueve	um 9 Uhr
Empiezo a las nueve. *(empezar/ie/)*	Ich fange um 9 Uhr an.
Es tarde.	Es ist spät.
¿A qué hora empiezas tú?	Um wieviel Uhr fängst du an?
vosotros, vosotras *(§ 25)*	ihr
a las ocho y media	um halb neun
todo el día	den ganzen Tag
a la una	um ein Uhr
La oficina cierra a la una. *(cerrar/ie/)*	Das Büro schließt um dreizehn Uhr.
otra vez	ein anderes Mal
a las cuatro de la tarde	um 4 Uhr nachmittags
después	nachher
a las ocho menos cuarto	um Viertel vor acht
no ... hasta	erst
No terminamos hasta las ocho de la noche. *(terminar)*	Wir hören erst um 8 Uhr abends auf.
¿Cuánto es?	Was macht das?
cada uno, cada una	jeder, jede
en total	zusammen
la propina	Trinkgeld
Muchas gracias.	Vielen Dank.
De nada. *(s. L. 4)*	Keine Ursache.

11 Un jersey azul

el jersey	Pullover
azul	blau
Las chicas van a casa a almorzar. *(almorzar/ue/)*	Die Mädchen gehen nach Hause, um zu Mittag zu essen.
¡Mira! *(§ 68)*	Schau mal!
Voy a mirar si encuentro un jersey. *(encontrar/ue/)*	Ich will sehen, ob ich einen Pullover finde.
el escaparate	Schaufenster
¿Te gusta este jersey?	(Wie) gefällt dir dieser Pullover?
bonito	schön
la dependienta	Verkäuferin
ochocientos, -as	achthundert
rojo	rot
seiscientos, -as	sechshundert
la falda	Rock
mismo	gleich
¿Tiene una falda del mismo color?	Haben Sie einen Rock in der gleichen Farbe?
amarillo	gelb
la blusa	Bluse

Übungen:

el abrigo	der Mantel
tan ... como	so ... wie
chistoso	witzig
quizás	vielleicht
el humor	Laune
elegante	elegant

12 Una llamada telefónica

la llamada telefónica	Telefonanruf
Desea llamar a casa. *(llamar)*	Er möchte zu Hause anrufen. *(rufen, anrufen)*
el teléfono	Telefon
llamar por teléfono	telefonieren
¿Tiene usted monedas?	Haben Sie Münzen?
Tengo un duro.	Ich habe ein 5-Peseten-Stück.
El señor García marca el número de su casa. *(marcar)*	Herr García wählt seine Nummer. *(wählen)*
la criada	Hausmädchen
La criada contesta. *(contestar)*	Das Hausmädchen meldet sich. *(antworten)*
¿Dígame? *(decir § 75)*	Hallo! *(am Telefon)* *(sagen)*
¿Está la señora?	Ist die (=meine) Frau da?
el momento	Augenblick
¿Estás en la oficina? *(estar § 97)*	Bist du im Büro?
Estoy en un bar.	Ich bin in einer Cafeteria.
estupendo	wunderbar
¡Oye! *(§ 68)* *(oír § 82)*	Hör mal!
la rebaja	Rabatt
la semana	Woche
el niño	Kind
los calcetines	Socken

Anzeige:

los pantalones	Hose
desde 160 ptas	ab 160 Peseten
los tejanos	Jeans
la niña	kleines Mädchen

el abrigo	Mantel
el vestido	Kleid
el caballero	Herr
la corbata	Krawatte
el traje	Anzug
la chaqueta	Jacke
los leotardos	Strumpfhose
a mediodía	mittags

13 Viajantes

A mediodía

el viajante	(Handels-)Reisender
la empresa textil	Textilunternehmen
la ropa	Kleidung, Wäsche
Ramón vende ropa. *(vender)*	Ramón verkauft Wäsche.
los almacenes	Kaufhaus
el sur de España	Südspanien
por eso	deswegen
Por eso viaja mucho. *(viajar)*	Deswegen reist er viel.
el pueblo	Dorf
Ramón pasea por la calle. *(pasear)*	Ramón geht auf der Straße spazieren.
Isabel la Católica	Isabella die Katholische, *Königin Kastiliens (1451–1504)*
la sed f	Durst
Tiene sed.	Er hat Durst.
el hambre f	Hunger
Desea comer y beber algo.	Er möchte etwas essen und trinken.
La Vanguardia	*eine der größten spanischen Tageszeitungen, erscheint in Barcelona*
Un señor lee La Vanguardia. *(leer)*	Ein Herr liest La Vanguardia.
buen, bueno *(§ 11b)*	gut
Es un buen amigo del señor Martí.	Er ist ein guter Freund von Herrn Martí.
barcelonés	aus Barcelona
él	er
ella	sie
ellos	sie *(Pl.)*
los abuelos	Großeltern
Ellos están con los abuelos.	Sie sind bei den Großeltern.
¿No quieres tomar algo? *(querer/ie/)*	Möchtest du nicht etwas trinken? *(wollen)*
¡Oiga! *(§ 69)* *(oír)*	Hallo! *(um die Aufmerksamkeit auf sich zu lenken)*
¡Diga, señor! *(§ 69)*	Was darf es sein?
la cerveza	Bier
para	für
Déme algo para comer.	Bringen Sie mir etwas zu essen.
no . . . nada	nichts
Está bien.	Es ist gut so.

Bild:

callos	Kutteln
albóndigas	(Fleisch-)Kloß

Por la tarde

Ramón está solo.	Ramón ist allein.
su mujer	seine Frau
Busca una cabina telefónica.	Er sucht eine Telefonzelle.
primero	zuerst
el indicador	Vorwahlnummer
Primero marca el indicador de Barcelona.	Zuerst wählt er die Vorwahl von Barcelona.
ya	schon
¿Ya estás en Barcelona?	Bist du schon in Barcelona?
la estación	Bahnhof
un antiguo compañero	ein ehemaliger Kollege
todavía	noch
todavía no	noch nicht
No ha encontrado nada todavía.	Er hat noch nichts gefunden.
el cumpleaños	Geburtstag
Hoy es su cumpleaños.	Er/Sie hat heute Geburtstag.
¡Qué cabeza!	Was für ein Gedächtnis!
Besos a los niños.	Grüße an die Kinder
Hasta el domingo.	Bis Sonntag.

*Lista de hoteles

el nombre	Name
la residencia	Gästehaus, Pension
la dirección	Adresse
la avenida	Allee
la categoría	Kategorie
primero, segundo, tercero *(§ 24)*	erster, zweiter, dritter
la habitación	Zimmer
sencillo	einfach
habitación sencilla	Einzelzimmer
doble	doppelt
el comedor	Speisesaal
el almuerzo	Mittagessen *(ca. 14 Uhr)*
la cena	Abendessen *(ca. 20–22 Uhr)*
Las comidas están incluidas.	Die Mahlzeiten sind (im Preis) inbegriffen.

Übungen:

la profesión	Beruf
la cuenta	Rechnung
antes (de)	vor

14 Hacer la compra . . .

Algo diferente

hacer la compra	einkaufen, Einkäufe machen
diferente	verschieden, anders
los señores Cornello	Herr und Frau Cornello
Los padres van a volver hoy.	Die Eltern werden heute zurückkommen.
el bistec	Beefsteak
las patatas fritas	Pommes frites
la paella	*spanisches Reisgericht*
Yo no sé hacer paella.	Ich kann keine Paella kochen.
Yo tampoco sé cocinar.	Ich kann auch nicht kochen.
el libro de cocina	Kochbuch
los ingredientes	Zutaten
la cantidad	Menge
el pollo	Huhn
la cigala	Kronenhummer
el tomate	Tomate
la cebolla	Zwiebel
el pimiento	Paprikaschote
el azafrán	Safran
la sal	Salz
el aceite	Öl
el kilo	Kilogramm
el cuarto de kilo	halbes Pfund
el gramo	Gramm
Luisa apunta lo que hay que comprar. *(apuntar)*	Luisa notiert, was zu kaufen ist.
el papel	Papier
todo lo que	alles, was
además	außerdem
el vino tinto	Rotwein
la fruta	Obst
el postre	Nachtisch
la naranja	Apfelsine
la uva	Weintraube
el plátano	Banane
el flan	Karamelpudding

De compras

de compras	beim Einkauf
bajar	hinuntergehen
el supermercado	Supermarkt
el sexto piso	die sechste Etage
la planta baja	Erdgeschoß
un carrito	Einkaufswagen
un sobrecito	kleiner Beutel
una barra de pan inglés	Kastenbrot
una canastilla	Einkaufskorb
la caja	Kasse
Pasan por la caja y pagan.	Sie gehen zur Kasse und zahlen.
la cajera	Kassiererin
la bolsa de plástico	Plastiktüte
Vuelve a casa con la compra.	Sie kommt mit dem, was sie eingekauft hat, nach Hause zurück.
el microbús	Kleinbus

En el puesto de pescado

el puesto de pescado	Fischstand

¿A cuánto están?	Wie teuer sind sie?
A 120 el kilo.	120 (Peseten) das Kilo.
Póngame medio kilo. *(poner § 84)*	Geben Sie mir ein Pfund.
Schaufenster:	
el calamar	Tintenfisch
Übungen:	
acordarse de algo	sich an etwas erinnern

15 . . . Y comer

En la cocina

el taxi	Taxi
¿Has venido en taxi? *(Perf. von venir)*	Bist du mit dem Taxi gekommen?
Me ha traído Andrés. *(Perf. von traer)*	Andrés hat mich mitgenommen. *(herbringen)*
Ha cambiado de coche. *(Perf. von cambiar)*	Er hat den Wagen gewechselt.
Ha vendido el Seat. *(Perf. von vender)*	Er hat den Seat verkauft.
Creo que sí.	Ich glaube ja.
la nevera	Kühlschrank
los papás	Eltern
la prisa	Eile
Tenemos prisa.	Wir haben es eilig.
Tú pones la mesa.	Du deckst den Tisch.

En el comedor

el mantel	Tischdecke
el cajón	Schublade
la servilleta	Serviette
limpio	sauber
la policía	Polizei
querida	meine Liebe
el lavaplatos	Geschirrspülmaschine
el plato	Teller
sucio	schmutzig
Los grandes están sucios.	Die großen sind schmutzig.
roto	kaputt
Este plato está roto.	Dieser Teller ist kaputt.
Luisa ha puesto la mesa. *(poner)*	Luisa hat den Tisch gedeckt.
el cuchillo	Messer
el tenedor	Gabel
la cuchara	Löffel
listo	*hier:* fertig
La paella está lista.	Die Paella ist fertig.

A la mesa

Han vuelto los padres. *(volver)*	Die Eltern sind zurückgekommen.
Todos están sentados a la mesa. *(estar sentado)*	Alle sitzen am Tisch. *(sitzen)*
Son unas cocineras extraordinarias.	Sie sind außerordentliche Köchinnen.
rico	*hier:* schmackhaft
Han hecho una paella muy rica. *(hacer)*	Sie haben eine sehr gute Paella gemacht.
Me gusta muchísimo.	Sie schmeckt mir sehr.
No está salada.	Sie ist nicht versalzen.
Está estupenda.	Sie schmeckt ausgezeichnet.

De sobremesa

de sobremesa	nach Tisch
después de comer	nach dem Essen
Luisa trae el café.	Luisa bringt den Kaffee.
Mi café está dulce.	Mein Kaffee ist süß.
el azúcar	Zucker
¡Si he puesto azúcar!	Ich habe doch Zucker hineingetan!
para ti *(§ 26)*	für dich
el correo	Post
¿Ha habido correo? *(haber)*	Ist Post gekommen? *(haben: Hilfsverb)*
¿Ha escrito vuestro hermano? *(escribir)*	Hat euer Bruder geschrieben?
Habéis abierto la carta? *(abrir)*	Habt ihr den Brief geöffnet?
el cuarto	Zimmer
¡Qué gris está el cielo!	Wie grau der Himmel ist!
Por la radio han dicho que va a llover. *(decir)*	Im Radio hieß es, es würde regnen. *(sagen)*

Suena el teléfono

suena el teléfono *(sonar/ue/)*	das Telefon klingelt
¿De parte de quién?	Wer ist da bitte?
la discoteca	Diskothek
La discoteca está cerrada.	Die Diskothek ist geschlossen.
Ponen una película buena.	Man zeigt einen guten Film.
interesante	interessant
¿Te parece bien a las ocho?	Paßt es dir um acht Uhr?
un poco antes	ein bißchen früher
la puerta	Tür
¿Vale?	Einverstanden?
Übungen:	
abrir	öffnen
las acciones	Aktien

16 El tiempo

Hace buen tiempo.	Das Wetter ist schön.
el sol	Sonne
Hace sol.	Die Sonne scheint.
el grado	Grad
la sombra	Schatten
Hace 35 grados a la sombra.	Wir haben 35 Grad im Schatten.
sobre	über
cero	Null
Hace mal tiempo.	Das Wetter ist schlecht.
el viento	Wind
Hace viento.	Es ist windig.
bajo	unter
¡Qué calor tengo!	Ist es mir heiß!
***¿Le gusta este tiempo a usted?**	Mögen Sie dieses Wetter?
***el helado**	Speiseeis

Dos postales

Sr. D. *(Abk. für Señor Don)*	Herrn *(Anrede im Brief)*
1975: mil novecientos setenta y cinco *(§ 22)*	1975
querido Martín	lieber Martin
la ciudad	Stadt
el mar	Meer
Podemos ver el mar.	Wir können das Meer sehen.
la ventana	Fenster
la habitación	Zimmer
llueve *(llover/ue/)*	es regnet
el abrazo	Umarmung, Gruß
Srta.	*Abk. für señorita*
enorme	riesig
la comida	Essen
madrileño	Madrider
La comida madrileña me gusta mucho.	Ich mag die Spezialitäten aus Madrid sehr.
un poco de	ein bißchen
el aire	Luft
pasado mañana	übermorgen
Pensamos ir a Valencia. *(pensar /ie/)*	Wir gedenken, nach Valencia zu fahren. *(denken)*
Pensamos pasar el martes allí. *(pasar)*	Wir haben vor, dort den Dienstag zu verbringen.
el saludo	Gruß
el Museo del Prado	*eines der wichtigsten spanischen Kunstmuseen*

Los meses

el mes	Monat
enero	Januar
febrero	Februar
marzo	März
abril	April
mayo	Mai
junio	Juni
julio	Juli

agosto	August
septiembre	September
octubre	Oktober
noviembre	November
diciembre	Dezember
la fecha	Datum
¿Qué fecha es hoy?	Welches Datum haben wir heute?
el uno de marzo	der erste März
las vacaciones	Ferien
¿Cuándo tienes vacaciones?	Wann hast du Ferien?
el santo	Heiliger, Namenstag
el día de mi santo	mein Namenstag
más tarde	später
antes	früher
Übungen:	
¡Felicidades!	Alles Gute!

17 América Central

América Central	Mittelamerika
el país	Land
En todos ellos se habla español.	In allen spricht man Spanisch.
la influencia de Cuba	der Einfluß von Kuba
la nación	Nation
la dependencia de Estados Unidos	die Abhängigkeit von den Vereinigten Staaten
importante	wichtig

En Guatemala no hay primavera

la primavera	Frühling
el clima	Klima
como	wie
el guatemalteco	Guatemalteke
el hondureño	Honduraner
el nicaragüense	Nicaraguaner
la estación del año	Jahreszeit
Na hablan de las cuatro estaciones del año.	Sie sprechen nicht von den vier Jahreszeiten.
como nosotros	wie wir
el verano	Sommer
el otoño	Herbst
el invierno	Winter
sobre todo	vor allem
la costa	Küste
sobre todo en las costas	vor allem an der Küste
¿cuál?	welcher? welche(s)?
¿Cuáles son?	Welche sind es?
desde . . . hasta	von . . . bis
seco	trocken
la estación seca	trockene Jahreszeit
¿Qué tiempo hace?	Wie ist das Wetter?
el calor	Wärme
Hace calor.	Es ist warm.
Generalmente no llueve.	Im allgemeinen regnet es nicht.
la lluvia	Regen
la estación de las lluvias	Regenzeit
el frío	Kälte
Hace frío.	Es ist kalt.

18 En la playa

la playa	Strand
el turismo	Fremdenverkehr
la fuente de divisas	Devisenquelle
importante	wichtig
el extranjero	Ausländer
el este	Osten
la Costa Brava	*Küstenstreifen von der französischen Grenze bis 80 km nördlich von Barcelona*
la Costa del Sol	*Küstenstreifen zwischen Almería und Gibraltar*
las islas Canarias	Kanarische Inseln
el 70 por ciento	70 %
el turista	Tourist
francés	Franzose, französisch
inglés	Engländer, englisch
alemán	Deutscher, deutsch
*A mí también me gustaría ir de vacaciones. *(§ 32b)*	Auch ich möchte in Urlaub fahren.
¿Adónde te gustaría ir?	Wohin möchtest du fahren?
quizás	vielleicht
Noruega	Norwegen
Finlandia	Finnland
Usted no es español, ¿verdad?	Sie sind kein Spanier, nicht wahr?
sueco	Schwede, schwedisch
Suecia	Schweden
el español	*hier:* spanische Sprache
Hamburgo	Hamburg
el novio	fester Freund
Él entiende un poco. *(entender /ie/)*	Er versteht ein bißchen.
¿A qué hora pasa el 8? *(pasar)*	Um wieviel Uhr kommt die 8? *(vorbeigehen, -fahren)*
Faltan cinco minutos. *(faltar)*	In fünf Minuten. *(fehlen)*
el tiempo	Zeit
la estación	Bahnhof
¿Cuánto tiempo tarda en llegar a la estación? *(tardar en)* *(llegar)*	Wie lange braucht sie bis zum Bahnhof? *(lange dauern)* *(ankommen)*
japonés	japanisch, Japaner
el transistor	Transistorgerät
holandés	holländisch, Holländer
el televisor	Fernsehgerät
Holanda	Holland
danés	dänisch, Däne
Übungen:	
Alemania	Deutschland
precioso	sehr schön
el aeropuerto	Flughafen

19 El norte

la temperatura media	Durchschnittstemperatur
el español	*hier:* der Spanier
especialmente	besonders, vor allem
el madrileño	der Madrider
extranjero	*hier:* ausländisch
turistas extranjeros	ausländische Touristen
la parte	Teil
la España verde	das grüne Spanien
la costa cantábrica	die Kantabrische Küste
unos 40 días	ca. 40 Tage
la pesca	*hier:* Fische
por ejemplo	zum Beispiel
la sardina	Sardine
el atún	Thunfisch
la conserva de pescado	Fischkonserve
la principal industria	die wichtigste Industrie
se exporta	man exportiert
treinta y ocho mil	38 000
la persona	Person
viven de	(sie) leben von
la mina	Bergwerk
el carbón	Kohle
minas de carbón	Kohlebergwerke
el País Vasco	Baskenland
la región	die Region *(Spanien ist heute in 17 "autonome Regionen" eingeteilt.)*
rico en	reich an
el hierro	Eisen
el minero	Bergmann
el puerto	Hafen
¿Cómo se dice . . .?	Wie heißt . . .?
Baskische Wörter:	
kaixo	Hallo!
egun	der Tag
arratsalde	der Nachmittag/Abend
gau	die Nacht/der Abend
lan egin	arbeiten
ardo	der Wein

20 Los chicos de Masnou

Masnou	*Stadt ca. 15 km nördlich von Barcelona.*
al norte de	nördlich von
Está al norte de Barcelona.	Es liegt nördlich von Barcelona.
Carlos y Luis viven en Masnou. *(vivir § 53)*	Carlos und Luis leben in Masnou.
Son hermanos.	Sie sind Geschwister.
la hermana	Schwester

También tienen una hermana. *(tener /ie/)*	Sie haben auch eine Schwester.
Se llama Beatriz. *(llamarse)*	Sie heißt Beatriz. *(heißen)*
el colegio	Schule

C.O.U. *Abk. für "Curso de Orientación Universitaria". Vorbereitungsjahr für die Universität.*

E.G.B. *Abk. für "Educación General Básica". Entspricht ungefähr der deutschen Grund- und Hauptschule (ca. 6.–13. Lebensjahr).*

B.U.P. *Abk. für "Bachillerato Unificado Polivalente". Entspricht z. T. dem deutschen Gymnasium (ca. 14.–16. Lebensjahr).*

el bachillerato *entspricht ungefähr dem deutschen Gymnasium.*

Estudian el bachillerato.	Sie besuchen das Gymnasium.
el colegio privado	Privatschule
la enseñanza	Unterricht
gratis	umsonst
excepto la matrícula	außer der Einschreibung
el comedor	Speisesaal
Van a casa a comer.	Sie gehen zum Essen nach Hause.
a mediodía	mittags
cuando	wenn (als)
Cuando están en casa ...	Wenn sie zu Hause sind ...
la lección	Lektion
sus lecciones	ihre Lektionen
la televisión	Fernsehen
Hoy es miércoles.	Heute ist Mittwoch.
el cuarto de estar	Wohnzimmer
Esperan la comida.	Sie warten auf das Essen.
La tele está enchufada.	Der Fernseher ist an.
Apaga la tele	Schalte den Fernseher aus.
el reportaje	Reportage, Bericht
tampoco	auch nicht
el telediario	Tagesschau
la historia	Geschichte
el profesor de historia	Geschichtslehrer
las noticias	Nachrichten
los conflictos internacionales	internationale Konflikte
la semana que viene	nächste Woche
la evaluación	*hier:* Klassenarbeit
la última evaluación	die letzte Klassenarbeit
Voy bastante mal.	*hier:* Ich bin (in der Schule) ziemlich schlecht.
la asignatura	(Schul)fach
recuperar	einholen
Me han quedado dos asignaturas para recuperar.	Ich muß in zwei Fächern die Prüfung wiederholen.
tus libros	deine Bücher
¡Qué sé yo!	Was weiß ich!
debajo de	unter
la cama	Bett
Creo que están debajo de la cama.	Ich glaube, sie sind unter dem Bett.

Suena el teléfono

soy *(ser § 90)*	ich bin
Soy Paco.	Hier ist Paco.
eres *(ser § 90)*	du bist
¿Eres tú?	Bist du es?
¿Qué hay?	Was ist?
la piscina	Schwimmbad
No puedo. *(poder /ue/)*	Ich kann nicht.
el francés	französisch (Sprache)
el examen de francés	*hier:* Französischarbeit
¡Qué lástima!	Wie schade!

Primer día de clase

el primer día *(§ 24)*	der erste Tag
el día de clase	Schultag
presente	anwesend
sois *(ser)*	ihr seid
¿Sois hermanos?	Seid ihr Brüder?
somos *(ser)*	wir sind
Está enfermo. *(§ 99)*	Er ist krank.
italiano	Italiener
catalán	Katalane, *Einwohner Kataloniens (Region im Nordosten Spaniens), ca. 4 Mill. Einwohner, die neben Spanisch auch Katalanisch sprechen.*
Gerardo no está.	Gerardo ist nicht da.
el lavabo	*hier:* die Toilette
¿Puedo ir al lavabo?	Darf ich auf die Toilette gehen?
pronto	bald
Tienes que volver pronto.	Du sollst bald zurückkommen.

El horario de Luis

el horario	Stundenplan
Stundenplan:	
lunes (m)	Montag
martes (m)	Dienstag
miércoles (m)	Mittwoch
jueves (m)	Donnerstag
viernes (m)	Freitag
la lengua	*hier:* Muttersprache
las ciencias	Naturwissenschaften
el recreo	Pause
la música	Musik
el dibujo	Zeichnen
la geografía	Geographie
la gimnasia	Turnen
las matemáticas	Mathematik
la religión	Religion
los jueves	donnerstags
libre	frei
sábado (m)	Samstag

21 Un pescador

el pescador	Fischer
¿Cuándo se acuesta usted? *(acostarse /ue/)*	Wann gehen Sie schlafen?
¿Se levanta por la tarde? *(levantarse)*	Stehen Sie nachmittags auf?
a eso de las dos	gegen zwei Uhr
Me despierto a eso de las dos. *(despertarse)*	Ich wache gegen zwei Uhr auf.

Álvaro Conqueiro

al sur de	südlich von
portugués	portugiesisch, Portugiese
el mercado	Markt
el hijo	Sohn
la mayoría	Mehrheit
el habitante	Einwohner
la pesca	Fischfang
la barca	Boot
la libertad	Freiheit
Álvaro y su hijo están cenando. *(§ 57)* *(cenar)*	Álvaro und sein Sohn essen gerade zu Abend.
Dolores está preparando unos bocadillos. *(preparar)*	Dolores ist dabei, einige belegte Brötchen vorzubereiten.
¿A qué hora os vais? *(irse)*	Um wieviel Uhr geht ihr weg?
dentro de	*hier:* nach
Nos vamos dentro de unos minutos.	Wir gehen in ein paar Minuten.
¡Cuidado!	Vorsicht!
el marido	Ehemann
Salen de casa. *(§ 89)* *(salir)*	Sie gehen aus dem Haus.
el puerto	Hafen
Allí se encuentran con otros pescadores. *(encontrarse /ue/)*	Dort treffen sie andere Fischer.
Se quedan en el mar toda la noche. *(quedarse)*	Sie bleiben die ganze Nacht (draußen) auf dem Meer. *(bleiben)*
la caja	Kiste
la camioneta	Lieferwagen
Ponen las cajas en una camioneta. *(poner)*	Sie laden die Kisten auf einen Lieferwagen. *(stellen, legen, setzen)*
la sardina	Sardine

la parte	Teil
el resto	Rest
la fábrica de conservas	Konservenfabrik
Se afeitan y se lavan. *(afeitarse)* *(lavarse)*	Sie rasieren und waschen sich.

Galicia

Galicia	Galicien *(Region im Nordwesten Spaniens)*
la región autónoma	autonome Region *(Spanien ist heute in 17 "autonome Regionen" eingeteilt)*
el idioma	Sprache
semejante a	ähnlich
el portugués	portugiesisch *(Sprache)*
difícil	schwer, schwierig

Galicische Wörter:

xantar	essen
chover	regnen
traballar	arbeiten
viño	Wein
noite	Nacht

Übungen:

el monumento	Denkmal
duro	hart
la tierra	Erde
el orden	Ordnung

22 El centro

el centro	Zentrum
la Meseta	Hochebene
ocupar	*hier:* einnehmen
por ciento (%)	Prozent
el país	Land, Nation
tanto ... como	soviel ... wie
la población	Bevölkerung
la gente *(sing.)*	die Leute
principalmente	hauptsächlich
en el campo	*hier:* auf dem Feld
Se cultiva trigo.	Man baut Weizen an.
el trigo	Weizen
el olivo	Olivenbaum
la viña	Weinberg, Weingarten
el campesino	Bauer
No tienen tierra.	Sie haben kein Land.
como hay poca industria	da es wenig Industrie gibt
emigrar	auswandern
el centro industrial	*hier:* Industriegebiet
la capital	Hauptstadt
más de tres millones de habitantes	mehr als drei Millionen Einwohner
el millón	Million
el barrio	Stadtteil
el barrio satélite	Trabantenstadt
está situada a unos 600 metros de altura	liegt etwa 600 m hoch
la altura	Höhe
todos los ministerios	alle Ministerien
el Estado	Staat
la oficina del Estado	Behörde
por esto	deswegen
el emigrante	Auswanderer
sobre todo	vor allem
el inmigrante	Einwanderer
varias centrales nucleares	verschiedene Atomkraftwerke
las más antiguas centrales nucleares	die ältesten Atomkraftwerke

Madrid

moderno	modern
el edificio	Gebäude
los edificios más altos	die höchsten Gebäude
la avenida	Allee
La Gran Vía	*bedeutet eigentlich „Große Straße"*
la torre	Turm
la foto	Foto
el monumento	Denkmal
Cervantes	*Miguel de Cervantes, Schriftsteller (1547–1616), schrieb u.a. den Roman "Don Quijote", der von dem Ritter Don Quijote und seinem Knappen, dem Bauern Sancho Panza, handelt*
el tráfico	Verkehr
el problema	Problem
muchísimos coches	sehr viele Autos
la contaminación del aire	Luftverschmutzung
grave	schwerwiegend
peor	schlimmer
las afueras	Umgebung
El aire es peor que en las afueras.	Die Luft ist schlechter als in den Vororten.
al fondo	im Hintergrund
la puerta	Tor, Tür
Alcalá *(de Henares)*	*Stadt, ca. 30 km nordöstlich von Madrid*
el parque	Park
el soldado	Soldat
el estanque	Teich
el lago artificial	künstlicher See
Alfonso XII *(doce)*	*Spanischer König (1874–1885)*
mejor	besser
el museo de arte	Kunstmuseum
conocido	bekannt
la maja	schmuckes Mädchen
desnudo	nackt
Goya	*Francisco de Goya, Maler (1746–1828)*
el guía	Führer
El guía explica a los turistas quién es Goya. *(explicar)*	Der Führer erklärt den Touristen, wer Goya ist.
El Greco	*Maler (1541–1614)*
Velázquez	*Diego de Velázquez, Maler (1599–1660)*

En el rastro

el rastro	Flohmarkt (in Madrid)
el reloj	Uhr
¿Cuánto vale el reloj? *(valer)*	Was kostet die Uhr? *(wert sein; kosten)*
el vendedor	Verkäufer
viejo	alt
me *(§ 30)*	mir, mich
¿Cuánto me da?	Wieviel geben Sie mir?
Le doy 400 pesetas. *(dar)*	Ich gebe Ihnen 400 Peseten.
Tome usted.	*hier:* Bitte schön!

Übungen:

argentino	argentinisch

23 La señora Carmen Pérez de González

Spanierinnen haben einen Vornamen *(el nombre)* und zwei Nachnamen *(los apellidos)*: den des Vaters und den der Mutter. Wenn eine Frau heiratet, behält sie den Nachnamen des Vaters; hinzu kommt der Name des Mannes mit der Präposition *de* davor.
Wenn Herr *Fernando González Reyes* Fräulein *Carmen Pérez López* heiratet, heißt sie *Carmen Pérez de González.*
Die Kinder ihrerseits bekommen zuerst den ersten Nachnamen des Vaters und dann den der Mutter, manchmal mit einem *y* dazwischen.
Im Beispiel wird der Sohn *Luis González /y/ Pérez* heißen. Im täglichen Gebrauch verwendet man nur den ersten Nachnamen.

el barrio	Stadtteil
la portería	Pförtnerloge
la portera	Hausmeisterin
para nosotros *(§ 26)*	für uns
el correo	Post
¿Hay algo para nosotros en el correo de hoy?	Ist Post für uns heute da?
¡Qué sello más bonito! *(§ 13)*	Was für eine schöne Briefmarke!
para mí *(§ 26)*	für mich
Aquí pone Carmen Pérez.	Hier steht Carmen Pérez.
el primer piso	die erste Etage

***el mozo**	Laufbursche
Galerías Preciados	*große Kaufhauskette mit Filialen in vielen spanischen Städten*
el cuarto	*hier:* die vierte Etage
el ascensor	Aufzug
El ascensor no funciona. *(funcionar)*	Der Aufzug geht nicht. *(funktionieren)*
Puede dejar el paquete aquí.	Sie können das Paket hier lassen.
Subo a pie. *(subir)*	Ich gehe zu Fuß hinauf.
la primera vez	das erste Mal

Bild:

izda.	*Abk. für izquierda*
el médico	Arzt
el abogado	Rechtsanwalt
dcha.	*Abk. für derecha*
el dentista	Zahnarzt

Übungen:

abrazar	umarmen
alegre	fröhlich; beschwipst
la vida	Leben
casado	verheiratet
nunca	niemals
los mellizos	Zwillinge
el cajón	Schublade
la dama	Dame
la sinfonía	Symphonie

24 El periodista

el periodista	Journalist
el artículo	Artikel
la literatura	Literatur
Escribe artículos sobre literatura. *(escribir)*	Er schreibt Artikel über Literatur.
Está casado.	Er ist verheiratet.
la hija mayor	die älteste Tochter
la (hija) menor	die jüngste (Tochter)
el dinero	Geld
Recibe dinero de los periódicos. *(recibir)*	Er erhält Geld von den Zeitungen.
el profesor	Lehrer, Professor
la academia de noche	Abendschule
el curso	Kurs, Schuljahr
la Ciudad Universitaria	Universitätsviertel
el metro	U-Bahn
la próxima estación	nächste Haltestelle
Su amigo sube al metro. *(subir a)*	Sein Freund steigt in die U-Bahn ein.
la historia	Geschichte
el club	Klub
Hago transbordo. *(hacer)*	Ich steige um.
la línea	Linie
Yo bajo aquí.	Ich steige hier aus.
Acabamos de comprar un piso.	Wir haben vor kurzem eine Wohnung gekauft.
¿Vienes a casa un día?	Kommst du uns mal besuchen?

En el aeropuerto de Barajas

el aeropuerto	Flughafen
Barajas	*Madrids Flughafen*
¿De dónde viene usted?	Woher kommen Sie?
Vengo de Colombia.	Ich komme aus Kolumbien.
colombiano	Kolumbianer, kolumbianisch
peruano	Peruaner, peruanisch

Übungen:

Universidad Popular	Volkshochschule

25 El tren no llega

doña, don	Frau, Herr (*steht vor dem Vornamen und wird vor allem verwendet, um ältere Personen anzusprechen*)
el ferrocarril	Eisenbahn
Guadalajara	*Stadt in Castilla la Nueva, ca. 50 km nordöstlich von Madrid*
para	*hier:* nach
Están esperando el tren para Guadalajara.	Sie warten auf den Zug nach Guadalajara.
el andén	Bahnsteig
Ella está escribiendo una postal.	Sie schreibt gerade eine Postkarte.
Él está leyendo.	Er liest gerade.
Todos están sudando. *(sudar)*	Alle schwitzen.
el horario	Fahrplan
El reloj marca las tres. *(marcar)*	Die Uhr zeigt 3 Uhr an. *(hier: anzeigen)*
las tres en punto	genau 3 Uhr
Mira a su mujer. *(§ 7)*	Er sieht seine Frau an.
Pasa media hora. *(pasar)*	Es vergeht eine halbe Stunde. *(hier: vergehen)*
No lo comprendo.	Ich verstehe es nicht.
Hay otro tren a las cuatro.	Es gibt einen anderen Zug um 4 Uhr.
Eusebia saca un bocadillo. *(sacar)*	Eusebia holt ein belegtes Brötchen heraus.
el agua mineral	Mineralwasser
tener sueño	müde sein
Empiezan a tener sueño.	Sie werden allmählich müde.
Tomasito	*s. § 8*
abajo	unten
la nota	Note
En la nota pone que . . .	In der Fußnote steht, daß . . .
a estas horas	um diese Zeit
Ya no tienen ganas de ir.	Sie haben keine Lust mehr zu fahren.

26 Una familia nerviosa

nervioso	nervös
la tía	Tante
Van a visitar a la tía.	Sie wollen die Tante besuchen.
mucha gente	viele Leute
la taquilla	Schalter
el grupo	Gruppe
el cura	Priester
Están sacando billetes. *(sacar)*	Sie kaufen gerade Fahrkarten. *(hier: lösen)*
el banco	*hier:* Sitzbank
la puerta	Tür
Están un poco nerviosos. *(§ 100)*	Sie sind etwas nervös.
el vestido	Kleid
¿Llevas el vestido amarillo? *(llevar)*	Hast du das gelbe Kleid an? *(hier: anhaben)*
el viaje	Reise
Lo llevo porque me gusta.	Ich habe es an, weil es mir gefällt.
No los veo.	Ich sehe sie nicht.
Carmencita	*s. § 8*
el papá	Papa
el bolso	Handtasche
la llave de casa	Hausschlüssel
¿Para qué?	Wofür?
Si acabamos de comer.	Wir haben doch eben gegessen.
***El padre abre la maleta.** *(abrir)*	Der Vater öffnet den Koffer.
la mortadela	Mortadella
la mamá	Mama
¡Toma!	Nimm! Bitte schön!

Bild:

"Caballeros"	„Herren" (Toilette)
la cantina	Bahnhofsbüffet

Übungen:

la secretaria	Sekretärin

27 El piso nuevo

la alfombra	Teppich
la flor	Blume
las cortinas	Gardinen
el sillón	Sessel
el espejo	Spiegel
el juguete	Spielzeug
el aparador	Kommode

la entrada	Eingang
el pasillo	Korridor
el comedor	Eßzimmer
el dormitorio	Schlafzimmer
el cuarto de baño	Badezimmer
el balcón	Balkon
¿Dónde pongo la mesa?	Wo soll ich den Tisch hinstellen?
Puede ponerla en la sala.	Sie können ihn ins Wohnzimmer bringen.

28 En la agencia de viajes

En Bilbao

la agencia de viajes	Reisebüro
delgado	dünn
de unos 25 años	ca. 25 Jahre alt
Tiene los ojos verdes.	Sie hat grüne Augen.
el empleado	Angestellter
Un avión sale a las 12.30.	Ein Flugzeug startet um 12.30 Uhr.
el pasaje	Flugticket
ida y vuelta	hin und zurück
1 310 pesetas: mil trescientas diez pesetas.	1310 Peseten

En Valencia

Está a unos 15 kilómetros de Barcelona.	Es liegt etwa 15 km von Barcelona entfernt.
la guía	Reiseführer *(Buch)*
Mira en su guía.	Er sieht in seinem Reiseführer nach.
cambiar de tren	umsteigen
Tienen que cambiar de tren.	Sie müssen umsteigen.
el Talgo	*span. Luxuszug*
Francia	Frankreich
el nocturno	*hier:* Nachtzug
el coche-cama (*Pl.* **coches-cama**)	Schlafwagen
El tren lleva coches-cama. *(llevar)*	Der Zug führt Schlafwagen mit. *(hier: mitführen)*
cómodo	bequem
Tiene razón.	Sie haben recht.
de segunda (clase)	zweiter Klasse
la reserva	Reservierung
el asiento	Sitzplatz
Hay que sacar reserva de asiento.	Man muß eine Platzkarte lösen.
Übungen:	
informarse (de)	sich erkundigen (nach)
la tarifa	Tarif

29 El sur

La temperatura es baja.	Die Temperatur ist niedrig.
Tiene medio millón de habitantes.	Sie hat eine halbe Million Einwohner.
La tierra es pobre.	Der Boden ist unfruchtbar.
estar mal repartido	schlecht verteilt sein
el latifundio	Großgrundbesitz
la población	Bevölkerung
poseer	besitzen
en el campo	auf dem Land
Se produce aceite de oliva.	Man stellt Olivenöl her.
el licor	Likör
el famoso jerez	der berühmte Sherrywein
los andaluces	die Andalusier
el centro turístico	Touristenzentrum
la mayor parte del año	der größte Teil des Jahres
por esto	deswegen
el extranjero	*hier:* Ausland
sobre todo	vor allem
Suiza	Schweiz
Alemania Occidental	Westdeutschland
e	und (*vor Wörtern, die mit i- oder hi- beginnen)*
Inglaterra	England
varios años	einige Jahre
Envían dinero a su familia.	Sie schicken ihrer Familie Geld.
ahorrar	sparen
poner un bar	ein Restaurant eröffnen
la gasolinera	Tankstelle
además de	außer
la comunidad autónoma	autonome Region *(Es gibt in Spanien heute 17 "autonome Regionen")*
pertenecer a	gehören zu
Marruecos	Marokko
marroquí	marokkanisch
agradable	angenehm
el comercio	der Handel
la península	Halbinsel
la colonia inglesa	englische Kolonie

30 Un campesino andaluz

el campesino	Bauer
andaluz	andalusisch, Andalusier
soltero	ledig
en el interior de	im Inneren von
todos los años	jedes Jahr
en el campo	auf dem Land
Trabajan en el campo.	Sie arbeiten auf dem Feld.
Plantan arroz. *(plantar)*	Sie pflanzen Reis an.
el equipaje	Gepäck
el dominó	Dominospiel
Están jugando al dominó. *(jugar a §§ 3h, 54)*	Sie spielen gerade Domino.
una copita de jerez	ein Glas Sherry
mientras	während
hacia	*hier:* nach
Mira hacia la puerta.	Er sieht nach der Tür.
¿Estás contento, eh? *(§ 99)*	Du bist zufrieden, nicht wahr?
la finca	Gutshof
el marqués	Marquis
¿Conoces a Pedro, no?	Du kennst Pedro, nicht wahr?
claro que	sicher
Claro que lo conozco. *(conocer)*	Sicher kenne ich ihn.
la "mili"	Militärdienst
Ceuta	*spanische Militärbesitzung in Nordafrika*
Van a ir en mayo.	Im Mai geht es los.
No me acuerdo de la fecha. *(acordarse de /ue/)*	Ich erinnere mich nicht an das Datum.
la fecha exacta	genaues Datum
¡Buen viaje!	Gute Reise!
Übungen:	
ecológico	ökologisch
el paraíso	Paradies
llenar	füllen
desaparecer	verschwinden
la calefacción	Heizung
la energía solar	Sonnenenergie
celebrar	feiern

31 En la aduana

la aduana	Zoll
el aduanero	Zollbeamter
¿Lleva algo que declarar?	Haben Sie etwas zu verzollen?
¿Quiere abrir la maleta?	Würden Sie den Koffer aufmachen?
mío, mía	mein, meine
La maleta no es mía.	Dieser Koffer gehört mir nicht.
¿No es suya?	Ist das nicht Ihr Koffer?
La mía está aquí.	Mein Koffer ist hier.

En el cine

Perdone. *(perdonar)*	Entschuldigen Sie.
Este asiento está ocupado. *(§ 99)*	Dieser Platz hier ist besetzt.

32 Robo de un cuadro

el robo	Raub
ayer	gestern
la joven	Mädchen
Una joven entró en el museo. *(indef. von entrar)*	Ein Mädchen trat ins Museum ein.
famoso	berühmt

Se llevó el famoso cuadro. *(llevarse)*	Sie nahm das berühmte Bild mit. *(mitnehmen)*
el pintor	Maler
La joven fue en coche. *(indef. von ir)*	Das Mädchen fuhr mit dem Auto.
al contado	in bar
¿Qué hizo allí? *(indef. von hacer)*	Was tat sie dort?
el taxista	Taxifahrer

Diálogo

el diálogo	Dialog
cansado	müde
¡Qué cansado estoy!	Bin ich müde!

33 Cartas

Una carta del extranjero

el extranjero	*hier:* Ausland
Llevamos ocho meses aquí.	Wir sind schon acht Monate hier.
Pienso en España. *(pensar /ie/)*	Ich denke an Spanien.
el mes pasado	vorigen Monat
la hora extra	Überstunde
anteayer	vorgestern
un coche de segunda mano	Gebrauchtwagen
a plazos	auf Raten
Empezamos a acostumbrarnos a la comida. *(acostumbrarse a)*	Wir gewöhnen uns allmählich an das Essen.
el puesto	(Arbeits-)Stelle
el taller mecánico	Werkstatt
El me dijo que . . . *(Indef. von decir)*	Er sagte mir, daß . . .
Vosotros enviasteis mi ropa de invierno a Madrid.	Ihr schicktet meine Winterkleidung nach Madrid.
el zapato	Schuh
¿Te van bien los zapatos?	Passen dir die Schuhe?
la sirena	Sirene
el recuerdo; los recuerdos	Erinnerung; Grüße
mil recuerdos a mis amigos	tausend Grüße an meine Freunde
Un abrazo muy fuerte de . . .	Es umarmt Euch . . .

Una carta al extranjero

Muchísimas gracias por tu carta.	Herzlichen Dank für deinen Brief.
la alegría	Freude
Nos causó mucha alegría. *(causar)*	Es freute uns sehr. *(verursachen)*
a D.G. = a Dios gracias	Gott sei Dank
el mueble	Möbel
El padre va a poner un taller.	Der Vater wird eine Werkstatt aufmachen.
la zapatería	Schuhmacherwerkstatt, Schuhgeschäft.
Estuvimos con ellos el lunes. *(indef. von estar)*	Wir waren am Montag mit ihnen zusammen.
Suiza	Schweiz
Tus padres te quieren. *(querer /ie/)*	Deine Eltern lieben dich.
el beso	Kuß
Carlitos	*s. § 8*

Diálogo 1

Lo vi anteayer. *(indef. von ver)*	Ich sah ihn vorgestern.

Diálogo 2

¿Qué hiciste ayer? *(indef. von hacer)*	Was hast du gestern gemacht?
Fui a la playa. *(indef. von ir)*	Ich fuhr zum Strand.

34 El este

una cuarta parte de la población	ein Viertel der Bevölkerung
la industria mecánica	Maschinenindustrie
conocido	bekannt
La tierra es muy buena.	Der Boden ist sehr gut.
construir	bauen
el sistema de riego	Bewässungssystem
los campos regados	bewässerte Felder
la huerta	Gemüse-, Obstgarten
la tonelada	Tonne
la mandarina	Mandarine

El catalán

valenciano	Valencianisch
el dialecto	Dialekt
la patata	Kartoffel
Se hablan dos lenguas.	Man spricht zwei Sprachen.

Los Caballé

Cultivan naranjas. *(cultivar)*	Sie bauen Apfelsinen an.
Recogen 50 kilos de naranjas. *(recoger)*	Sie ernten 50 kg Apfelsinen.
el camión	Lastwagen
alguien	jemand
¿Ha venido alguien a buscar las cajas?	Ist jemand gekommen, um die Kisten abzuholen?
no . . . nadie	niemand
el tractor	Traktor

Katalanische Wörter:

dinou	neunzehn
surtir	ausgehen
tenir	haben, besitzen

Valencianische Wörter:

creïlle	Kartoffel
deneu	neunzehn
eixir	ausgehen
tindre	haben, besitzen

35 El ministro

el chiste	Witz *(der Text ist ein Beispiel für eine Art politische Satire, die in Spanien und Lateinamerika häufig ist; sämtliche Namen sind erfunden)*
el ministro	Minister
la cosa	Sache
la escuela	Schule
Hemos construido una escuela. *(construir)*	Wir haben eine Schule gebaut.
el adulto	Erwachsener
la universidad	Universität
el hospital	Krankenhaus
La gente aplaude mucho. *(aplaudir)*	Die Leute applaudieren sehr.
no . . . ni	weder . . . noch
por esto	deswegen
el público	Publikum
El señor se dirige al público. *(dirigirse a)*	Der Herr wendet sich an das Publikum.
alguno de vosotros	(irgend)einer von euch
Mire, señor ministro . . .	Sehen Sie, Herr Minister . . .
ninguno de nosotros	keiner von uns
El ministro les da un consejo.	Der Minister gibt ihnen einen Rat.
Ustedes deben viajar menos. *(deber)*	Sie sollten weniger reisen.
alguna fábrica	irgendeine Fabrik
ninguna fábrica	keine Fabrik
algún hospital	irgendein Krankenhaus
ningún hospital	kein Krankenhaus

Übungen:

arreglar	reparieren
contar *ue*	erzählen

36 En la comisaría

la comisaría	Polizeirevier
¿En qué puedo servirle?	Was kann ich für Sie tun?
He perdido el bolso. *(perder /ie/)*	Ich habe die Tasche verloren.

¿Cómo ha ocurrido? *(ocurrir)*	Wie ist es geschehen?
Estaba en el cine. *(Imperf. von estar)*	Ich war im Kino.
de repente	plötzlich
Me di cuenta de que no llevaba el bolso. *(indef. von darse cuenta)*	Ich merkte, daß ich die Tasche nicht mehr bei mir hatte. *(merken)*
¿Cuándo pasó? *(pasar)*	Wann geschah es? *(hier: geschehen)*
¿Qué había en el bolso?	Was war in der Tasche?
el carnet de identidad	Personalausweis
Tenía mi carnet. *(Imperf. von tener)*	Ich hatte meinen Personalausweis.
la hoja	Blatt
Tiene que rellenar esta hoja.	Sie müssen dieses Formular ausfüllen.
¡Es terrible!	Es ist schrecklich!
Me han robado el coche. *(robar)*	Man hat mir den Wagen gestohlen
en el aparcamiento	auf dem Parkplatz
Ayer lo puse allí. *(indef. von poner)*	Gestern stellte ich ihn dort ab.
la ficha	Zettel; Karte
Se la cayó a una mujer. *(indef. von caer)*	Ein Frau ließ es fallen.
¿Cómo era la mujer? *(imperf. von ser)*	Wie sah die Frau aus?
Era alta y delgada.	Sie war groß und schlank.
Tenía el pelo rubio.	Sie hatte blondes Haar.
Este cuadro desapareció la semana pasada. *(desaparecer)*	Dieses Bild verschwand vorige Woche.

Übungen:

informar	benachrichtigen
la cartera	Aktentasche
el diccionaro	Wörterbuch

37 Cartas al Director

el director	*hier:* Chefredakteur
Destino	*Wochenzeitung, erscheint in Barcelona*
Muy señor mío: *(§ 46)*	Sehr geehrter Herr!
un par de horas	ein paar Stunden
la terraza	Terrasse
el cafe	*hier:* Café
continuamente	dauernd
el aire	Luft
No se puede respirar.	Man kann nicht atmen.
el árbol	Baum
tantos coches	so viele Autos
el cliente	Kunde; *hier:* Gast
tranquilamente	in aller Ruhe
Allí descansaban. *(descansar)*	Dort ruhten sie sich aus. *(sich ausruhen)*
por la acera	auf dem Bürgersteig
Iba y venía mucha gente. *(Imperf. von ir, venir)*	Ständig gingen Menschen vorbei.
Los coches molestan mucho. *(molestar)*	Die Autos stören sehr.
los responsables	die Verantwortlichen
¿Por qué no solucionan este problema? *(solucionar)*	Warum lösen Sie dieses Problem nicht?
fácil	leicht
la solución	Lösung
atentamente	hochachtungsvoll

*Correspondencia

la correspondencia	Korrespondenz
Me gustaría tener correspondencia.	Ich hätte gern einen Briefpartner.
la edad	Alter
clásico	klassisch
el baile	Tanz
la natación	Schwimmen
el pin-pon	Tischtennis
preferir *(prefiero)*	vorziehen
nadar	schwimmen
Prefiero nadar.	Ich ziehe es vor, zu schwimmen.
Un amigo me ha ayudado.	Ein Freund hat mir geholfen.
pues	denn
el inglés	englisch(e Sprache)

Übungen:

coser	nähen
a continuación	anschließend
la sociedad	Gesellschaft
la sociedad de consumo	Konsumgesellschaft
el/la radioyente	Zuhörer/in
la carta radiofónica	Zuhörerbrief
el ama de casa *(fem)*	Hausfrau
protestar	protestieren
contra	gegen
he aquí	hier ist/sind
la carne	Fleisch
cobrar	*hier:* Lohn/Gehalt erhalten
tocar la guitarra	Gitarre spielen
tocar el piano	Klavier spielen
tocar la flauta	Flöte spielen
tocar en una orquesta	in einem Orchester spielen
cantar	singen
esquiar	skifahren
patinar	Schlittschuh laufen
coleccionar	sammeln
jugar al fútbol	Fußball spielen
jugar al golf	Golf Spielen
jugar al tenis	Tennis spielen
jugar al ajedrez	Schach spielen
jugar al hockey sobre hielo	Eishockey spielen

38 Billetes y monedas

el billete	Geldschein
la esposa	Ehefrau
el Banco Español de Crédito	*eines der größten spanischen Geldinstitute*
el dólar	Dollar
el franco	Franc
Haga el favor . . . *(§ 69) (haga: Imperativ von* hacer)	Tun Sie mir den Gefallen und . . .
Haga el favor de firmar aquí.	Unterschreiben Sie bitte hier.
el nombre	Vorname
el apellido	Nachname
¿A cuántos estamos?	Den wievielten haben wir heute?
Estamos a 26 de mayo.	Heute haben wir den 26. Mai.
el documento de identidad	Personalausweis
Lo siento. *(sentir /ie/)*	Es tut mir leid. *(bedauern)*
el pasaporte	Paß
El empleado le devuelve a la señora el pasaporte. *(devolver /ue/)*	Der Angestellte gibt der Dame den Paß zurück.
el ticket	*hier:* Zettel
Le entrega un ticket al señor. *(entregar)*	Er gibt dem Herrn einen Zettel. *(übergeben)*
el cajero	Kassierer
El cajero les entrega el dinero.	Der Kassierer händigt ihnen das Geld aus.
el recibo	Quittung
***¿Las quiere de cincuenta?**	Möchten Sie 50-Peseten-Stücke?

**Schautafel*

el dólar	Dollar
el franco francés	Französischer Franc
la libra (esterlina)	Pfund (Sterling)
el franco suizo/belga	Schweizer/Belgischer Franc
el marco alemán	D-Mark
la lira italiana	italienische Lira
el florín holandés	holländischer Gulden
la corona sueca	schwedische Krone
el chelín austríaco	österreichischer Schilling
el peso mejicano	*mexikanische Währung*
el sol peruano	*peruanische Währung*
el bolívar	*venezolanische Währung*

Diálogos:

olvidar	vergessen
enseñar	zeigen
¿Me lo enseñas?	Zeigst du es mir?
el garaje	Garage

Übungen:

olvidarse de uc	etwas vergessen
el permiso de conducir	Führerschein

39 Deporte y tapas

el deporte	Sport
las tapas	Appetithappen *(z.B. Oliven, Käsewürfel u.ä., die man zu alkoholischen Getränken bekommt)*
Se sientan a una mesa. *(sentarse /ie/)*	Sie setzen sich an einen Tisch.
la atención	Aufmerksamkeit
El camarero no les presta atención.	Der Kellner beachtet sie nicht.
***la "tele"**	Fernsehen
la vuelta a España	Spanienrundfahrt
la última etapa	die letzte Etappe
el líder	Anführer
No sé si va a ganar.	Ich weiß nicht, ob er gewinnen wird.
aficionado a	zugetan
el ciclismo	Radsport
¿Usted es muy aficionado al ciclismo?	Sind Sie ein großer Radsportanhänger?
el fútbol	Fußball
¿Practica algún deporte? *(practicar)*	Üben Sie eine Sportart aus?
Juegan al tenis. *(jugar a §§ 3h, 54)*	Sie spielen Tennis.
el Madrid = el Real Madrid	*eine der bekanntesten spanischen Fußballmannschaften*
la copa	Pokal
¡Caramba!	Donnerwetter!
¡No está mal!	Nicht schlecht!
Os invito. *(invitar)*	Ich lade euch ein.
¡Tráigame una cerveza! *(§ 69) (traer)*	Bringen Sie mir ein Bier!
un vermú	ein Wermut
Prefiero una copita de jerez. *(preferir /ie/)*	Ich möchte lieber ein Glas Sherry. *(vorziehen)*
los jóvenes	junge Leute
el helado	Speiseeis
uno de vainilla	ein Vanilleeis
la horchata	Erdmandelmilch
para él	für ihn
para ella	für sie
la ración	Portion
la almendra	Mandel
la aceituna	Olive
la bebida	Getränk

Bilder:

el equipo	Mannschaft
contra	gegen
el futbolista	Fußballspieler
la camiseta	*hier:* Hemd
el mejillón	Muschel

En el aparcamiento

conmigo	mit mir
contigo	mit dir

Übungen:

el huevo (pasado por agua)	(weichgekochtes) Ei

*40 Una página escogida

una página escogida	eine besondere Seite
guapo	hübsch
sin duda	ohne Zweifel
un buen partido	*hier:* eine gute Partie
cualquiera	jeder (beliebige)
el hombre	Mann
el baile	Tanz
el paseo por la vega	der Spaziergang das Flußufer entlang
el gato	Katze
el cordero asado	Lammbraten
la tortilla francesa	Omelette
la misa mayor	Hochamt
la novela	Roman
Camilo José Cela	*span. Schriftsteller (geb. 1916)*

Übungen:

la sorpresa	Überraschung
horizontales	*hier:* waagerecht
verticales	*hier:* senkrecht
la leche de chufas	Erdmandelmilch

*41 Consultorio

el consultorio	Sprechstunde
la sala de espera	Wartezimmer
el doctor	Doktor
el paciente	Patient
el médico	Arzt
¿Qué le pasa?	Was fehlt Ihnen?
Me encuentro muy cansado. *(encontrarse /ue/)*	Ich fühle mich sehr müde. *(hier: sich fühlen)*
No he podido dormir. *(dormir /ue/)*	Ich habe nicht schlafen können.
El médico lo examina. *(examinar)*	Der Arzt untersucht ihn.
detenidamente	gründlich
Vaya al campo. *(Imp. von ir)*	Fahren Sie aufs Land!
Camine mucho. *(caminar)*	Laufen Sie viel!
Haga ejercicio. *(Imp. von hacer)*	Machen Sie Gymnastik!
Quisiera ir a esquiar.	Ich möchte zum Skifahren.
Tenga cuidado con el frío. *(Imp. von tener)*	Seien Sie vorsichtig mit der Kälte.
el siguiente	der nächste
a la vez	gleichzeitig
Pase usted, señor. *(Imp. von pasar)*	Gehen Sie hinein, mein Herr.
Permítame. *(Imp. von permitir)*	Gestatten Sie!
Siéntese, por favor. *(Imp. von sentarse)*	Bitte setzen Sie sich!
¿Qué le duele? *(doler /ue/)*	Wo tut es Ihnen weh?
el dolor de cabeza	Kopfschmerzen
la nariz	Nase
la boca	Mund
la garganta	Hals
La garganta está hinchada.	Der Hals ist geschwollen.
la fiebre	Fieber
la gripe	Grippe
Me parece que tengo la gripe. *(parecer)*	Ich glaube, ich habe Grippe. *(scheinen)*
la receta	Rezept
la pastilla	Tablette
durante	während
mucho peor	viel schlechter
el estómago	Magen
la frente	Stirn
el cuerpo	Körper

Bild:

el pelo	Haar
el brazo	Arm
la mano	Hand
la rodilla	Knie
la pierna	Bein
el pie	Fuß

Übungen:

la situación	Lage
geográfico	geographisch
la distancia	Entfernung
bajo	*hier:* leise
la consulta	Sprechstunde

42 Andrés está triste

triste	traurig
la caza	Jagd
Carlos Saura	*spanischer Filmregisseur*
la entrada	Eingang
¡Hombre!	Mensch!
Andrés corre a la taquilla. *(correr)*	Andrés rennt zum Schalter.

Corre para salvar su entrada.	Er rennt, um seine Eintrittskarte zu retten.
los muchachos	die Jungen
Ya la han devuelto. *(devolver /ue/)*	Sie haben sie schon zurückgegeben.
la cola	Schlange (beim Anstehen)
Andrés se pone en la cola.	Andrés stellt sich an.
Cuando le toca a él . . .	Wenn er an der Reihe ist. . .
Todo está agotado.	Alles ist ausverkauft.
la taquillera	Kassiererin
la función	Vorstellung
Andrés se pone muy triste. *(ponerse)*	Andrés wird sehr traurig. *(hier: werden)*
a medianoche	um Mitternacht

Übungen:

el festival	Festival
el Festival de Cine latinoamericano	Filmfestival lateinamerikanisch
intelectual *adj*	intellektuell
el gusto	Geschmack
el/la intelectual	der/die Intellektuelle
directo	direkt
la política	Politik
brasileño	brasilianisch
comercial	kommerziell
solamente	nur
a pesar de	trotz
económico	Wirtschafts- . . .
distanciarse	sich distanzieren
el drama	Drama
folklórico	folkloristisch
religioso	religiös
el franquismo	Franco-Zeit
prácticamente	praktisch, eigentlich
la muerte	Tod
la figura	Figur; Persönlichkeit
radical	radikal
el golfo	Straßenjunge
el lobo	Wolf
el folklore	Folklore
original	originell
inteligente	intelligent
la ópera	Oper
el flamenco	Flamenco *(Tanz und Musik)*
el actor	Schauspieler
el bailarín	Tänzer
fácilmente *adv*	leicht
la realidad	Realität, Wirklichkeit
iche! *(Argentina)*	hör(en Sie) mal!
los ingredientes	*Argentina:* Appetithappen *España: Zutaten*
social	sozial
el director de cine	Regisseur
típicamente *adv*	typisch
la dictadura	Diktatur
franquista	Franco- . . .

43 Latinoamérica

en el siglo XVI	im 16. Jahrhundert
conquistar	erorbern
colonizar	erschließen, besiedeln
el continente	Kontinent
la colonia	Kolonie
el territorio	Gebiet
pertenecer a	gehören zu
el Brasil	Brasilien
una colonia portuguesa	eine portugiesische Kolonie

El Ecuador

el Ecuador	Ekuador
se llama así	es heißt so
Está situado en el ecuador.	Es liegt am Äquator.
la superficie	Oberfläche
el kilómetro cuadrado	Quadratkilometer
el indio	Indianer
el mestizo	Mestize *(Mischling zw. Weißen und Indianern)*
alrededor de un 35% de la población	ungefähr 35% der Bevölkerung
el analfabeto	Analphabet
el principal producto	das wichtigste Erzeugnis
el cacao	Kakao
el sombrero	Hut
Se venden sombreros.	Man verkauft Hüte.

Eraclio Pacheco

el Pacífico	Stiller Ozean
hace dos años	vor zwei Jahren
La madre murió hace dos años. *(indef. von morir)*	Die Mutter starb vor zwei Jahren.
Cuando nació el quinto hijo. *(nacer)*	Als das fünfte Kind zur Welt kam. *(geboren werden)*
pobre	arm
el sucre	*ekuadorianische Währung*
Hacen sombreros de paja a mano.	Sie machen von Hand Strohhüte.
el comerciante	Kaufmann
norteamericano	nordamerikanisch
la carretilla	Schubkarren
La paja la ha comprado allí.	Das Stroh hat er dort gekauft.
la carretera	Landstraße
hace media hora	vor einer halben Stunde
¿Los has contado? *(contar /ue/)*	Hast du sie gezählt?

Países y datos

el dato	Angabe
la exportación	Ausfuhr
la moneda	*hier:* Währung
los cereales *(pl)*	Getreide
la carne	Fleisch
el ganado	Vieh
el algodón	Baumwolle
el petróleo	Erdöl
el mineral	Mineral
el cobre	Kupfer
el hierro	Eisenerz
el salitre	Salpeter
el alcohol	Alkohol
la maquinaria *(sing.)*	Maschinen
la plata	Silber
la harina de pescado	Fischmehl
el automóvil	Fahrzeug
el aparato eléctrico	Elektrogerät

El quechua y otros idiomas

sin embargo	trotzdem
bilingüe	zweisprachig
la lengua oficial	Amtssprache

Bildlegenden:

construyeron *(indef. von construir)*	sie bauten
durante la colonia	während der Kolonialzeit
el país exportador	Exportland
el petróleo	Erdöl
actualmente	gegenwärtig
el producto de exportación	Exportprodukt

Übungen:

el autor	Autor
el premio	Preis
el premio Nobel	Nobelpreis
representar	darstellen
la poesía	Poesie
el compromiso	Engagement
el amor	Liebe
el/la representante	Vertreter/in
diplomático	diplomatisch
las memorias	Memoiren
el presidente	Präsident
el dictador	Diktator
imaginario	imaginär
real	wirklich, reell
la leyenda	Legende, Sage
la tradición	Tradition
criticar	kritisieren
la condición	Bedingung
la prosa	Prosa
la cultura	Kultur
el ministro de cultura	Bildungsminister
la escritora	Schriftstellerin
emanciparse	sich emanzipieren
dominar	beherrschen
el talento	Talent
literario	literarisch
el sexo	Geschlecht
la unión	Verbindung
confesar *ie*	bekennen
andino	Anden- . . .
el maestro	Lehrer
el descubridor	Entdecker
el escritor	Schriftsteller

el título	Titel, Überschrift
el recurso	Ausweg; Zuflucht
el método	Methode
el Supremo	*hier:* der Allmächtige
el metal	Metall
el diablo	Teufel
hambriento	hungrig
universal	Welt- . . .
la infamia	Niedertracht
la soledad	Einsamkeit
la oración	Gebet

44 Las flores

No pudo encontrar su coche. *(indef. von poder)*	Er konnte sein Auto nicht finden.
Alguien lo había robado. *(§ 63) (robar)*	Jemand hatte es gestohlen.
Tuvo que ir en metro. *(indef. von tener que)*	Er mußte mit der U-Bahn fahren.
Denunció el robo. *(denunciar)*	Er zeigte den Diebstahl an.
al día siguiente	am folgenden Tag
Tomás se alegró. *(alegrarse)*	Tomás freute sich.
naturalmente	natürlich
dentro de	*hier:* in
magnífico	prächtig
el ramo	Strauß
la rosa	Rose
el teatro	Theater
el ladrón	Dieb
la obra de teatro	Theaterstück
divertido	lustig
vacío	leer
nunca	niemals

Übungen:

la nacionalidad	Staatsangehörigkeit
el nacimiento	Geburt
el estado civil	Familienstand
el domicilio	Adresse
la ocupación	Beschäftigung; Beruf
el modelo	Modell
el sitio	Platz; Ort

45 Extremadura

la Meseta Sur	*südlicher Teil der kastilischen Hochebene*
la mayor parte	der größte Teil
el extremeño	Einwohner Estremaduras
la tierra propia	eigenes Land
el trigo	Weizen
la oliva	Olive
el cerdo	Schwein
la oveja	Schaf
Se produce corcho.	Man verarbeitet Kork.
el pantano	Stausee
regar *(ie)*	bewässern
Como hay poco trabajo . . .	Da es wenig Arbeit gibt . . .

Jorge Rodríguez

Badajoz	*Stadt im Westen Spaniens*
la emigración	Auswanderung
Depende. *(depender de)*	Es kommt darauf an. *(abhängen von)*
la vida	Leben
distinto	anders
la lengua	Sprache
la costumbre	Gewohnheit, Sitte
católico	Katholik, katholisch
Se gana poco.	Man verdient wenig.
en manos de	im Besitz von
La tierra está en manos de unos pocos.	Das Land gehört nur einigen wenigen.
Los que no tenemos tierra propia . . .	Wir, die wir kein eigenes Land besitzen . . .
La emigración continúa. *(continuar)*	Die Auswanderung geht weiter. *(fortfahren)*
trabajador	fleißig
ambicioso	ehrgeizig

Übungen:

el animal	Tier
la falta de	Mangel an
abandonar	verlassen
la agricultura	Landwirtschaft
la ganadería	Viehzucht
la cría	*hier:* Zucht
el bosque	Wald
el conquistador	Eroberer
extremo	extrem
la riqueza	Reichtum
Hernán Cortés	*spanischer Eroberer des Aztekenreiches (1485–1547)*
Francisco Pizarro	*spanischer Eroberer des Inkareiches (1478–1541)*
la campeona	Meisterin *(Sport)*
el atletismo	Leichtatletik
el éxito	Erfolg
el entrenamiento	Training
entrenarse	trainieren
el campeonato	Meisterschaft
batir el récord	den Rekord schlagen
la máquina de coser	Nähmaschine

Schlüssel zu den Übungen

Die Lösungen, die für bestimmte Übungen, z. B. „Briefe", „Nacherzählung", „Zusammenfassung" usw. angegeben werden, sind nur als *Vorschlag* zu betrachten.

1 En la frontera

A

2 B Es un disco.
3 B Es un libro.
4 B Es una carta.
5 B Es una revista.
6 B Es una cámara fotográfica.

B

2 B Hay un libro.
3 B Hay una carta.
4 B Hay una revista.
5 B Hay una cámara fotográfica.

C

2 B Sí, hay un libro.
3 B Sí, hay una carta.
4 B Sí, hay una revista.
5 B Sí, hay una cámara fotográfica.

D

2 A ¿Qué hay en el bolso?
B Una carta.
A ¿Algo más?
B Sí, hay también una revista.
3 A ¿Qué hay en el bolso?
B Una cámara fotográfica.
A ¿Algo más?
B Sí, hay también un libro.
4 A ¿Qué hay en el bolso?
B Un disco.
A ¿Algo más?
B Sí, hay también una carta.

E

2 A ¿Hay un libro?
B No, hay dos libros.
3 A ¿Hay una camisa?
B No, hay dos camisas.
4 A ¿Hay un disco?
B No, hay tres discos.
5 A ¿Hay una revista?
B No, hay dos revistas.
6 A ¿Hay una maleta?
B No, hay dos maletas.
7 A ¿Hay una botella?
B No, hay dos botellas.

F

2 A ¿Qué hay en la maleta?
B Hay tres libros.
3 A ¿Qué hay en el bolso?
B Hay dos botellas.
4 A ¿Qué hay en el bolso?
B Hay cuatro discos.
5 A ¿Qué hay en la maleta?
B Hay tres bolsos.
6 A ¿Qué hay en el bolso?
B Hay cinco cartas.

G

2 B Hay tres.
3 B Hay cuatro.
4 A ¿Cuántas camisas hay en la maleta?
B Hay tres.
5 A ¿Cuántos libros hay en el bolso?
B Hay cuatro.
6 A ¿Cuántas botellas hay en la maleta?
B Hay dos.
7 A ¿Cuántos discos hay en el bolso?
B Hay cuatro.

H

2 A ¿Qué hay en la maleta?
B ¿En qué maleta?
A En la maleta negra.
B En la maleta negra hay cuatro camisas.
3 A ¿Qué hay en la maleta?
B ¿En qué maleta?
A En la maleta blanca.
B En la maleta blanca hay cinco botellas.
4 A ¿Qué hay en la maleta?
B ¿En qué maleta?
A En la maleta blanca.
B En la maleta blanca hay tres libros y dos revistas.

I

3 No, hay uno.
4 No, hay una.
5 Sí, hay uno.
6 No, hay uno.
7 Sí, hay una.

J*

— ¿Qué hay en la maleta?
— Tres o cuatro botellas.
— ¿Cuántas? ¿Tres o cuatro?
— Cinco, señor.

2 ¿Dónde está?

B

2 A Toledo está en España. Y Sevilla, ¿dónde está?
B Sevilla está también en España.
3 A Barcelona está en España. Y Valencia, ¿dónde está?
B Valencia está también en España.
4 A Granada está en España. Y Toledo, ¿dónde está?
B Toledo está también en España.
5 A Málaga está en España. Y Córdoba, ¿dónde está?
B Córdoba está también en España.

E

2 A ¿Caracas está también en /el/ Perú?
B No, Caracas no está en /el/ Perú. Está en Venezuela.
3 A ¿Quito está también en Venezuela?
B No, Quito no está en Venezuela. Está en /el/ Ecuador.
4 A ¿Santiago está también en /el/ Ecuador?
B No, Santiago no está en /el/ Ecuador. Está en Chile.
5 A ¿La Habana está también en Chile?
B No, La Habana no está en Chile. Está en Cuba.
6 A ¿Bogotá está también en Cuba?
B No, Bogotá no está en Cuba. Está en Colombia.

3 España

A

1 Se habla español en España.
2 No, Madrid es la capital de España.
3 La capital está en el centro del país.
4 Barcelona está en el noreste, en la costa.
5 La SEAT es una fábrica de coches.
6 *a* Badajoz está en el oeste.
b Bilbao está en el norte.
c Sevilla está en el sur.
7 Mallorca es una isla.
8 Los Pirineos están en el norte.
9 España limita con Francia y Portugal.
10 España exporta naranjas, vino tinto, jerez y zapatos.

B*

Andorra.
Andorra es un país entre Francia y España. Está en los Pirineos. La capital es Andorra. Aquí se hablan dos lenguas: catalán y español.

C

2 A Hoy voy a Longroño.
B ¿A Longroño? ¿Dónde está?
A Está entre Burgos y Pamplona.
3 A Hoy voy a Ávila.
B ¿A Ávila? ¿Dónde está?
A Está entre Salamanca y Madrid.
4 A Hoy voy a Segovia.
B ¿A Segovia? ¿Dónde está?
A Está entre Valladolid y Madrid.
5 A Hoy voy a Cuenca.
B ¿A Cuenca? ¿Dónde está?
A Está entre Madrid y Valencia.
6 A Hoy voy a Benidorm.
B ¿A Benidorm? ¿Dónde está?
A Está entre Valeincia y Alicante.

D

2 A Hoy voy a Logroño.
B ¿Cómo vas? ¿En autobús?
A No, voy en coche.
3 A Hoy voy a Ávila.
B ¿Cómo vas? ¿En coche?
A No, voy en tren.
4 A Hoy voy a Segovia.
B ¿Cómo vas? ¿En tren?
A No, voy en autobús.
5 A Hoy voy a Cuenca.
B ¿Cómo vas? ¿En autobús?
A No, voy en coche.
6 A Hoy voy a Benidorm.
B ¿Cómo vas? ¿En coche?
A No, voy en tren.

E*

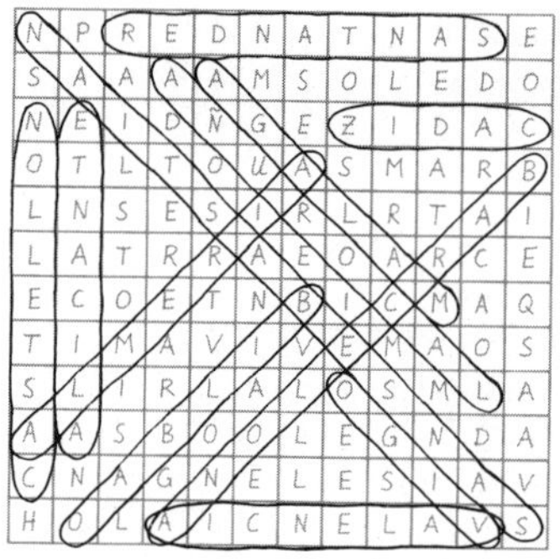

Latinoamérica

B

Esto es Chile. Aquí se habla español. Santiago es la capital de Chile. Está en el centro del país. Antofagasta es una ciudad grande. Está en el norte. Valparaíso está en el oeste. Punta Arenas está en el sur. Chile limita con /el/ Perú, Bolivia y /la/ Argentina.

C

1 Colombia limita con Panamá, Venezuela, / el/ Brasil, / el/ Perú y / el/ Ecuador.
2 /El/ Perú limita con / el/ Ecuador, Colombia, / el/ Brasil, Bolivia y Chile.
3 /La/ Argentina limita con Chile, Bolivia, / el / Paraguay y / el / Uruguay.
4 Bolivia limita con / el/ Perú, / el/ Brasil, / el/ Paraguay, / la/ Argentina y Chile.
5 Guatemala limita con México, El Salvador y Honduras.
6 El Salvador limita con Honduras y Guatemala.
7 Panamá limita con Costa Rica y Colombia.
8 Nicaragua limita con Honduras y Costa Rica.

D

2 A Mañana voy a Buenos Aires.
B ¿A Buenos Aires? ¿Dónde está?
A En Argentina.
B ¿Cómo va usted? ¿En avión?
A No, voy en barco.
3 A Mañana voy a Montevideo.
B ¿A Montevideo? ¿Dónde está?
A En Uruguay.
B ¿Cómo va usted? ¿En barco?
A No, voy en avión.
4 A Mañana voy a Valparaíso.
B ¿A Valparaíso? ¿Dónde está?
A En Chile.
B ¿Cómo va usted? ¿En barco?
A No, voy en avión.
5 A Mañana voy a Barranquilla.
B ¿A Barranquilla? ¿Dónde está?
A En Colombia.
B ¿Cómo va usted? ¿En barco?
A No, voy en avión.

F Hörverstehensübung
1 Nicaragua
2 Sevilla
3 El País Vasco
4 Bogotá
5 Paraguay
6 Alicante

4 En la calle

A
1 Está en la calle de Solana.
2 Lleva también una cámara fotográfica / y un bolso/.
3 Busca el hotel Goya.
4 En la calle de Solana hay una farmacia.
5 Hay un banco.
6 Hay dos bares.
7 En la calle de Cervantes hay dos bares.
8 No, no hay hoteles.
9 En la calle de Solana hay dos autobuses.
10 Hay tres coches.
11 /Hay un hotel/ en la calle de Cervantes.
12 No, no es el hotel Goya. Es el hotel Cervantes.
13 La señorita entra en el hotel Cervantes.

B*
2 En la calle hay un coche.
3 En el coche hay una maleta.
4 En la maleta hay un bolso.
5 En el bolso hay un libro.
6 En el libro hay una carta.

C
2 ¿Un autobús? ¡Tres autobuses!
3 ¿Un señor? ¡Cinco señores!
4 ¿Un hotel? ¡Seis hoteles!
5 ¿Un balcón? ¡Cuatro balcones!
6 ¿Un avión? ¡Dos aviones!
7 ¿Un tren? ¡Seis trenes!
8 ¿Un bar? ¡Cinco bares!

D
2 A ¿Dónde está el bar Colón, por favor?
B ¿El bar Colón? No, sé dónde está, señor. Pregunte a un guardia.
3 A ¿Dónde está el banco de Vizcaya?
B ¿El banco de Vizcaya? No sé dónde está, señora. Pregunte a un guardia.
4 A ¿Dónde está el hotel Madrid?
B ¿El hotel Madrid? No sé dónde está, señorita. Pregunte a un guardia.

E
2 A ¿Dónde está el hotel Cervantes, por favor?
B Está en la calle de Cervantes.
A ¿Está lejos?
B No, está cerca.
A Gracias.
B No hay de qué.
3 A ¿Dónde está el banco de Vizcaya, por favor?
B Está en la calle de Solana.
A ¿Está cerca?
B No, está lejos.
A Gracias.
B No hay de qué.
4 A ¿Dónde está la farmacia Cervantes, por favor?
B Está en la plaza de España.
A ¿Está lejos?
B No, está cerca.
A Gracias.
B No hay de qué.
5 A ¿Dónde está la biblioteca, por favor?
B Está en la calle Goya.
A ¿Está cerca?
B No, está lejos.
A Gracias.
B No hay de qué.

F
1 . . . hay . . .
2 . . . hay . . . Es . . .
3 . . . hay . . .
4 . . . está . . .
5 . . . está . . .
6 . . . está . . .
7 . . . está . . .
8 . . . está . . . . . . hay . . .
9 . . .
10 . . . hay . . .

G
Beispiele:
— Buenas tardes. Por favor . . .
— Buenas tardes, señora.
— Busco un hotel.
— Sí, aquí cerca hay uno, pero es muy caro.
— No, yo busco uno barato.
— Ah, sí. Aquí, en la calle Alcalá, hay uno. Es bueno y no es muy caro.
— ¿Está cerca de aquí?
— Sí, muy cerca. Allí enfrente está.
— Gracias.
— No hay de qué, señora.

* ¿Cuántas paradas?

2 A ¿La calle de Solana, por favor?
B Tome el autobús número cuatro.
A ¿Cuántas paradas hay?
B Tres.
3 A ¿La plaza de Goya, por favor?
B Tome el autobús número cinco.
A ¿Cuántas paradas hay?
B Cuatro.
4 A ¿La calle de Cervantes, por favor?
B Tome el autobús número tres.
A ¿Cuántas paradas hay?
B Dos.
5 A ¿La plaza de Chile, por favor?
B Tome el autobús número seis.
A ¿Cuántas paradas hay?
B Una.

¿Adónde vas?

A
2 B Voy al banco.
3 B Voy a la plaza.
4 B Voy al hotel.
5 B Voy a la calle de Solana.

B
2 A ¡Hola, Pedro! ¿Qué tal?
B Bien, ¿y tú?
A Muy bien, gracias.
B ¿Adónde vas?
A Voy a la biblioteca, ¿y tú?
B Voy al banco. ¡Hasta luego, Juan!
A ¡Hasta luego!
3 A ¡Hola, María! ¿Qué tal?
B Bien, ¿y tú?
A Muy bien, gracias.
B ¿Adónde vas?
A Voy al bar, ¿y tú?
B Voy a la farmacia. ¡Hasta luego, Carlos!
A ¡Hasta luego!
4 A ¡Hola, Antonio! ¿Qué tal?
B Bien, ¿y tú?
A Muy bien, gracias.
B ¿Adónde vas?
A Voy a la plaza, ¿y tú?
B Voy al hotel. ¡Hasta luego, Luisa!
A ¡Hasta luego!
5 A ¡Hola, Ana! ¿Qué tal?
B Bien, ¿y tú?
A Muy bien, gracias.
B ¿Adónde vas?
A Voy a la calle de Cervantes. ¡Hasta luego, Pilar!
A ¡Hasta luego!

C Hörverstehensübung

	Sí	No
1		×
2		×
3	×	
4	×	
5		×
6	×	
7		×

5 En Barcelona

A
1 Es María.
2 Está en la calle.
3 Trabaja en el hotel Goya.
4 Es cocinera. Trabaja en la cocina.
5 Es Carlos.
6 No, trabaja en una fábrica.
7 Es mecánico. Monta coches.
8 Va a la fábrica.
9 No, va en bicicleta.

B*

I	Z	A	R	A	G	O	Z	A	R	R	O
A	C	N	A	M	A	L	A	S	B	A	D
R	L	A	S	U	T	E	R	U	E	L	I
S	E	L	E	N	G	H	R	S	Y	E	L
S	E	I	A	S	E	G	O	V	I	A	O
O	M	V	I	T	O	R	I	A	G	O	D
A	Z	A	I	S	M	A	D	R	I	D	A
E	N	A	L	L	I	A	R	N	E	E	L
R	I	O	M	C	L	R	Q	O	S	L	L
E	C	Y	R	O	D	A	A	E	E	O	A
S	Z	U	L	E	R	B	Ñ	L	S	T	V
T	M	R	A	O	G	A	O	R	T	A	E

C
2 B Busco el libro. ¿Dónde está?
A Está en el bolso.
B No, allí no está.
3 B Busco el disco. ¿Dónde está?
A Está en la maleta.
B No, allí no está.
4 B Busco la camisa. ¿Dónde está?
A Está en la maleta.
B No, allí no está.
5 B Busco la carta. ¿Dónde está?
A Está en el bolso.
B No, allí no está.

D
2 A Mañana voy a Sevilla.
B ¿A Sevilla? ¿Por qué?
A Porque Ana está allí.
B ¿Cómo vas? ¿En avión?
A No, voy en autobús.
3 A Mañana voy a Barcelona.
B ¿A Barcelona? ¿Por qué?
A Porque José está allí.
B ¿Cómo vas? ¿En coche?
A No, voy en tren.
4 A Mañana voy a Madrid.
B ¿A Madrid? ¿Por qué?
A Porque Carmen está allí.
B ¿Cómo vas? ¿En tren?
A No, voy en autobús.
5 A Mañana voy a Burgos.
B ¿A Burgos? ¿Por qué?
A Porque María está allí.
B ¿Cómo vas? ¿En coche?
A No, voy en avión.

E
1 . . . hay . . .
2 . . . es . . .
3 . . . está . . .
4 . . . está . . . . . . es . . .
5 . . . es
6 . . . es . . . . . . está . . .
7 . . . hay . . .

F
1 ¿Qué es?
2 ¿Quién es?
3 ¿Dónde está María?
4 ¿Cuántas maletas lleva?
5 ¿Cuántos bolsos lleva?
6 ¿Adónde va?
7 ¿Cómo va?
8 ¿Por qué va allí?

G
Beispiele:
1 Sí, trabajo aquí, en el hotel Goya.
2 Trabajo en la cocina.
3 Sí, trabajo mucho.
4 No. Trabajo mucho, pero gano poco.
5 No, Carlos trabaja en la SEAT.
6 Va en bicicleta.
7 Porque mi familia está allí.
8 Adiós . . .

H
a María es una chica. Trabaja en el hotel Goya que está en Barcelona. Trabaja en la cocina. Es cocinera. Trabaja mucho, pero gana poco. Va a París a trabajar en un restaurante. Va a París porque su familia está allí. Ahora va a casa de Mari Carmen.

b Carlos es un chico. Es mecánico. Trabaja en la fábrica SEAT que está en Barcelona. Monta coches en la fábrica. Trabaja mucho, pero gana poco. Hoy va en bicicleta a la fábrica.

6 Postales y sellos

A

1 A Déme una postal, por favor.
B ¿Qué postal desea usted?
A Déme un cuadro de Velázquez.
B ¡Tenga!
A ¿Cuánto cuesta?
B Quince pesetas, señor (señora . . .).
A ¡Tenga veinte!
B Y la vuelta: cinco pesetas.
A Gracias.
B Adiós, señor . . .

2 A Déme una postal, por favor.
B ¿Qué postal desea usted?
A Déme una foto de la catedral de Burgos.
B ¡Tenga!
A ¿Cuánto cuesta?
B Trece pesetas, señor . . .
A ¡Tenga veinte!
B Y la vuelta: siete pesetas.
A Gracias.
B Adiós, señor . . .

3 A Déme una postal, por favor.
B ¿Qué postal desea usted?
A Déme un cuadro de Goya.
B ¡Tenga!
A ¿Cuánto cuesta?
B Ocho pesetas, señor . . .
A ¡Tenga diez!
B Y la vuelta: dos pesetas.
A Gracias.
B Adiós, señor . . .

4 A Déme una postal, por favor.
B ¿Qué postal desea usted?
A Déme una foto de "EL Cordobés".
B ¡Tenga!
A ¿Cuánto cuesta?
B Once pesetas, señor . . .
A ¡Tenga quince!
B Y la vuelta: cuatro pesetas.
A Gracias.
B Adiós, señor . . .

5 A Déme una postal, por favor.
B ¿Qué postal desea usted?
A Déme una postal de Toledo.
B ¡Tenga!
A ¿Cuánto cuesta?
B Doce pesetas, señor . . .
A ¡Tenga veinte!
B Y la vuelta: ocho pesetas.
A Gracias.
B Adiós, señor . . .

6 A Déme una postal, por favor.
B ¿Qué postal desea usted?
A Déme una foto de Juan Carlos.
B ¡Tenga!
A ¿Cuánto cuesta?
B Nueve pesetas, señor . . .
A ¡Tenga veinte!
B Y la vuelta: once pesetas.
A Gracias.
B Adiós, señor . . .

B

1 A Déme dos sellos de siete pesetas, por favor.
B Tenga, son catorce pesetas.
A Tenga veinte.
B Y la vuelta: seis pesetas.
A Gracias. Adiós.

2 A Déme tres sellos de seis pesetas, por favor.
B Tenga, son dieciocho pesetas.
A Tenga veinte.
B Y la vuelta: dos pesetas.
A Gracias. Adiós.

3 A Déme dos sellos de nueve pesetas, por favor.
B Tenga, son dieciocho pesetas.
A Tenga veinte.
B Y la vuelta: dos pesetas.
A Gracias. Adiós.

4 A Déme dos sellos de ocho pesetas, por favor.
B Tenga, son dieciséis pesetas.
A Tenga veinte.
B Y la vuelta: cuatro pesetas.
A Gracias: Adiós.

C*

SOLBIR — LI[B][R]OS
AÑAPES — [E]SPAÑA
BOSCAR — BARC[O]S
Lösung: EBRO (río español)

TAPSOL — [P]O[S]TAL
CHISCA — CH[I]CAS
APADAR — PA[R]AD[A]
Lösung: PARIS (capital europea)

NOCICA — COC[I][N][A]
MURENO — [N][U]MERO
RECTON — [C][E][N]TRO
LESLOS — [S]ELL[O]S
Lösung: ASUNCION (capital sudamericana)

ASPETES — [P]ESET[A]S
BAJATAR — [T][R]ABAJA
GALURRE — RE[G][U][L]AR
TUSUBAO — AUT[O]B[U]S
Lösung: PORTUGAL (país europeo)

LAMETA — MAL[E][T][A]
CISCHO — CHI[C][O]S
NODEDA — AD[O][N]DE
Lösung: OCEANO (mar)

D Hörverstehensübung

	Sí	No
1		×
2	×	
3		×
4	×	
5	×	

7 En casa de Mari Carmen

A

1 Están en casa de Mari Carmen, en la cocina.
2 En la cocina hay una mesa y tres sillas. También hay tres camisas y dos botellas.
3 Hay dos tazas, una revista y un libro en la mesa.
4 Toman café.
5 Entran los padres de Mari Carmen.
6 Trabaja en una empresa.
7 Exporta maletas y bolsos.
8 No, trabaja en casa.
9 Porque es domingo.

B

1 . . . vas . . .
2 . . . voy . . .
3 . . . vas . . .
4 . . . voy . . . . . . vamos . . .
7 Vais – Va
8 . . . vamos . . .
10 . . . vamos . . .

C

2 A ¿Adónde van ustedes?
B Vamos al banco de la calle de Solana.
A ¿En la calle de Solana hay un banco?
B Sí, es nuevo.
3 A ¿Adónde van ustedes?
B Vamos a la farmacia de la calle de Cervantes.
A ¿En la calle de Cervantes hay una farmacia?
B Sí, es nueva.
4 A ¿Adónde van ustedes?
B Vamos a la biblioteca de la plaza de Colón.
A ¿En la plaza de Colón hay una biblioteca?
B Sí, es nueva.
5 A ¿Adónde van ustedes?
B Vamos al cine de la calle de Goya.
A En la calle de Goya hay un cine?
B Sí, es nuevo.
6 A ¿Adónde van ustedes?
B Vamos a la iglesia de la calle de Ribera.
A ¿En la calle de Ribera hay una iglesia?
B Sí, es nueva.

D

1 Las chicas están en la cocina.
2 Allí hay una mesa. Allí hay también tres sillas.
3 En la mesa hay un bolso.
4 ¿También un libro? El libro está en el bolso.
5 En el bolso hay también dos discos.

Mari Carmen busca trabajo

A

1 Trabajan seis en el hotel, tres chicas, dos chicos y el jefe.
2 Es simpático, pero es muy exigente.
3 Trabaja ocho horas al día.
4 Trabaja cinco horas por la mañana.
5 Trabaja tres horas por la tarde.
6 No, hoy no trabaja por la tarde.
7 Luis es portero y trabaja en la recepción.
8 Es muy simpático.
9 Trabaja en el bar.
10 Está muy lejos y no pagan mucho.

B

2 B Por la mañana trabaja de nueve a doce y por la tarde de tres a siete.
3 B Por la mañana trabaja de ocho a once, y por la tarde de seis a nueve.
4 B Por la mañana trabaja de nueve a dos y por la tarde de tres a seis.

C

b A ¿Cuántas horas trabajáis al día?
B Ocho. Por la mañana trabajamos cuatro horas y por la tarde cuatro.
c B Nueve. Por la mañana trabajamos tres horas y por la tarde seis.
d B Seis. Por la mañana trabajamos una hora y por la tarde cinco.

D

. . . trabajáis . . .
. . . trabajamos . . .
, . . . trabajas . . .
. . . trabaja . . .
Trabajo . . .
. . . trabajan . . .
, . . . trabajan . . .
. . . trabaja . . .

E

1 ¿Dónde trabajas / trabaja usted?
3 ¿Y trabajas / trabaja usted mucho?
5 ¿Trabajas / Trabaja usted hoy?
7 ¿Es exigente el jefe?
9 ¿Cuántas horas trabajas / trabaja usted? (¿Trabaja usted mucho?)
11 Y Luis, ¿también trabaja en la empresa que exporta maletas y bolsos?
13 ¿Dónde está el hotel?
15 ¿Qué es Luis?
17 En el hotel buscan chicas, ¿no?
19 ¿Pagan bien?

8 En las Ramblas

A

b A ¿Tienes dinero?
B Sí, tengo treinta pesetas.
A ¿Es verdad que no tienes más?
A Ah, sí. Aquí tengo veinticuatro pesetas más.
c A ¿Tienes dinero?
B Sí, tengo cuarenta pesetas.
A ¿Es verdad que no tienes más?
B Ah, sí. Aquí tengo veinticinco pesetas más.
d A ¿Tienes dinero?
B Sí, tengo cincuenta pesetas.
A ¿Es verdad que no tienes más?
B Ah, sí. Aquí tengo veinticinco pesetas más.
e A ¿Tienes dinero?
B Sí, tengo sesenta pesetas.
A ¿Es verdad que no tienes más?
B Ah, sí. Aquí tengo veintisiete pesetas más.
f A ¿Tienes dinero?
B Sí, tengo setenta pesetas.
A ¿Es verdad que no tienes más?
B Ah, sí. Aquí tengo veintiocho pesetas más.
g A ¿Tienes dinero?
B Sí, tengo ochenta pesetas.
A ¿Es verdad que no tienes más?
B Ah, sí. Aquí tengo veintinueve pesetas más.

B*

b A Déme tres números, por favor.
B Son quince pesetas.

c A Déme cuatro números, por favor.
B Son veinte pesetas.
d A Déme cinco números, por favor.
B Son veinticinco pesetas.
e A Déme seis números, por favor.
B Son treinta pesetas.
f A Déme siete números, por favor.
B Son treinta y cinco pesetas.
g A Déme nueve números, por favor.
B Son cuarenta y cinco pesetas.

C
b A A ver si adivinas cuántos años tiene mi padre . . .
B No sé . . . ¿sesenta?
A Más . . .
B ¿Setenta?
A Menos . . .
B ¿Sesenta y cinco?
A Eso es, sesenta y cinco.
c A A ver si adivinas cuántos años tiene mi padre . . .
B No sé . . . ¿ochenta?
A Más . . .
B ¿Noventa?
A Menos . . .
B ¿Ochenta y cinco?
A Eso es, ochenta y cinco.
d A A ver si adivinas cuántos años tiene mi padre . . .
B No sé . . . ¿setenta?
A Más . . .
B ¿Ochenta?
A Menos . . .
B ¿Setenta y cinco?
A Eso es, setenta y cinco.
e A A ver si adivinas cuántos años tiene mi padre . . .
B No sé . . . ¿cincuenta?
A Más . . .
B ¿Sesenta?
A Menos . . .
B ¿Cincuenta y cinco?
A Eso es, cincuenta y cinco.

D*
2 A ¿Cuánto gana Juan?
B Con las pagas gana sesenta y siete mil pesetas al mes.
3 A ¿Cuánto ganas (tú)?
B Con las pagas gano veinticinco mil pesetas al mes.
4 A ¿Cuánto ganáis (Juan y tú)?
B Con las pagas ganamos noventa y dos mil pesetas al mes.

E
1 A . . . tiene . . .
B . . . tengo . . .
A —
B Tenga . . .
2 A . . . tienes . . .
B . . . tengo.
A . . . tienes . . .
B . . . tengo . . . . . . tiene . . .
3 A —
B . . . tengo . . . . . . tiene.
. . . tienes?
C Tengo . . .
B —
A Tenga . . .

F
2 Ya no, Ahora cuesta treinta y dos pesetas.
3 Ya no. Ahora cuesta doce pesetas.
4 Ya no. Ahora cuesta catorce pesetas.
5 Ya no. Ahora cuesta treinta y cinco pesetas.
6 Ya no. Ahora cuesta veinticinco pesetas.

9 En la calle de la Cruz

A
1 Está en el centro de Madrid.
2 Es de la señora Valera.
3 /Delante del estanco/ hay un buzón.
4 /A la derecha del estanco/ hay un bar.
5 Hay una tienda de bolsos y maletas.
6 Hay un coche negro.
7 Trabaja en la farmacia.
8 /La moto/ es de Paco.
9 Está en el bar.

B
2 A ¿Dónde está el bar?
B Está a la derecha del estanco.
3 A ¿Dónde está la tienda de bolsos y maletas?
B Está a la izquierda de la farmacia.
4 A ¿Dónde está el coche?
B Está delante de la farmacia.
5 A ¿Dónde está la moto?
B Está delante del bar.

C
2 A ¿De quién es el coche?
B Es del señor Sotelo.
3 A ¿De quién es la maleta?
B Es de las chicas.
4 A ¿De quién son los sellos?
B Son de Pedro.
5 A ¿De quién es la cámara fotográfica?
B Es de los chicos.
6 A ¿De quién son las naranjas?
B Son de Carmen.

D

1	de la — de	5	del — de la
2	de la	6	de — del
3	del	7	de la — de
4	del — del		

El estanco

A
1 Desea comprar cigarrillos.
2 Hay cigarrillos, pipas y cajas de cerillas.
3 Están a la derecha.
4 /A la izquierda/ hay sellos, postales y también bolígrafos.
5 Desea un paquete de 46.
6 Compra un paquete de Ducados.
7 No, no son caros.
8 Cuestan 12 pesetas.
9 /El bolígrafo grande/ está al lado de las postales.
10 Cuesta 32 pesetas.

B*
2 A Buenos días señora, ¿qué desea?
B Déme un paquete de 46, por favor.
A Muy bien, ¿algo más?
B Sí, necesito también una caja de cerillas.
3 A Buenos días, señorita, ¿qué desea?
B Déme una postal, por favor.
A Muy bien, ¿algo más?
B Sí, necesito también un sello.
4 A Buenos días, señor, ¿qué desea?
B Déme un paquete de Ducados, por favor.
A Muy bien, ¿algo más?
B Sí, necesito también un sello.
5 A Buenos días, señora, ¿qué desea?
B Déme dos postales, por favor.
A Muy bien, ¿algo más?
B Sí, necesito también un bolígrafo.

C
3 A ¿De quién son los periódicos?
B ¿Éstos?
A Sí.
B Son del señor Sotelo.
4 A ¿De quién es la pipa?
B ¿Ésta?
A Sí.
B Es de Juan.
5 A ¿De quién son las cerillas?
B ¿Éstas?
A Sí.
B Son del padre de José.
6 A ¿De quién son los cigarrillos?
B ¿Éstos?
A Sí.
B Son del señor Valera.
7 A ¿De quién es el bolígrafo?
B ¿Éste?
A Sí.
B Es de Carlos.
8 A ¿De quién son los libros?
B ¿Éstos?
A Sí.
B Son de la madre de Mari Carmen.

D
3 esos
4 Éstos
6 Esta
7 allí
8 aquella
9 aquellos
12 esta
13 ésas
14 aquí
15 ahí
16 Estas
17 ésas

E
1 En — de
2 Al — del — a — de
3 en
4 Delante (A la izquierda — A la derecha)
5 A — de
6 al — en — de
7 en (al) — del

F
1 La maleta de la señora Sotelo está en la mesa.
2 La maleta del señor Sotelo está en una silla.
3 Al lado de la mesa está la maleta de los chicos.
4 Hay una camisa blanca en la mesa.
5 —¿De quién es esta camisa?
6 —¿Ésta?
7 —Sí.
8 —Es la camisa de Paco.

10 El bar Granada

A
1 /El bar Granada/ es pequeño.
2 Hay seis mesas.
3 /La barra/ es muy larga.
4 /En el centro de la barra/ hay una lámpara.
5 /La cafetera/ está a la derecha.
6 Hay tres taburetes.
7 Están delante de la barra.
8 Son muy altos.
9 Está delante de la barra.
10 Fuma un cigarillo.
11 Está en la barra.
12 Hay un vaso grande y tres tazas pequeñas.
13 Está detrás de la barra.
14 Escucha la radio.
15 Hay muchas botellas.
16 Una de las chicas es morena y la otra es rubia.
El chico es moreno.
17 Trabajan en una oficina cerca del bar.
18 No, no trabaja allí. Estudia en el Instituto Lorca.
19 Está en otra mesa.
20 No, no trabaja en el bar. Trabaja en el banco de Santander.
21 Porque siempre desayuna en este bar.
22 No, fuma pipa.
23 No, tiene un periódico.
24 Una señora / entra en el bar/.
25 Está a la izquierda de la barra.

B*

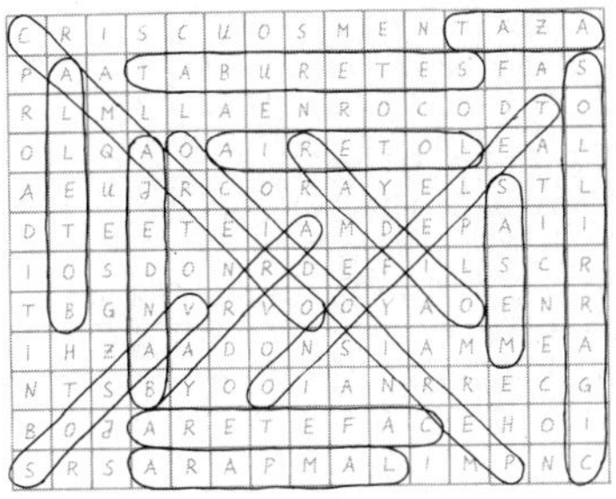

C
3 A ¿Hay ahí dos bolsos grandes?
B Sí, hay dos, pero son pequeños.
4 A ¿Hay ahí un taburete negro?
B Sí, hay uno, pero es blanco.
5 A ¿Hay ahí dos chicas rubias?
B Sí, hay dos, pero son morenas.
6 A ¿Hay ahí una maleta barata?
B Sí, hay una, pero es cara.
7 A ¿Hay ahí seis tazas pequeñas?
B Sí, hay seis, pero son grandes.

D
1 El — pequeño
2 blancas — una — larga
3 la — altos
4 el — la — una — grande
5 la — un — grande — pequeñas
6 el — la — la
7 una — un
8 Una — las — morena — la — rubia
9 El — moreno
10 El — un — español
11 una — la — la — la

F
2 A ¿Desea tomar algo?
B Sí, un café.
A ¿Un expreso?
B No, el expreso no me gusta. Déme un cortado, por favor.
A Desea algo más?
B Sí, unos churros, por favor.
A En seguida, señor.
3 A ¿Desea tomar algo?
B Sí, un refresco.
A ¿Una coca-cola?
B No, la coca-cola no me gusta. Déme una limonada, por favor.
A ¿Desea algo más?
B Sí, un bocadillo de jamón, por favor.
A En seguida, señor.
4 A ¿Desea tomar algo?
B Sí, un café.
A ¿Un café con leche?
B No, el café con leche no me gusta.
Déme un expreso, por favor.
A ¿Desea algo más?
B Sí, un bocadillo de queso, por favor.
A En seguida, señor.

G
1 ¿Es grande el bar Granada?
2 ¿Hay muchas mesas en el bar?
3 ¿Cómo es la barra?
4 ¿Dónde está la cafetera?
5 ¿Qué hace el camarero que está delante de la barra?
6 ¿Qué hay encima de la radio?
7 ¿Qué hace el chico que está (con la chica) en una mesa? (¿Dónde estudia el chico?)
8 ¿Estudian también las chicas en el Instituto Lorca?
9 ¿Por qué está en el bar el señor que lee el periódico?
10 ¿También fuma un cigarrillo?
11 ¿Qué hace la señora que entra en el bar?
12 ¿Dónde está la lista de precios?

El desayuno

A
1 Toman café con leche y pan con mermelada.
2 Toma una taza de chocolate con churros.
3 No, no desayuna nunca en casa.
4 Sí, desayunan casi siempre en el bar.
5 Porque es barato y práctico.

B
2 B En avión. No voy nunca en barco.
3 B En autobús. No va nunca en tren.
4 B En coche. No vamos nunca en autobús.
5 B A pie. No van nunca en coche.
6 B En tren. No vamos nunca en barco.

C
2 A ¿Qué desayunas? ¿Té?
B No, el té no me gusta. Me gusta más el chocolate.
3 A ¿Qué desayunas? ¿Chocolate?
B No, el chocolate no me gusta. Me gusta más el café con leche.
4 A ¿Qué desayunas? ¿Café con leche?
B No, el café con leche no me gusta.
Me gusta más el cortado.
5 A ¿Qué desayunas? ¿Cortado?
B No, el cortado no me gusta. Me gusta más el expreso.
6 A ¿Qué desayunas? ¿Jamón?
B No, el jamón no me gusta. Me gusta más el queso.

D
1 están – toman
2 tienen – Desean
3 está
4 Desayunáis – pregunta
5 desayunamos – es
6 tomáis
7 dice – tomas
8 desayuno – tomamos – (nos) gusta
9 desayuno – desayunamos

Empiezo a las nueve

A
2 A ¿A qué hora empieza el camarero hoy?
B A las seis.
A ¿Y mañana?
B Mañana empieza a las doce.
3 A ¿A qué hora empieza el barman hoy?
B A las cuatro.
A ¿Y mañana?
B Mañana empieza a la una.
4 A ¿A qué hora empieza la cocinera hoy?
B A las diez.
A ¿Y mañana?
B Mañana empieza a las once.

B
3 A Jaime, ¿a qué hora empiezas hoy?
B A las nueve y media.
A ¿Y mañana?
B Mañana empiezo a las once y media.
4 A María, ¿a qué hora empiezas hoy?
B A las seis y media.
A ¿Y mañana?
B Mañana empiezo a la una y media.
5 A Señoras, ¿a qué hora empiezan ustedes hoy?
B A las siete menos cuarto.
A ¿Y mañana?
B Mañana empezamos a las diez y cuarto.
6 A Señoritas, ¿a qué hora empiezan ustedes hoy?
B A las diez menos cuarto.
A ¿Y mañana?
B Mañana empezamos a la una y media.

C
2 A ¿A qué hora cierra el estanco?
B A las siete y media de la tarde.
3 A ¿A qué hora cierra el restaurante?
B A las once de la noche.
4 A ¿A qué hora cierra la oficina?
B A la una y cuarto de la tarde.
5 A ¿A qué hora cierra el bar?
B A las dos y media de la mañana.
6 A ¿A qué hora cierra la farmacia?
B A las nueve menos cuarto de la noche.
7 A ¿A qué hora cierra la biblioteca?
B A las once de la mañana.
8 A ¿A qué hora cierra la tienda?
B A las diez y media de la mañana.
9 A ¿A qué hora cierra la fábrica?
B A las cinco y media de la tarde.

D
1 está
2 la
3 la
4 tienda
5 sellos (tabaco, cigarrillos)
6 desea
7 hay
8 siempre
9 un
10 cigarrillos
11 va
12 las
13 Trabaja
14 mañana
15 tarde

11 Un jersey azul

A
2 Empezamos siempre (a trabajar) a las dos.
3 Encuentro siempre a Mari Carmen en el bar.
4 Mari Carmen siempre almuerza en el bar.
5 El banco cierra siempre a la una.
6 Un jersey bonito siempre cuesta mucho.

B
2 A Luisa, ¿dónde almuerzas hoy? ¿En la oficina?
B No, hoy almuerzo en casa.
3 A Luis y Pedro, ¿dónde almorzáis hoy? ¿En el bar?
B No, hoy almorzamos en la fábrica.
4 A Señora Gómez, ¿dónde almuerza (usted) hoy? ¿En casa?
B No, hoy almuerzo en el restaurante.
5 A Señora Molina, ¿dónde almuerzan (ustedes) hoy? ¿En la estación?
B No, hoy almorzamos en el tren.

D*
El bar Goya está enfrente del nuevo cine en la calle de Solana. Es un bar grande con una barra a muy larga y mesas en la calle. En la barra hay diez personas. Desayunan. Toman churros con chocolate o café o té con tostadas.

E
2 A ¿Te gusta la blusa azul?
B Sí, y no es muy cara. Cuesta trescientas pesetas.
3 A ¿Te gusta el jersey rojo?
B Sí, y no es muy caro. Cuesta seiscientas pesetas.
4 A ¿Te gusta la falda amarilla?
B Sí, y no es muy cara. Cuesta setecientas pesetas.
5 A ¿Te gusta el jersey negro?
B Sí, y no es muy caro.
A Cuesta quinientas pesetas.

F
2 A ¿Cuánto cuesta la falda blanca?
B Quinientas cincuenta pesetas.
A ¿Y la falda azul?
B Cuatrocientas setenta pesetas.
3 A ¿Cuánto cuesta la blusa roja?
B Ciento setenta pesetas.
A ¿Y la blusa amarilla?
B Ciento noventa pesetas.
4 A ¿Cuánto cuesta la camisa blanca?
B Trescientas treinta pesetas.
A ¿Y la camisa roja?
B Quinientas veinte pesetas.

G
1 ... trabajan ...
2 ... desayunan ...
3 Toman ...
4 ... empiezan ...
5 ... cierra ...
6 ... almuerzan ...
7 ... almuerzan ...
8 Empiezan ...
9 ... van ..., van ...
10 ... van ...
11 ... encuentran ...
12 Entran ...

H
1 ¿Dónde trabajáis? – Trabajamos en una farmacia.
2 ¿Dónde desayunáis? – Desayunamos en casa.
3 ¿Qué tomáis? – Tomamos café con leche y un bocadillo.
4 ¿A qué hora empezáis el trabajo? – Empezamos el trabajo a las ocho y media.
5 ¿A qué hora cierra la farmacia? – Cierra a las dos de la tarde.
6 ¿Dónde almorzáis? – Almorzamos casi siempre en el bar.
7 ¿Dónde almorzáis los domingos? – Los domingos almorzamos en casa.
8 ¿A qué hora empezáis el trabajo otra vez? – Empezamos otra vez a las cuatro.
9 ¿Cómo vais? – Vamos a pie.
10 ¿Adónde vais ahora? – Ahora vamos a la farmacia.

I
2 A Buenos días. ¿Qué desea usted?
B Necesito una falda.
A ¿De qué color?
B De color amarillo.
A Aquí tengo una falda muy bonita.
B ¿Y cuánto cuesta esta falda?
A Cuesta cuatro mil ciento cincuenta pesetas, señora.
3 A Buenos días. ¿Qué desea usted?
B Necesito una blusa.
A ¿De qué color?
B De color blanco.
A Aquí tengo una blusa muy bonita.
B ¿Y cuánto cuesta esta blusa?
A Cuesta mil novecientas cincuenta pesetas, señora.
4 A Buenos días. ¿Qué desea usted?
B Necesito un abrigo.
A ¿De qué color?
B De color negro.
A Aquí tengo un abrigo muy bonito.
B ¿Y cuánto cuesta este abrigo?
A Cuesta catorce mil pesetas, señora.
5 A Buenos días. ¿Qué desea usted?
B Necesito unos zapatos.
A ¿De qué color?
B De color azul.
A Aquí tengo unos zapatos muy bonitos.
B ¿Y cuánto cuestan estos zapatos?
A Cuestan cuatro mil cuatrocientas pesetas, señora.

6 A Buenos días. ¿Qué desea usted?
B Necesito un jersey.
A ¿De qué color?
B De color blanco.
A Aquí tengo un jersey muy bonito.
B ¿Y cuánto cuesta este jersey?
A Cuesta seis mil ciento cincuenta pesetas, señora.

J

1 Tengo dieciséis años.
2 Trabajo en una tienda nueva en la calle de Solana.
3 Empiezo a las nueve.
4 No desayuno nunca en casa.
5 A las ocho y media tomo /un/ café en un bar.
6 A la una cierra la tienda y voy a casa en autobús.

12 Una llamada telefónica

A

1 Está en un bar.
2 Está allí con un amigo.
3 Desea llamar a casa.
4 Está encima de la barra.
5 La criada Felisa contesta.
6 Sí, está en casa.
7 No, almuerza en un bar hoy.
8 No, está cerca de la Casa Barata.
9 Hay rebajas en la Casa Barata esta semana.
10 Necesitan calcetines.

C*

E	S	V	U	N	A	L	E	I	O	A	S
P	U	Q	E	A	M	J	I	G	S	L	T
E	A	L	A	S	A	S	I	E	M	E	U
N	S	N	E	R	T	R	N	R	E	O	J
O	A	S	T	E	B	I	P	A	N	T	N
O	T	A	L	A	T	A	D	C	N	A	U
C	E	S	Ñ	E	L	A	A	O	Y	R	B
O	U	U	C	E	S	O	V	E	M	D	R
B	Q	L	E	I	R	S	N	H	A	O	N
R	A	B	M	L	Y	T	I	E	C	S	A
C	H	A	A	D	L	A	F	Y	S	O	L
A	C	N	U	S	E	O	R	N	E	G	B

13 Viajantes

A mediodía

A

1 Es viajante.
2 Tiene treinta y tres años.
3 Trabaja para una empresa textil de Barcelona.
4 Vende ropa.
5 Porque vende ropa a tiendas y almacenes en el sur de España.
6 Hoy está en Santa Fe.
7 Es un pueblo cerca de Granada.
8 Pasea por la calle Isabel la Católica.
9 Lleva un traje negro.
10 Desea comer y beber algo.
11 Porque tiene sed.
12 Porque tiene hambre.
13 Comen un bocadillo.
14 Lee La Vanguardia.
15 Es Juan Moliner.
16 Tiene treinte y cinco años.
17 Es de Barcelona.
18 Vende ropa también.
19 No, trabaja para otra empresa.

B

. . . están . . .
¿ . . . estáis . . . ?
. . . estamos . . . .
Estamos . . . .
¿ . . . están . . . ?
. . . están . . . .
¿ . . . estás . . . ?
Estoy . . . .

C

Vorschlag:

2 A Ahora voy al cine, ¿y la señora?
B Ella va a la farmacia.
3 A Ahora voy al banco, ¿y el señor?
B Él va al bar Solana.
4 A Ahora voy a la biblioteca, ¿y usted?
B Yo voy al banco.
5 A Ahora voy a la farmacia, ¿y vosotros?
B Nosotros vamos al bar Toledo.
6 A Ahora voy al bar, ¿y los chicos?
B Ellos van a la calle de Cervantes.
7 A Ahora voy a la plaza de España, ¿y ustedes?
B Nosotros vamos al hotel Cervantes.

D

Juan Moliner es viajante. Es de Barcelona. Tiene treinta y cinco años y vende ropa a tiendas y almacenes en el sur de España.
Es un buen amigo del señor Martí. Hoy está en Santa Fe. La señora Moliner está también allí, pero los niños están con los abuelos en Barcelona. El señor y la señora Moliner están en el Gran Hotel Santa Fe. Comen en un restaurante cerca del hotel. Es bueno y no es muy caro.

E

2 B Déme una coca-cola, por favor.
3 B Déme un café con leche, por favor.
4 B Déme un bocadillo de queso, por favor.
5 B Déme una naranjada, por favor.

Por la tarde

A

1 Está en Santa Fé.
2 No, (ella) está en Barcelona.
3 Porque desea llamar a Barcelona. (Porque el indicador de Barcelona es el número 93.)
4 No, ha llamado desde una cabina telefónica.
5 No, ha almorzado con un antiguo compañero.
6 Porque ya no trabaja en la misma empresa que Ramón.
7 No, todavía no ha comprado nada.
8 Porque ya no tiene monedas.

B

2 he tomado
3 he almorzado
4 hemos llamado
5 he hablado
6 Han estado
7 han buscado

C

2 Hoy es el cumpleaños de Carmen. ¿Has comprado algo para ella?
3 Hoy es el cumpleaños del tío. ¿Has comprado algo para él?
4 Hoy es el cumpleaños de Ramón y Pedro. ¿Has comprado algo para ellos?
5 Hoy es el cumpleaños de las niñas. ¿Has comprado algo para ellas?
6 Hoy es el cumpleaños de la señora Moliner. ¿Has comprado algo para ella?

D

Beispiele:

1 ¡Camarero, por favor!
2 Una botella de cerveza, por favor.
3 Sí, un bocadillo de jamón, por favor.
4 ¿Dónde hay por aquí un teléfono?
5 Sí, aquí tengo un duro. Muchas gracias.

E

2 A ¿Qué ha tomado usted?
B Un bocadillo de tortilla y una coca-cola.
A Son . . . treinta y cinco pesetas.
B Aquí tiene cincuenta.
A Y la vuelta: quince pesetas, señor.
3 A ¿Qué ha tomado usted?
B Un té con limón.
A Son . . . quince pesetas.
B Aquí tiene cien.
A Y la vuelta: ochenta y cinco pesetas, señor.
4 A ¿Qué ha tomado usted?
B Un café con leche y un bocadillo de queso.
A Son . . . treinta y dos pesetas.
B Aquí tiene quinientas.
A Y la vuelta: cuatrocientas setenta y ocho pesetas, señor.
5 A ¿Qué ha tomado usted?
B Pan (tostado) con mantequilla y mermelada y un café cortado.
A Son . . . treinta y una pesetas.
B Aquí tiene mil.
A Y la vuelta: novecientas sesenta y nueve pesetas, señor.

F

Beispiele:

1 B Estoy en el hotel Colón.
2 B Está en la plaza de Castilla.
3 B Pago ciento ochenta pesetas.
4 B Sí, como en el hotel.
5 B Sí, me gusta.
6 B Porque está cerca del centro y el restaurante es muy bueno.
1 B Estoy en la pensión Victoria.
2 B Está en la calle San José 18.
3 B Pago doscientas setenta y cinco pesetas.
4 B Sí, como en la pensión.
5 B No, no me gusta.
6 B Porque es muy cara y está lejos del centro.

G Hörverstehensübung

1 Estamos en un bar.
2 El señor tiene sed.
3 Toma una naranjada.
4 Paga 50 pesetas.
5 Tiene hambre.
6 Toma un bocadillo de jamón.
7 Paga 90 pesetas.

14 Hacer la compra . . .

Algo diferente

A

1 Viven en un edificio moderno en el centro de Madrid.
2 Sí, tienen dos hijas, Luisa y Emilia.
3 No, hoy están en Valencia.
4 Van a volver hoy por la tarde.
5 Luisa y Emilia van a preparar la comida.
6 Hacen casi siempre bistec con patatas fritas.
7 Hoy van a preparar una paella.
8 No, pero saben leer.
9 Miran en el libro de cocina.
10 Luisa apunta en un papel todo lo que van a comprar.
11 Además van a comprar dos botellas de vino tinto y fruta.
12 Van a preparar un flan para el postre.

B

2 (Yo) empiezo a trabajar a las nueve y no termino hasta las cinco.
3 (Nosotros) empezamos a trabajar a las ocho y media y no terminamos hasta las tres y media.
4 La cocinera empieza a trabajar a las seis y no termina hasta las dos.
5 Los obreros de SEAT empiezan a trabajar a las siete y media y no terminan hasta las cuatro.
6 El policía empieza a trabajar a las ocho (de la tarde) y no termina hasta las cuatro y media (de la mañana).
7 Yo empiezo . . . y no termino . . .

C

2 A ¿Está ya aquí tu hermano?
B No, pero va a llegar el sábado.
3 A ¿Están ya aquí los abuelos?
B No, pero van a llegar muy pronto.
4 A ¿Están ya aquí las chicas?
B No, pero van a llegar antes de cenar.
5 A ¿Está ya aquí el jefe?
B No, pero va a llegar a las nueve, más o menos.
6 A ¿Está ya aquí el correo?
B No, pero va a llegar a las once.

De compras

1 Van al supermercado.
2 Está en la planta baja /del edificio/.
3 Lo pone en un carrito.
4 Necesita un pollo grande, dos botellas de vino, un sobrecito de azafrán y una barra de pan inglés.
5 La pone en una canastilla.
6 Pagan en la caja.
7 Lo dan a la cajera.
8 La llevan en una bolsa de plástico.
9 No, sólo Emilia vuelve a casa.
10 Luisa va al mercado.
11 No, toma un microbús.
12 Piensa comprar /las/ gambas.

En el puesto de pescado

A

b A Póngame medio kilo de calamares, por favor.
B Muy bien. ¿Desea algo más?
A No, gracias, no quiero nada más. ¿Cuánto es?
B Son ciento veinticinco pesetas.
c A Póngame un kilo de sardinas, por favor.
B Muy bien. ¿Desea algo más?
A No, gracias, no quiero nada más. ¿Cuánto es?
A Son ochenta pesetas.
d A Póngame dos kilos de cigalas, por favor.
B Muy bien. ¿Desea algo más?
A No, gracias, no quiero nada más. ¿Cuánto es?
B Son trescientas sesenta pesetas.
e A Póngame dos kilos y medio de sardinas, por favor.
B Muy bien. ¿Desea algo más?
A No, gracias, no quiero nada más. ¿Cuánto es?
B Son doscientas pesetas.

B Hörverstehensübung

1 c, 2 c, 3 a.

15 . . . Y comer

En la cocina

A

2 A ¿Has comprado el arroz?
B El arroz sí, pero he olvidado el azafrán.
3 A ¿Has comprado los plátanos?
B Los plátanos sí, pero he olvidado las uvas.
4 A ¿Has comprado el pescado?
B El pescado sí, pero he olvidado la fruta.
5 A ¿Has comprado las naranjas?
B Las naranjas sí, pero he olvidado las gambas.

B

2 A ¿Vas a comprar las manzanas?
B No, las manzanas están ahora muy caras.
3 A ¿Vas a comprar el arroz?
B No, el arroz está ahora muy caro.
4 A ¿Vas a comprar los plátanos?
B No, los plátanos están ahora muy caros.
5 A ¿Vas a comprar la fruta?
B No, la fruta está ahora muy cara.

C

2 A ¿Cuando va usted a vender la casa de Marbella?
B ¿La casa? Pero si ya está vendida.
3 A ¿Cuándo va usted a vender el piso nuevo?
B ¿El piso? Pero si ya está vendido.
4 A ¿Cuándo va usted a vender los libros de economía?
B ¿Los libros? Pero si ya están vendidos.
5 A ¿Cuándo va usted a vender las acciones?
B ¿Las acciones? Pero si ya están vendidas.

D

2 A ¿Cuánto cuesta la bicicleta azul?
B ¿La bicicleta azul? Esa ya está vendida.
3 A ¿Cuánto cuestan los sillones rojos?
B ¿Los sillones rojos? Esos ya están vendidos.
4 A ¿Cuánto cuestan las cortinas verdes?
B ¿Las cortinas verdes? Esas ya están vendidas.
5 A ¿Cuánto cuestan las sillas negras?
B ¿Las sillas negras? Esas ya están vendidas.

E

2 A ¿Ha comprado usted el pescado?
B Sí, he comprado todo lo que necesito.
3 A ¿Habéis comprado el vino?
B Sí, hemos comprado todo lo que necesitamos.
4 A ¿Has comprado las gambas?
Sí, he comprado todo lo que necesito.
5 A ¿Han comprado ustedes los ingredientes para la paella?
B Sí, hemos comprado todo lo que necesitamos.

F

2 No, pero va a llamar a las seis (de la tarde).
3 No, pero va a salir a las diez y cuarto.
4 No, pero voy a ir a las cuatro menos cuarto.
5 No, pero van a venir a las cinco (de la tarde).
6 No, pero vamos a empezar a las ocho menos cuarto.
7 No, pero voy a empezar a las ocho y media.

G*

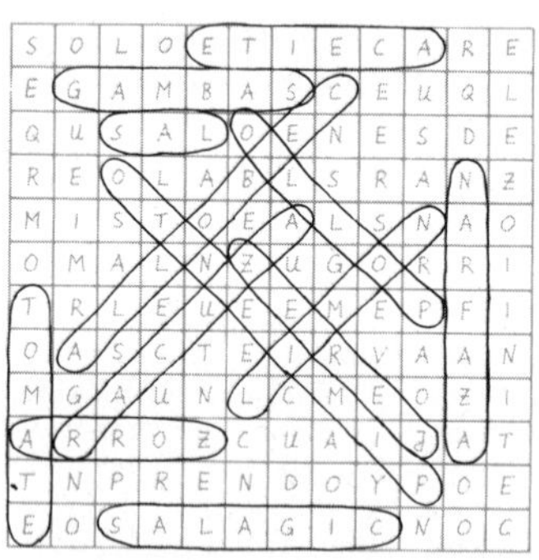

A la mesa – De sobremesa

A

2 ¿Has leído el periódico?
3 ¿Has abierto las ventanas?
4 ¿Has puesto la mesa?
5 ¿Has hecho la comida?
6 ¿Has llamado a tu madre?
7 ¿Has dicho a tu hermano que vamos hoy al cine?

B

1 has comprado
2 ha(n) abierto
3 Has ido
4 He encontrado – ha dicho
6 ha llevado
7 Ha vendido
8 ha comprado
9 has puesto
10 he puesto
12 has comido
13 hemos tomado

C

Luisa y Emilia han bajado al supermercado. Luisa ha puesto en el carrito lo que ha comprado. Emilia ha tomado una canastilla para la fruta que ha comprado. Han pasado por la caja. ¿Qué han hecho allí? Han pagado. La cajera ha abierto una bolsa de plástico y ha puesto allí todo lo que han comprado las chicas. Las chicas han salido. Emilia ha vuelto a casa. Pero Luisa ha ido al mercado. Ha tomado un microbús.

D

1 . . . son . . . .
2 . . . son . . . .
3 . . . Están . . . .
4 . . . es . . . está . . . .
5 . . . es . . . .
6 . . . es . . . .
7 . . . está . . . .
8 . . . es . . . .
9 . . . son . . . , es . . . .
10 . . . está . . . .
11 . . . está . . . .
12 . . . está . . . , . . . está . . . .
13 . . . está . . .
14 . . . es . . . está . . . .
15 . . . está . . . .
16 . . . está . . .
17 . . . . Son . . . .
18 . . . está . . . .
19 . . . es . . . .

Suena el teléfono

A

2 A ¡Dígame!
B Hola, soy Antonia. Oye, la piscina está cerrada hoy.
A Vamos al club entonces.
B Sí, muy bien. ¿Te parece bien a las tres?
A Sí, hasta luego.
3 A ¡Dígame!
B Hola, soy Pedro. Oye, la discoteca está cerrada hoy.
A Vamos al cine entonces.
B Sí, muy bien. ¿Te parece bien a las diez?
A Sí, hasta luego.
4 A ¡Dígame!
B Hola, soy Margarita. Oye, el club está cerrado hoy.
A Vamos a la biblioteca entonces.
B Si, muy bien. ¿Te parece bien a las cinco?
A Sí, hasta luego.
5 A ¡Dígame!
B Hola, soy Juan. Oye, el bar está cerrado hoy.
A Vamos al teatro entonces.
B Sí, muy bien. ¿Te parece bien a las siete y media?
A Sí, hasta luego.

B

1 ¡Dígame!
2 Soy – hay – película
3 tengo – voy – viven (están)
4 vais – Vais
5 ha – empresa – que
6 Vais (Vas)
7 vamos (voy) – comemos (como) – muy
8 estar

C*

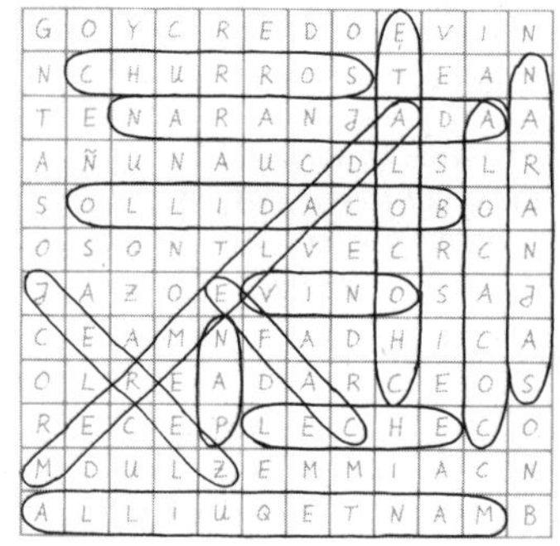

D Hörverstehensübung

En la cocina

	Sí	No
1		×
2		×
3	×	
4		×

En el comedor

	Sí	No
1		×
2		×
3		×
4		×

16 El tiempo

A

1 Hace buen tiempo, hace sol y hace calor.
2 Hace mal tiempo, hace frío y llueve.
3 Hace buen tiempo, hace sol y hace calor.
4 Hace buen tiempo, hace sol y hace viento.
5 Hace mal tiempo, hace frío, llueve y hace viento.
6 Hace buen tiempo, hace sol y hace calor.
7 Hace cinco grados bajo cero.
8 Hace cinco grados sobre cero.
9 Hace quince grados sobre cero.
10 Hace veinte grados sobre cero.
11 Hace cero grados.
12 Hace diez grados sobre cero.

B

2 A ¡Qué calor tengo!
B Sí, hace mucho calor.
A Bueno, ya estamos en abril.
3 A ¡Qué frío tengo!
B Sí, hace mucho frío.
A Bueno, ya estamos en septiembre.
4 A ¡Qué calor tengo!
B Sí, hace mucho calor.
A Bueno, ya estamos en mayo.

5 A ¡Qué frío tengo!
B Sí, hace mucho frío.
A Bueno, ya estamos en noviembre.
6 A ¡Qué calor tengo!
B Sí, hace mucho calor.
A Bueno, ya estamos en junio.
7 A ¡Qué frío tengo!
B Sí, hace mucho frío.
A Bueno, ya estamos en diciembre.
8 A ¡Qué calor tengo!
B Sí, hace mucho calor.
A Bueno, ya estamos en julio.
9 A ¡Qué frío tengo!
B Sí, hace mucho frío.
A Bueno, ya estamos en enero.

C*
2 A ¿Le gusta este tiempo a usted?
B No, no me gusta mucho. Hace demasiado frío.
A ¿Vamos a tomar un cortado?
B Sí, vamos.
3 A ¿Le gusta este tiempo a usted?
B No, no me gusta mucho. Hace demasiado calor.
A ¿Vamos a tomar un refresco?
B Sí, vamos.
4 A ¿Le gusta a usted este tiempo?
B No, no me gusta mucho. Hace demasiado frío.
A ¿Vamos a tomar un expreso?
B Sí, vamos.
5 A ¿Le gusta a usted este tiempo?
B No, no me gusta mucho. Hace demasiado calor.
A ¿Vamos a tomar una coca-cola?
B Sí, vamos.
6 A ¿Le gusta a usted este tiempo?
B No, no me gusta mucho. Hace demasiado frío.
A ¿Vamos a tomar un café con leche?
B Sí, vamos.
7 A ¿Le gusta a usted este tiempo?
B No, no me gusta mucho. Hace demasiado calor.
A ¿Vamos a tomar una naranjada?
B Sí, vamos.
8 A ¿Le gusta a usted este tiempo?
B No, no me gusta mucho. Hace demasiado frío.
A ¿Vamos a tomar un café?
B Sí, vamos.
9 A ¿Le gusta a usted este tiempo?
B No, no me gusta mucho. Hace demasiado calor.
A ¿Vamos a tomar una limonada?
B Sí, vamos.
10 A ¿Le gusta a usted este tiempo?
B No, no me gusta mucho. Hace demasiado frío.
A ¿Vamos a tomar un té?
B Sí, vamos.

Dos postales

A
2 Madrid, uno de enero de mil novecientos setenta y cinco
3 Madrid, tres de mayo de mil ochocientos ocho
4 San Salvador, doce de octubre de mil cuatrocientos noventa y dos
5 Lepanto, siete de octubre de mil quinientos setenta y uno
6 Burgos, treinta de julio de mil novecientos treinta y seis

B
3 A Es un buen restaurante, ¿verdad?
B Sí, es muy bueno.
3 A Es una buena piscina, ¿verdad?
B Sí, es muy buena.
5 A Es un buen libro, ¿verdad?
B Sí, es muy bueno.
6 A Es un buen coche, ¿verdad?
B Sí, es muy bueno.
7 A Es una buena farmacia, ¿verdad?
B Sí, es muy buena.

C
Beispiele:
Elena y Antonio están en Santander. Es una ciudad bonita. Están en el hotel Miramar. Pueden ver el mar desde la ventana de su habitación. Hace mal tiempo. Llueve y hace mucho frío. El jueves quieren ir a San Sebastián. El sábado quieren ir a Madrid.
Elena y Antonio han estado en Santander. Santander es una ciudad muy bonita. Han estado en el hotel Miramar. El hotel Miramar es muy bueno. Desde la ventana de la habitación han podido ver el mar. Ha hecho mal tiempo. Ha llovido todo el día y ha hecho mucho frío. El jueves han ido a San Sebastián y el sábado a Madrid.

D
Santa Fe, 5 de junio
Querida Mercedes:
Estamos en Santa Fe, Juan y yo, pero los niños están con los abuelos en Barcelona. Juan trabaja y yo estoy en el hotel. El hotel es muy bueno. Me gusta mucho. Hace buen tiempo, pero hace mucho calor. Comemos en un restaurante muy bueno (en un buen restaurante) / que está/ cerca del hotel.

Abrazos,
Carmen

E
Beispiele:
Tarragona, 20 de noviembre de 1975
Querido Juan:
Ahora estoy en Tarragona. Está en el noreste de España, en la costa. Es una ciudad grande. Es muy bonita. Estoy en la Pensión Victoria. Es una buena pensión y la habitación también es muy buena. Como en la pensión. Hace mal tiempo. Hace viento y llueve. No me gusta el tiempo. Estoy bien y mañana pienso (quiero) ir a Valencia.

Saludos,
Agustín

Los meses

A
b B Hoy es el uno (el primero) de septiembre.
c B Hoy es el quince de mayo.
d B Hoy es el seis de enero.
e B Hoy es el tres de abril.
f B Hoy es el diecisiete de enero.
g B Hoy es el uno (el primero) de enero.
h B Hoy es el veintiuno de agosto.
i B Hoy es el doce de octubre.
j B Hoy es el dos de junio.
k B Hoy es el once de diciembre.

17 América Central

A
1 Está en Centroamérica.
2 Son la primavera, el verano, el otoño y el invierno.
3 No, en la costa de Guatemala sólo hay dos. (Los guatemaltecos sólo hablan de dos estaciones.)
4 Los meses de verano son noviembre, diciembre, enero, febrero, marzo y abril.
5 Hace calor y generalmente no llueve.
6 Los meses de invierno son mayo, junio, julio, agosto, septiembre y octubre.
7 Llueve mucho, pero no hace frío.

C
2 Andrés me ha traído en su coche.
3 Sí, no he comido nada desde esta mañana.
4 Sí, mamá ha hecho unos bocadillos.
5 No, ya he visto la película que ponen en el Lux.
6 Sí, el jefe de Laresa me ha dicho que voy a empezar el lunes.

18 En la playa

A
1 Porque el turismo es una fuente de divisas muy importante.
2 Van a las costas del este y del sur.
3 Está en el este.
4 Está en el sur.
5 En invierno van a las Islas Canarias.
6 Son franceses, ingleses y alemanes. (Son de Francia, Inglaterra y Alemania Occidental.)

B
2 Es italiano. Es de Italia.
3 Es alemán. Es de Alemania Occidental.
4 Es sueca. Es de Suecia.
5 Es danés. Es de Dinamarca.
6 Es alemana. Es de Alemania Oriental.
7 Es noruega. Es de Noruega.
8 Es finlandés. Es de Finlandia.
9 Es francesa. Es de Francia.
10 Es español. Es de España.
11 Es española. Es de España.

C
2 A Usted no es español, ¿verdad?
B No, soy francés. Soy de Francia.
A ¿Y su mujer también es francesa?
B No, ella no. Es italiana.
3 A Usted no es español, ¿verdad?
B No, soy alemán. Soy de Alemania Occidental (Oriental).
A ¿Y su mujer también es alemana?
B No, ella no. Es danesa.
4 A Usted no es español, ¿verdad?
B No, soy inglés. Soy de Inglaterra.
A ¿Y su mujer también es inglesa?
B No, ella no. Es sueca.
6 A Usted no es española, ¿verdad?
B No, soy inglesa. Soy de Inglaterra.
A ¿Y su marido también es inglés?
B No, él no. Es noruego.
7 A Usted no es española, ¿verdad?
B No, soy alemana. Soy de Alemania Occidental (Oriental).
A ¿Y su marido también es alemán?
B No, él no. Es danés.
8 A Usted no es española, ¿verdad?
B No, soy italiana. Soy de Italia.
A ¿Y su marido también es italiano?
B No, él no. Es sueco.

E
2 A Llevas una falda muy bonita. ¿Es de Francia?
B Sí, es una falda francesa. ¿Te gusta?
A Sí, es preciosa.
3 A Llevas unos tejanos muy bonitos. ¿Son de Inglaterra?
B Sí, son unos tejanos ingleses. ¿Te gustan?
A Sí, son preciosos.
4 A Llevas un jersey muy bonito. ¿Es de Suecia?
B Sí, es un jersey sueco. ¿Te gusta?
A Sí, es precioso.
5 A Llevas unos calcetines muy bonitos. ¿Son de Italia?
B Sí, son unos calcetines italianos. ¿Te gustan?
A Sí, son preciosos.
6 A Llevas una corbata muy bonita. ¿Es de Holanda?
B Sí, es una corbata holandesa. ¿Te gusta?
A Sí, es preciosa.
7 A Llevas unos pantalones muy bonitos. ¿Son de Alemania?
B Sí, son unos pantalones alemanes. ¿Te gustan?
A Sí, son preciosos.

F

2 A Pablo siempre lleva trajes muy bonitos. ¿Son de Suecia?
B Sí, sólo compra trajes suecos.
3 A Pablo siempre lleva pantalones muy bonitos. ¿Son de España?
B Sí, sólo compra pantalones españoles.
4 A Pablo siempre lleva camisas muy bonitas. ¿Son de Italia?
B Sí, sólo compra camisas italianas.
5 A Pablo siempre lleva chaquetas muy bonitas. ¿Son de Inglaterra?
B Sí, sólo compra chaquetas inglesas.
6 A Pablo siempre lleva abrigos muy bonitos. ¿Son de Noruega?
B Sí, sólo compra abrigos noruegos.

G

Beispiele:
A ¿Habla usted francés, señor?
B Sí, un poco. Estudio francés en Estocolmo.
A Y su mujer también habla francés?
B No, ella no, pero entiende un poco.
A ¿Habla usted inglés, señora?
B Sí, un poco. Estudio inglés en Estocolmo.
A ¿Y su hermano también habla inglés?
B No, él no, pero entiende un poco.
A ¿Habla usted italiano, señorita?
B Sí, un poco. Estudio italiano en Estocolmo.
A ¿Y sus padres también hablan italiano?
B No, ellos no, pero entienden un poco.
A ¿Habla usted alemán, señor?
B Sí, un poco. Estudio alemán en Estocolmo.
A ¿Y su amigo también habla alemán?
B No, él no, pero entiende un poco.

H

b A ¿A qué hora pasa el quince, por favor?
B A las tres.
A ¿Cuánto tiempo tarda en llegar a la estación?
B Diez minutos.
c A ¿A qué hora pasa el cinco, por favor?
B A las cinco y cuarto.
A ¿Cuánto tiempo tarda en llegar al centro?
B Veinticinco minutos.
d A ¿A qué hora pasa el ocho, por favor?
B A la una y media.
A ¿Cuánto tiempo tarda en llegar a la plaza de Colón?
B Quince minutos. (Un cuarto de hora.)
e A ¿A qué hora pasa el uno, por favor?
B A las siete y diez.
A ¿Cuánto tiempo tarda en llegar al aeropuerto?
B Diez minutos.

I*

B	O	N	A	L	L	E	T	S	A	C	L
A	R	N	S	E	C	N	A	R	F	I	D
I	O	S	C	E	Ñ	E	T	E	S	T	I
N	G	E	L	L	U	S	O	E	O	A	R
G	O	O	E	O	E	G	D	M	N	L	S
L	U	G	C	G	M	N	U	A	U	I	E
E	M	E	E	B	A	C	M	T	C	A	N
S	U	Ñ	O	L	C	E	H	A	R	N	A
S	P	U	N	C	L	V	A	S	C	O	D
C	O	I	C	A	T	A	L	A	N	A	P
A	F	N	O	R	U	E	G	O	D	A	D
B	A	H	I	E	R	I	U	S	O	N	E

19 El norte

B

1 Generalmente no hace mucho calor en verano.
2 Porque en San Sebastián no hace mucho calor (hace menos calor).
3 Sí, van también turistas extranjeros.
4 Porque llueve mucho.
5 Viven de la pesca.
6 La pesca de sardinas y atún.
7 Es la conserva de pescado.
8 No, se exporta también a otros países.
9 Sí, hay muchas industrias en Asturias y en el País Vasco.
10 Hay minas de carbón.
11 Hay mucho hierro.
12 Hay vino en la Rioja.
13 Es Bilbao.
14 Tiene un puerto importante.
15 El español y el vasco.

C

1 – j	7 – k (i)
2 – g	8 – e
3 – b (f)	9 – f (b)
4 – i (k)	10 – d
5 – a	11 – h
6 – c	

D

En el norte de España en verano no hace muy buen tiempo. La temperatura media en agosto es de 18 grados. Por eso muchos turistas pasan sus vacaciones allí. El norte de España se llama tambien "La España verde" porque allí llueve mucho. En Galicia muchas personas viven de la pesca. La conserva de pescado se exporta a otros países. Es la principal industria.

En el País Vasco hay minas de hierro y en Asturias hay minas de carbón. Unos 40.000 mineros trabajan en las minas de Asturias. En La Rioja hay vino. La principal ciudad del norte es Bilbao. En el País Vasco se hablan el vasco y el español.

20 Los chicos de Masnou

A

1 Está al norte de Barcelona.
2 Viven en Masnou.
3 / Carlos/ tiene quince años.
4 /Luis/ tiene trece años.
5 /Beatriz/ es la hermana de Carlos y Luis.
6 /Ella/ tiene siete años.
7 Estudia la EGB.
8 Estudian el bachillerato.
9 Estudian en un colegio religioso.
10 No, almuerzan en casa.
11 Almuerzan, estudian y miran la televisión.

B

1 Es la una.
2 Son las dos.
3 Son las cuatro y media.
4 Son las seis y cuarto.
5 Son las siete menos cuarto.
6 Son las nueve y diez.
7 Son las diez menos veinte.
8 Son las tres y pico.

C

2 B No, tengo geografía el miércoles.
3 B No, tienen religión el jueves.
4 B No, tiene matemáticas el viernes.
5 B No, tiene ciencias el lunes.

D

2 A ¿Dónde está mi pipa?
B ¿Tu pipa? No sé dónde está.
3 A ¿Dónde está mi bolígrafo?
B ¿Tu bolígrafo? No sé dónde está.
4 A ¿Dónde están mis cigarrillos?
B ¿Tus cigarrillos? No sé dónde están.
5 A ¿Dónde están mis revistas?
B ¿Tus revistas? No sé dónde están.

7 A ¿Dónde está nuestra revista?
B ¿Vuestra revista? No sé dónde está.
8 A ¿Dónde está nuestro periódico?
B ¿Vuestro periódico? No sé dónde está.
9 A ¿Dónde están nuestras revistas?
B ¿Vuestras revistas? No sé dónde están.
10 A ¿Dónde están nuestros discos?
B ¿Vuestros discos? No sé donde están.

E

2 A ¿Dónde está su bicicleta?
B ¿Mi bicicleta? Está en la calle de Goya.
3 A ¿Dónde está su hermano?
B ¿Mi hermano? Está en casa.
4 A ¿Dónde están sus niños?
B ¿Mis niños? Están en el colegio.
5 A ¿Dónde están sus maletas?
B ¿Mis maletas? Están en el tren.

F

2 A ¿Dónde está la bicicleta de los niños?
B ¿Su bicicleta? Está delante de la mesa.
3 A ¿Dónde está el avión de los niños?
B ¿Su avión? Está encima de la silla.
4 A ¿Dónde está el barco de los niños?
B ¿Su barco? Está detrás de la silla.
5 A ¿Dónde están los coches de los niños?
B ¿Sus coches? Están encima de la mesa.
6 A ¿Dónde están las revistas de los niños?
B ¿Sus revistas? Están debajo de la silla.

G

1 Juan no va en coche al trabajo.
2 Su coche está en la calle de Solana.
3 Juan y su hermana van en autobús.
4 Su oficina está en la plaza de Colón.
5 Sus padres van a pie al trabajo.
6 Tienen una tienda que está cerca de su casa.

H

2 A ¿Tienes hambre?
B No, pero tengo sed. Quiero tomar una coca-cola.
3 A ¿Tenéis hambre?
B No, pero tenemos sed. Queremos tomar un vaso de leche.
4 A ¿Ustedes tienen hambre?
B No, pero tenemos sed. Queremos tomar una naranjada.
5 A ¿Las chicas tienen hambre?
B No, pero tienen sed. Quieren tomar una coca-cola.
6 A ¿Alberto tiene hambre?
B No, pero tiene sed. Quiere tomar una limonada.

I

2 A ¿Usted va al bar esta noche?
B No puedo.
A ¿No puede?
B No, tengo que estudiar.
3 A ¿Carlos va a la piscina esta noche?
B No puede.
A ¿No puede?
B No, tiene que repasar la gramática.
4 A ¿Pedro y Juan van a la plaza esta noche?
B No pueden.
A ¿No pueden?
B No, tienen que ir a casa de un amigo.
5 A ¿Vais al hotel esta noche?
B No podemos.
A ¿No podéis?
B No, tenemos que contestar una carta.
6 A ¿Ustedes van al bar esta noche?
B No podemos.
A ¿No pueden?
B No, tenemos que volver a la oficina.

J

2 A ¿Dígame?
B Hola, soy . . . ¿Eres tú, . . . ?
A Sí, soy yo. ¿Qué hay?
B ¿Vamos al cine el jueves?
A ¿El jueves? No puedo.
B ¿No puedes?
A No, tengo un examen de matemáticas el viernes.
B ¡Qué lástima, chico! Entonces no podemos ir.
3 A ¿Dígame?
B Hola, soy . . . ¿Eres tú, . . . ?

A Sí, soy yo. ¿Qué hay?
B ¿Vamos al club mañana?
A ¿Mañana? No puedo.
B ¿No puedes?
A No, tengo un examen de historia el miércoles.
B ¡Qué lástima, chico! Entonces no podemos ir.

4 A ¿Dígame?
B Hola, soy . . . ¿Eres tú, . . . ?
A Sí, soy yo. ¿Qué hay?
B ¿Vamos a la biblioteca el lunes?
A ¿El lunes? No puedo.
B ¿No puedes?
A No, tengo un examen de geografía el martes.
B ¡Qué lástima, chico! Entonces no podemos ir.

21 Un pescador

B

2 B A las nueve de la noche.
A ¿A las nueve de la noche?
B Sí, soy barman.
3 B A las cuatro de la tarde.
A ¿A las cuatro de la tarde?
B Sí, soy camarero / camarera.
4 B A las cinco de la mañana.
A ¿A las cinco de la mañana?
B Sí, soy cocinero / cocinera.

C

Un día de Juan

Se despierta a las siete de la mañana. Se levanta a las siete y media. Desayuna a las ocho. Va a la oficina a las ocho y media. Compra el ABC a las nueve menos cuarto. Empieza el trabajo a las nueve. Trabaja de nueve a una. Almuerza en un bar a la una y media. Vuelve a la oficina a las tres menos cuarto. Trabaja de tres a siete. Vuelve a casa a las siete y cuarto. Va en autobús. Mira la televisión de ocho a diez. Cena a las diez y media. Se acuesta a las doce de la noche.

D

Me despierto a las siete de la mañana. Me levanto a las siete y media. Desayuno a las ocho. Voy a la oficina a las ocho y media. Compro el ABC a las nueve menos cuarto. Empiezo el trabajo a las nueve. Trabajo de nueve a una Almuerzo en un bar a la una y media. Vuelvo a la oficina a las tres menos cuarto. Trabajo de tres a siete. Vuelvo a casa a las siete y cuarto. Voy en autobús. Miro la televisión de ocho a diez. Ceno a las diez y media. Me acuesto a las doce de la noche.

Álvaro Conqueiro

A

1 Es pescador.
2 Vive en La Guardia.
3 Está en Galicia.
4 Es su mujer.
5 Trabaja en el mercado del pueblo.
6 Es su hijo. Es pescador también.
7 Viven de la pesca.
8 Tienen una barca.
9 Se llama "Libertad" y no es muy grande.
10 No, está preparando unos bocadillos.

B

1 Van al puerto.
2 Se encuentran con otros pescadores.
3 Hace mucho viento.
4 Salen del puerto a las nueve y media de la noche.
5 Se quedan en el mar toda la noche.
6 Vuelven al puerto a las cinco de la mañana.
7 Ponen las cajas en una camioneta.
8 Hay sardinas y gambas.
9 Van al mercado.
10 Ella vende parte de la pesca.
11 Llevan el resto de la pesca a una fábrica de conservas.
12 Allí trabajan muchas de las mujeres de los pescadores.
13 Vuelven a casa a las ocho de la mañana.
14 Desayunan y se acuestan.
15 Se despiertan a las dos de la tarde.
16 Van otra vez al mercado.
17 No, almuerzan con Dolores en el bar del señor Silva.

C

1 Me llamo Eulogio Conqueiro.
2 Soy pescador.
3 Me voy a las nueve de la noche.
4 Me encuentro con los otros pescadores en el puerto.
5 Me quedo en el mar toda la noche.
6 Me acuesto a las ocho y media.
7 Generalmente me despierto a las dos de la tarde.
8 Almuerzo en el bar del señor Silva.

D*

3 ¿A qué hora se van ustedes hoy? (¿A qué hora os vais hoy?) Nos vamos a las nueve de la noche.
4 ¿Dónde se encuentran ustedes con los otros pescadores? (¿Dónde os encontráis con los otros pescadores?) Nos encontramos en el puerto.
5 ¿Cuánto tiempo se quedan ustedes en el mar? (¿Cuánto tiempo os quedáis en el mar?) Nos quedamos allí toda la noche.
6 ¿A qué hora se acuestan ustedes? (¿A qué hora os acostáis?) Nos acostamos a las ocho y media.
7 ¿A qué hora se despiertan ustedes generalmente? (¿A qué hora os despertáis generalmente?) Generalmente nos despertamos a las dos de la tarde.

E

2 A ¿Ya se va usted?
B Sí, tengo que ir a la biblioteca.
3 A ¿Ya os vais?
B Sí, tenemos que ir al puerto.
4 A ¿Ya se van ustedes?
B Sí, tenemos que ir al mercado.
5 A ¿Ya te vas?
B Sí, tengo que ir a la farmacia.
6 A ¿Ya se va Elena?
B Sí, tiene que ir a la plaza de Colón.
7 A ¿Ya se van las chicas?
B Sí, tienen que ir al bar.
8 A ¿Ya se va Álvaro?
B Sí, tiene que ir al puerto.
9 A ¿Ya os vais?
B Sí, tenemos que ir a la fábrica.

F

2 A ¿A qué hora va a despertarse Antonia?
B Pero si ya se ha despertado.
3 A ¿A qué hora va a lavarse Carlos?
B Pero si ya se ha lavado.
4 A ¿A qué hora van a afeitarse Eulogio y su padre?
B Pero si ya se han afeitado.
5 A ¿A qué hora va a acostarse Álvaro?
B Pero si ya se ha acostado.
6 A ¿A qué hora van a irse Luisa y Emilia?
B Pero si ya se han ido.

G

Bildbeschreibung

1 Luis se levanta a las seis.
2 Se afeita a las seis y cuarto.
3 Se lava a las seis y veinte.
4 Desayuna a las seis y media.
5 /Se/va al trabajo a las siete y media. (Compra un periódico a las siete y media.)
6 Almuerza a las dos de la tarde.
7 Llega a casa a las nueve y media de la noche.
8 Cena a las diez de la noche.
9 Se acuesta a las once y media.

H

2 El barman está escuchando la radio.
3 El chico está hablando con las chicas.
4 El chico está tomando chocolate con churros.
5 Las chicas están desayunando café y pan con mermelada. (Las chicas están tomando café.)
6 El señor está buscando algo en el periódico. (El señor está fumando pipa.)
7 La señora está mirando la lista de precios.
8 El camarero está fumando (un cigarrillo.)

I

1 Viajante
2 Mecánico
3 Cocinero – Cocinera
4 Barman
5 Pescador
6 El / La turista
7 Minero
8 El guardia – El policía
9 Dependiente – Dependienta
10 Estanquero – Estanquera

J

1 – ¿Cómo te llamas?
2 – Me llamo Ana Robel.
3 – ¿Eres española?
4 – No, soy francesa.
5 – Pero hablas español muy bien. ¿Trabajas aquí?
6 – Sí, estoy aquí desde mil novecientos setenta y uno.
7 – ¿Te gusta el trabajo? ¿Trabajas mucho?
8 – Me gusta mucho. Empezamos ya a las ocho.
9 – ¿Y cuando tienes que levantarte?
10 – Me levanto a las siete, pero me despierto generalmente a las seis y media.
11 – Hace mucho calor ahora. ¿Vamos a comprar un helado?
12 – Sí, vamos, pero /yo/ tengo que estar en casa a las nueve.

22 El centro

B

1 Está en el centro de España.
2 Ocupa el 50 por ciento del país.
3 No, llueve poco.
4 a En verano puede hacer 35 grados sobre cero.
b En invierno puede hacer 10 grados bajo cero.
5 La gente trabaja principalmente en el campo.
6 Se cultivan trigo, olivos y viñas.
7 Proque no tienen tierra y hay poca industria en el campo.
8 Van a centros industriales, por ejemplo a Madrid.
9 Se llama Madrid.
10 Tiene más de tres millones de habitantes.
11 Está situada a unos seiscientos metros de altura.
12 Porque en Madrid hay industrias.
13 Son del sur y del oeste del país, de Andalucía y de Extremadura.
14 No, no todos encuentran trabajo.

Madrid

C

La Plaza de España

1 Es el monumento a Cervantes.
2 Está en la Plaza de España (delante del Edificio España).
3 Don Quijote y Sancho Panza están delante del monumento.
4 Se llama la "Torre de Madrid".
5 Es el edificio más alto de Madrid.
6 Está a la derecha.
7 Están en el centro de la ciudad.

La Plaza de la Cibeles

1 Otro gran problema es la contaminación del aire.
2 Veo muchísimos coches, autobuses y motos. Al fondo está la Puerta de Alcalá.

El Parque del Retiro.

1 Se llama el Parque del Retiro.
2 Está en el centro.
3 Es un lago artificial.
4 En el estanque hay barcas.
5 Los soldados están junto al estanque.
6 Veo el monumento a Alfonso XII (doce).

D

En el Museo del Prado

1 No, el Museo del Prado es uno de los museos de arte más importantes de Europa.
2 No, allí hay más de 3 000 cuadros.
3 Sí.
4 No, uno de los cuadros más conocidos es "La Maja Desnuda" de Goya.
5 No, "La Maja Desnuda" está a la derecha en la foto.
6 Sí.

E

2 A ¿Cuánto cuesta la blusa?
B Cuatrocientas cincuenta pesetas.
A ¿No tiene una blusa más barata?
B No, ésta es la blusa más barata que tengo.
3 A ¿Cuánto cuesta el jersey?
B Ochocientas pesetas.
A ¿No tiene un jersey más barato?
B No, éste es el jersey más barato que tengo.
4 A ¿Cuanto cuestan las camisas?
B Doscientas veinticinco pesetas.
A ¿No tiene unas camisas más baratas?
B No, éstas son las camisas más baratas que tengo.
5 A ¿Cuanto cuestan los pantalones?
B Trescientas pesetas.
A ¿No tiene unos pantalones más baratos?
B No, éstos son los pantalones más baratos que tengo.

F

2 A Este jersey es bueno . . .
B ¿No hay uno mejor?
A No, éste es el mejor jersey que tenemos.
3 A Esta falda es buena . . .
B ¿No hay una mejor?
A No, ésta es la mejor falda que tenemos.
4 A Esta blusa es buena . . .
B ¿No hay una mejor?
A No, ésta es la mejor blusa que tenemos.
5 A Este abrigo es bueno . . .
B ¿No hay uno mejor?
A No, éste es el mejor abrigo que tenemos.
6 A Esta chaqueta es buena . . .
B ¿No hay una mejor?
A No, ésta es la mejor chaqueta que tenemos.
7 A Esta camisa es buena ...
B ¿No hay una mejor?
A No, ésta es la mejor camisa que tenemos.

G

2 A Estos calcetines son buenos . . .
B ¿No hay unos mejores?
A No, éstos son los mejores calcetines que tenemos.
3 A Estas camisas son buenas . . .
B ¿No hay unas mejores?
A No, éstas son las mejores camisas que tenemos.
4 A Estas blusas son buenas . . .
B ¿No hay unas mejores?
A No, éstas son las mejores blusas que tenemos.
5 A Estos jerseys son buenos . . .
B ¿No hay unos mejores?
A No, éstos son los mejores jerseys que tenemos.
6 A Estos leotardos son buenos . . .
B ¿No hay unos mejores?
A No, éstos son los mejores leotardos que tenemos.

H

3 El coche de la izquierda es más caro que el coche de la derecha.
3 Los aviones de la izquierda son más baratos que los aviones de la derecha.
5 El tren de la izquierda es más caro que el tren de la derecha.
6 Las motos de la izquierda son más baratas que las motos de la derecha.

I

2 A ¿Te gusta el restaurante?
B Sí, es muy bueno.
A ¿Es mejor que el otro?
B Creo que es el mejor restaurante del pueblo.
3 A ¿Te gusta la pensión?
B Sí, es muy buena.
A ¿Es mejor que la otra?
B Creo que es la mejor pensión del pueblo.
4 A ¿Te gusta el bar?
B Sí, es muy bueno.
A ¿Es mejor que el otro?
B Creo que es el mejor bar del pueblo.

J

2 A Esta marca es muy mala . . .
B ¿Es peor que las otras?
A Creo que es la peor marca que hay.
3 A Esta biblioteca es muy mala . . .
B ¿Es peor que las otras?
A Creo que es la peor biblioteca que hay.
4 A Este hotel es muy malo . . .
B ¿Es peor que los otros?
A Creo que es el peor hotel que hay.
5 A Este restaurante es muy malo . . .
B ¿Es peor que los otros?
A Creo que es el peor restaurante que hay.

K

(En una tienda:)
— Este traje negro es bonito. ¿Cuánto cuesta?
— Es muy barato, señor. Sólo cuesta novecientas noventa pesetas.
— ¿No tiene un traje más barato?
— No, éste es el traje más barato que tenemos.

En el rastro

L

2 A ¿Cuánto me da usted por la radio?
B ¿Por esa radio? Le doy seiscientas pesetas.
3 A ¿Cuánto me da usted por los discos?
B ¿Por esos discos? Le doy cuatrocientas pesetas.
4 A ¿Cuánto me da usted por las tazas?
B ¿Por esas tazas? Le doy ciento cincuenta pesetas.
5 A ¿Cuánto me da usted por la bicicleta?
B ¿Por esa bicicleta? Le doy ochocientas pesetas.

23 La señora Carmen Pérez de González

A

2 A Tengo que hablar con el señor Argons. ¿Dónde vive, por favor?
B Vive en el primero, derecha.
3 A Tengo que hablar con la señora de Gómez. ¿Dónde vive, por favor?
B Vive en el segundo, izquierda.
4 A Tengo que hablar con la señora de González. ¿Dónde vive, por favor?
B Vive en el tercero, derecha.
5 A Tengo que hablar con el señor Alvarado. ¿Dónde vive, por favor?
B Vive en el cuarto, izquierda.
6 A Tengo que hablar con la señora de López. ¿Dónde vive, por favor?
B Vive en el segundo, derecha.
7 A Tengo que hablar con la señora de Colmayo. ¿Dónde vive, por favor?
B Vive en el tercero, izquierda.
8 A Tengo que hablar con el dentista. ¿Dónde vive, por favor?
B Vive en el quinto, derecha.
9 A Tengo que hablar con la señora de Menéndez. ¿Dónde vive, por favor?
B Vive en el quinto, izquierda.

B*

2 A ¿Subes al segundo piso?
B Sí, vivo en el segundo.
3 A ¿Usted sube al primer piso?
B Sí, vivo en el primero.
4 A ¿El señor sube al tercer piso?
B Sí, vive en el tercero.
5 A ¿Subís al cuarto piso?
B Sí, vivimos en el cuarto.
6 A ¿Las chicas suben al quinto piso?
B Sí, viven en el quinto.
7 A ¿Ustedes suben al segundo piso?
B Sí, vivimos en el segundo.
8 A ¿Carmen sube al tercer piso?
B Sí, vive en el tercero.
9 A ¿El niño sube al quinto piso?
B Sí, vive en el quinto.
10 A ¿Usted sube al cuarto piso?
B Sí, vivo en el cuarto.

C

1 primer
cuarta
2 quinto
segundo
primero
3 primer
segundo
tercero
4 quinta
tercera
primera
segundo

D

2/8/9/4/3/7/6/5/1

24 El periodista

A

1 Es periodista.
2 Escribe artículos sobre literatura.
3 Escribe artículos en periódicos y revistas.
4 Vive en Madrid.
5 Sí, está casado y tiene tres hijos.
6 Tiene treinta y cinco años.
7 Ella tiene veintinueve años.
8 La hija mayor tiene nueve años, la hija menor cinco años y el hijo tiene siete años.
9 Porque no gana mucho dinero con sus artículos.
10 Trabaja en una academia de noche.
11 Da clases de francés.
12 Está cerca de la Ciudad Universitaria.
13 Trabaja allí el lunes y el miércoles por la noche.
14 Es profesor de historia.

B

1 a) Carmen tiene cinco años.
b) Enrique tiene siete años.
c) Juana tiene nueve años.
2 Carmen es la menor. Juana es la mayor. Enrique es mayor que Carmen pero es menor que Juana.

C

1 Vive en un barrio moderno.
2 Toma el metro.
3 Toma el metro en Vallecas.
4 Toma la línea de /Plaza de/ Castilla.
5 Tiene que hacer transbordo en Sol.
6 Toma la línea de Moncloa.
7 Sube al metro en Atocha.
8 Baja en José Antonio.

D

2 A ¿Te quedas en la farmacia?
B Sí, no salgo hasta las ocho.
3 A ¿Se queda Enrique en la biblioteca?
B Sí, no sale hasta las siete.
4 A ¿Se quedan Juan y Jaime en la academia?
B Sí, no salen hasta las nueve.
5 A ¿Os quedáis en el banco?
B Sí, no salimos hasta las dos y media.

E

2 A ¿Cristina vive todavía en casa de sus padres?
B No, ya no. Ahora vive en Barcelona. Acaba de comprar un piso allí.

3 A ¿Juan y Emilia viven todavía en casa de sus padres?
B No, ya no. Ahora viven en Valencia. Acaban de comprar un piso allí.
4 A ¿Vivís todavía en casa de vuestros padres?
B No, ya no. Ahora vivimos en Bilbao. Acabamos de comprar un piso allí.
5 A ¿Usted vive todavía en casa de sus padres?
B No, ya no. Ahora vivo en Santander. Acabo de comprar un piso allí.

F
1 Sube al metro en Moncloa, toma la línea de Legazpi, baja en Sol, hace transbordo allí, toma la línea de /Plaza de/ Castilla, sale del metro en Tetuán.
2 Subo al metro en Iglesia, tomo la línea de Portazgo, bajo en Bilbao, hago transbordo allí, tomo la línea de Alfonso XIII (trece), salgo del metro en Serrano.
3 Subimos al metro en Atocha, tomamos la línea de /Plaza de/ Castilla, bajamos en Sol, hacemos transbordo allí, tomamos la línea de Moncloa, bajamos en Plaza de España, hacemos transbordo otra vez, salimos del metro en Batán.

G
Beispiel:
1 Soy periodista.
2 Escribo (artículos) sobre literatura.
3 No, no gano mucho (con mis artículos).
4 Sí, estoy casado y tengo tres hijos.
5 Las niñas tienen nueve y cinco años, el niño tiene siete. Todavía no estudian el bachillerato.
6 Sí, cuesta mucho dinero (es muy caro).
7 No, ya no. (Ahora vivo en Vallecas.)
8 Sí, es el 2 28 35 87.
9 No, también doy clases en una academia de noche.
10 Doy clases de francés.
11 No, voy (siempre) en metro.

I
1 sabes — he visto
2 ha comprado — vive
3 está
4 Tiene — tienen — tiene
5 ha dicho — cuesta — da
6 ha vendido
7 va — ha subido — ha salido
8 ha dicho

En el aeropuerto

A
3 A ¿De dónde vienes?
B Vengo de Chile.
A ¿Eres chileno?
B No, soy colombiano.
4 A ¿De dónde venís?
B Venimos de Alemania.
A ¿Sois alemanes?
B No, somos holandeses.
5 A ¿De dónde viene usted?
B Vengo de Honduras.
A ¿Es usted hondureño?
B No, soy ecuatoriano.
6 A ¿De dónde viene esa chica?
B Viene de Cuba.
A ¿Es cubana?
B No, es mexicana.
7 A ¿De dónde vienen ustedes?
B Venimos de Panamá.
A ¿Son ustedes panameños?
B No, somos norteamericanos.
8 A ¿De dónde vienen esos chicos?
B Vienen de España.
A ¿Son españoles?
B No, son italianos.
9 A ¿De dónde venís?
B Venimos de Nicaragua.
A ¿Sois nicaragüenses?
B No, somos guatemaltecos.

B Hörverstehensübung
1 b, 2 c, 3 a, 4 b, 5 a, 6 b.

25 El tren no llega

A
2 A ¿Qué está haciendo Luis?
B Está fumando.
3 A ¿Qué están haciendo Juan y José?
B Están tomando café.
4 A ¿Qué está haciendo Ana?
B Está comiendo un bocadillo.
5 A ¿Qué está haciendo Emilia?
B Está escribiendo una postal.
6 A ¿Qué están haciendo Pedro y Enrique?
B Están leyendo unos periódicos/ el periódico.
7 A ¿Qué están haciendo Ana y Rosario?
B Están mirando la televisión.
8 A ¿Qué está haciendo el camarero?
B Está escuchando la radio.

B
2 A ¿Qué haces?
B Estoy buscando algo.
A ¿Qué estás buscando?
B Un bolígrafo.
3 A ¿Qué haces?
B Estoy comiendo algo.
A ¿Qué estás comiendo?
B Un bocadillo.
4 A ¿Qué haces?
B Estoy leyendo algo.
A ¿Qué estás leyendo?
B Un artículo sobre Gibraltar.

C
2 A ¿Vienes a la piscina?
B Ahora no puedo. Estoy preparando una clase de francés.
3 A ¿Usted viene al club?
B Ahora no puedo. Estoy preparando la comida.
4 A ¿Venís al cine?
B Ahora no podemos. Estamos leyendo un libro muy interesante.
5 A ¿Carmen viene al bar?
B Ahora no puede. Está escribiendo una carta muy importante.
6 A ¿José viene a la plaza?
B Ahora no puede. Está haciendo un trabajo muy importante.
7 A ¿Los chicos vienen a la biblioteca?
B Ahora no pueden. Están estudiando.

D
2 A ¿Qué hora es?
B Son las dos y media.
A ¿A qué hora llega el autobús?
B Creo que a las tres menos diez.
3 A ¿Qué hora es?
B Es la una.
A ¿A qué hora llega el autobús?
B Creo que a la una y media.
4 A ¿Qué hora es?
B Son las once y cinco.
A ¿A qué hora llega el autobús?
B Creo que a las doce menos veinte.
5 A ¿Qué hora es?
B Son las cuatro y cuarto.
A ¿A qué hora llega el autobús?
B Creo que a las cinco menos cuarto.

E
Beispiel:
Doña Eusebia y don Tomás están en la estación de ferrocarril de un pueblo castellano. Están esperando el tren para Guadalajara. Pero el tren no viene. Doña Eusebia está escribiendo una postal y don Tomás está leyendo un periódico. Hace mucho calor. Hace casi cincuenta grados al sol. Están sudando. A las tres y veinte doña Eusebia mira el horario.
Hay un tren para Guadalajara a las tres y media. Pero esperan el tren de las dos y media. A las cuatro doña Eusebia mira el horario otra vez. Hay otro tren a las cuatro. Pero el tren no viene. A las cuatro y media doña Eusebia saca un bocadillo y una botella de agua mineral. Tiene hambre, tiene sed y tiene sueño también. Don Tomás mira el horario otra vez. Hay una nota. No pasa el tren los domingos a estas horas. Sólo hay uno a las dos menos cuarto y otro a las cinco y cuarto. Doña Eusebia y su marido vuelven a casa.

F
Beispiel:
1 ¿A qué hora llega el tren para Guadalajara, por favor?
2 ¿Cuántos trenes hay para Guadalajara?
3 ¿A qué hora llegan los trenes?
4 ¿Qué hora es (ahora), por favor?
5 ¿Dónde puedo/se puede tomar algo aquí?

G
Beispiele:
2 A Hola, Elena, soy Tomás.
B ¿Tomás? ¿Dónde estás?
A Estoy en Madrid.
B ¿En Madrid? ¿Qué tiempo hace?
A Aquí hace buen tiempo, hace sol y hace calor.
3 A Hola, Ana, soy Jaime.
B ¿Jaime? ¿Dónde estás?
A Estoy en Santander.
B ¿En Santander? ¿Qué tiempo hace?
A Aquí hace mal tiempo, hace frío y está lloviendo (llueve).
4 A Hola, Cristina, soy Pablo.
B ¿Pablo? ¿Dónde estás?
A Estoy en Torremolinos.
B ¿En Torremolinos? ¿Qué tiempo hace?
A Aquí hace buen tiempo, hace sol, pero hace viento.
5 A Hola, María, soy Carlos.
B ¿Carlos? ¿Dónde estás?
A Estoy en Sevilla.
B ¿En Sevilla? ¿Qué tiempo hace?
A Aquí hace buen tiempo, hace sol y hace calor.
6 A Hola, Pilar, soy Juan.
B ¿Juan? ¿Dónde estás?
A Estoy en Barcelona.
B ¿En Barcelona? ¿Qué tiempo hace?
A Aquí hace mal tiempo, hace frío y llueve.

H
1 En un café hay una chica.
2 En otro café hay otra chica.
3 En una mesa hay un bocadillo.
4 En otra mesa hay medio bocadillo.
5 Déme medio litro de vino, por favor.
6 Quiero comprar otro diccionario.

26 Una familia nerviosa

A
En el andén hay mucha gente. A la izquierda hay un lavabo para caballeros, un lavabo para señoras y una cantina. A la derecha en el andén hay un banco. Junto a la puerta una mujer está vendiendo agua /a los viajeros/. En el banco un señor está leyendo un periódico. Delante de la taquilla hay un grupo de curas que están sacando billetes. Delante de la cantina está la familia García. Uno de los hijos está junto a la puerta del lavabo para caballeros y una de las hijas está junto a la puerta de la cantina.

B
2 A ¿Quién tiene las revistas?
B Las tengo yo.
3 A ¿Quién tiene el libro?
B Lo tengo yo.
4 A ¿Quién tiene los periódicos?
B Los tengo yo.
5 A ¿Quién tiene la maleta?
B La tengo yo.

C
2 A ¿Quién tiene las llaves?
B Las tiene don Ignacio.
3 A ¿Quién tiene la cámara fotográfica?
B La tiene don Ignacio.
4 A ¿Quién tiene el bolso?
B Lo tiene doña Ana.
5 A ¿Quién tiene los bocadillos?
B Los tiene Alfonso.
6 A ¿Quién tiene la revista?
B La tiene Carmen.

D
2 A ¿Quién tiene las revistas?
B No sé, yo no las tengo.
3 A ¿Quién tiene el libro?
B No sé, yo no lo tengo.
4 A ¿Quién tiene los periódicos?
B No sé, yo no los tengo.
5 A ¿Quién tiene la maleta?
B No sé, yo no la tengo.

E

2 A ¿Ves a Cristina?
B No, no la veo. ¿Dónde está?
A Allí, en el banco.
3 A ¿Ves a los chicos?
B No, no los (les) veo. ¿Dónde están?
A Allí, en otro banco.
4 A ¿Ves a las chicas?
B No, no las veo. ¿Dónde están?
A Allí, a la derecha de la puerta.
5 A ¿Ves a los curas?
B No, no los (les) veo. ¿Dónde están?
A Allí, delante de la taquilla.
6 A ¿Ves al señor?
B No, no lo (le) veo. ¿Dónde está?
A Allí, en el banco.

F

2 A ¿Cuándo vas a comprar las naranjas?
B Ya las he comprado.
3 A ¿Cuándo vas a comprar el arroz?
B Ya lo he comprado.
4 A ¿Cuándo vas a comprar los plátanos?
B Ya los he comprado.
5 A ¿Cuándo vas a comprar la fruta?
B Ya la he comprado.

G

2 A ¿Vais a comprar el pan hoy?
B Ya lo hemos comprado.
3 A ¿Vais a comprar los tomates hoy?
B Ya los hemos comprado.
4 A ¿Vais a comprar las cebollas hoy?
B Ya las hemos comprado.
5 A ¿Vais a comprar la fruta hoy?
B Ya la hemos comprado.

H

2 ¡Cómo! ¿No los habéis abierto todavía?
3 ¡Cómo! ¿No lo has comprado todavía?
4 ¡Cómo! ¿No las han puesto todavía?
5 ¡Cómo! ¿No las ha escrito todavía?
6 ¡Cómo! ¿No la has llamado todavía?
7 ¡Cómo! ¿No la habéis traído todavía?

I

1c, 2d, 3b, 4e, 5a

K

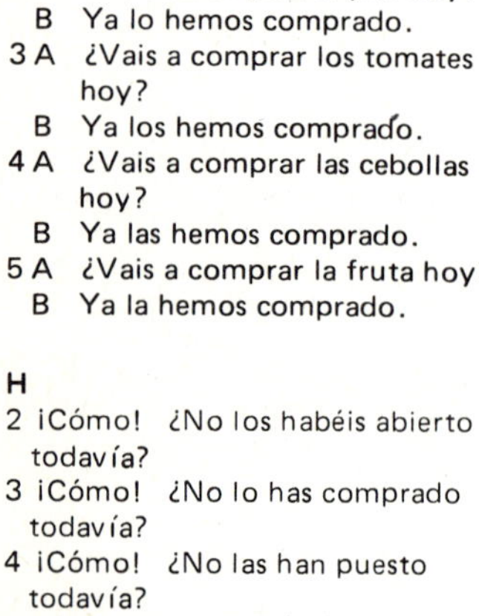

27 El piso nuevo

A

2 A ¿Dónde pongo la nevera?
B Puedes ponerla en la cocina.
3 A ¿Dónde pongo las sillas?
B Puedes ponerlas en el comedor.
4 A ¿Dónde pongo el televisor?
B Puedes ponerlo en la sala.
5 A ¿Dónde pongo los sillones?
B Puedes ponerlos en el dormitorio.

B

2 A ¿Dónde está la cama?
B Ana la ha puesto en el dormitorio.
3 A ¿Dónde está la alfombra?
B Ana la ha puesto en la sala.
4 A ¿Dónde está el espejo?
B Ana lo ha puesto en el cuarto de baño.
5 A ¿Dónde están las sillas?
B Ana las ha puesto en el comedor.

C

2 A ¿Dónde está la blusa de mamá?
B Creo que la tiene ella.
3 A ¿Dónde están los calcetines de los chicos?
B Creo que los tienen ellos.
4 A ¿Dónde está el pantalón de Marisa?
B Creo que lo tiene ella.
5 A ¿Dónde están los zapatos de Ana?
B Creo que los tiene ella.
6 A ¿Dónde está el abrigo de Daniel?
B Creo que lo tiene él.

D

2 A ¿Vas a comprar el arroz hoy?
B Hoy no, voy a comprarlo el lunes.
3 A ¿Vais a comprar las gambas hoy?
B Hoy no, vamos a comprarlas el domingo.
4 A ¿Va a comprar (usted) el vino tinto hoy?
B Hoy no, voy a comprarlo otro día.
5 A ¿Vas a comprar la sal hoy?
B Hoy no, voy a comprarla la semana que viene.
6 A ¿Vais a comprar las uvas hoy?
B Hoy no, vamos a comprarlas el sábado.

E

2 A ¿Has comprado las gambas?
B No, todavía no las he comprado.
A Pues, tienes que comprarlas.
B Ya sé, voy a comprarlas mañana.
3 A ¿Has comprado los plátanos?
B No, todavía no los he comprado.
A Pues, tienes que comprarlos.
B Ya sé, voy a comprarlos mañana.
4 A ¿Has comprado las uvas?
B No, todavía no las he comprado.
A Pues, tienes que comprarlas.
B Ya sé, voy a comprarlas mañana.

G

1 La familia García acaba de llegar a su piso nuevo.
2 *El Señor García* ¿Dónde está la llave?
3 *La Señora García* La tengo yo.
4 *Felipe* Tengo hambre. ¿Dónde está el bocadillo de jamón?
5 *Emilia* Lo tiene Ana.
6 *Ana* No, yo no lo tengo.
7 *Roberto* Acabo de comerlo.

28 En la agencia de viajes

A

1 Entra en una agencia de viajes.
2 Es una chica alta y delgada, es rubia y tiene los ojos verdes.
3 Tiene unos 25 años.
4 Lleva un bolso negro grande y una maleta pequeña.
5 Quiere ir a Málaga.
6 Quiere ir en avión.
7 Tiene que hacer transbordo en Madrid.
8 Vale siete mil setecientas cincuenta y cinco pesetas.
9 No, no puede comprar el pasaje allí.
10 Porque en la agencia no pueden vender pasajes para hoy (el mismo día).
11 Tiene que comprarlo en el aeropuerto.

B

Hay un avión que sale a las nueve menos diez y llega a Madrid a las diez y diez. En Madrid tiene que hacer transbordo. El avión sale de allí a las once y llega a Málaga a las doce menos diez.

Hay un avión que sale a las doce y media y llega a Madrid a la una y cuarto. En Madrid tiene que hacer transbordo. El avión sale de allí a las cuatro menos cuarto y llega a Málaga a las cinco menos veinticinco.

Hay un avión que sale a la una y veinte y llega a Madrid a las tres menos veinte. En Madrid tiene que hacer transbordo. El avión sale de allí a las cuatro (a las cuatro menos cuarto) y llega a Málaga a las cinco (a las cinco menos veinticinco).

C

2 A Quiero ir de Madrid a Palma de Mallorca. ¿Cuánto vale el pasaje?
B ¿Ida y vuelta?
A No, sólo ida.
B De Madrid a Palma de Mallorca son ocho mil ochocientas quince pesetas.
3 A Quiero ir de Madrid a Sevilla. ¿Cuánto vale el pasaje?
B ¿Ida y vuelta?
A No, sólo ida.
B De Madrid a Sevilla son siete mil doscientas cinco pesetas.
4 A Quiero ir de Las Palmas a Madrid. ¿Cuánto vale el pasaje?
B ¿Ida y vuelta?
A No, sólo ida.
B De Las Palmas a Madrid son dieciséis mil ciento veinticinco pesetas.

D

b A Dos para Zaragoza, por favor.
B ¿De primera o de segunda?
A De primera. ¿Hay que sacar reserva?
B Sí, ¿para cuándo los desea?
A Para el quince de octubre.
c A Tres para Toledo, por favor.
B ¿De primera o de segunda?
A De segunda. ¿Hay que sacar reserva?
B Sí, ¿para cuándo los desea?
A Para el ocho de mayo.
d A Uno para Pamplona, por favor.
B ¿De primera o de segunda?
A De segunda. ¿Hay que sacar reserva?
B Sí, ¿para cuándo lo desea?
A Para el cinco de julio.

E

1 Ha ido a la agencia de viajes.
2 Ha preguntado al empleado el precio de los pasajes.
3 Se ha informado del horario.
4 Después ha tomado un taxi al aeropuerto.
5 Allí ha comprado un billete.

F

Beispiele:

A El señor Pérez quiere ir de Barcelona a Valencia. ¿A qué hora puede llegar a Valencia?
B Bueno, si toma el Rápido de las dos y veinticinco de la tarde puede estar en Valencia a las nueve de la noche.
A El señor Pérez quiere ir de Barcelona a Sagunto. ¿A qué hora puede llegar a Sagunto?
B Bueno, si toma el Talgo de las diez y cuarto de la mañana puede estar en Sagunto a las dos y dieciocho de la tarde.
A El señor Pérez quiere ir de Tarragona a Sagunto. ¿A qué hora puede llegar a Sagunto?
B Bueno, si toma el Talgo de las nueve y veintitrés de la mañana puede estar en Sagunto a las doce y dieciocho de la tarde.

G

Beispiel:

– Buenos días. Por favor, quiero ir de Las Palmas a Madrid. ¿Cuándo hay un avión?
– No, es muy tarde. Me gustaría ir más pronto, porque quiero ver la ciudad.
– Ah, muy bien. ¿Cuánto cuesta el pasaje?
– Dígame, ¿puedo comprar el pasaje aquí, en la agencia de viajes?
– Bueno, muchas gracias. Adiós.

29 El sur

B

1 a) Hace mucho calor.
b) La temperatura no es muy baja.
2 Es una de las ciudades más antiguas de Europa.

3 El dos por ciento de la población posee el ochenta por ciento de la tierra.
4 Se cultivan olivos, viñas y trigo.
5 Se exportan aceite de oliva, vinos y licores.
6 Hay otros trabajos en los centros turísticos.
7 No, hay turistas la mayor parte del año.
8 Los que no encuentran trabajo, emigran.
9 Van a otras regiones de España o al extranjero.
10 Hay trabajo (para ellos) en fábricas, (en) hoteles, (en) restaurantes o en el campo.
11 Muchos emigrantes envían dinero a su familia y otros ahorran dinero.
12 Quieren poner un bar o una gasolinera o comprar un piso.
13 Ceuta y Melilla viven principalmente del comercio y del turismo.
14 No, Gibraltar tiene sólo unos veinticinco mil habitantes.

C
1 de — en — de — a — desde
2 en — en — a
3 en — en/de
4 del — del
5 de — de — al
6 En — de
7 desde
8 de — de

D
Beispiel:
1 ¿Dónde está Andalucía?
2 ¿Cuál es la ciudad más importante de Andalucía?
3 ¿Cuántos habitantes tiene Sevilla?
4 ¿Es rica la tierra en Andalucía?
5 ¿Qué se cultiva en Andalucía? ¿Hay también industrias?
6 ¿Vienen muchos turistas a Andalucía?
7 ¿Hay trabajo para todos?
8 ¿Qué hacen los que no tienen trabajo?
9 ¿Adónde emigran los que no tienen trabajo?
10 ¿Y qué trabajos hacen en el extranjero?

E
Beispiel:
En Andalucía hace mucho calor en verano. Sevilla es la principal ciudad. Cádiz es una de las ciudades más antiguas de Europa. La tierra es pobre o está mal repartida. Hay muchos latifundios. Se cultivan olivos, viñas y trigo. Se producen aceite de oliva, vinos y licores. El famoso jerez viene de Jerez de la Frontera. Se exportan aceite de oliva, vinos y licores. Hay muchos turistas en Andalucía la mayor parte del año. Mucha gente trabaja en los centros turísticos. Pero hay también mucha gente que no tiene trabajo. Por eso muchos emigran a otros países. Tienen trabajo en fábricas o en restaurantes, por ejemplo. Muchos emigrantes envían dinero a su familia. Otros ahorran dinero para poner un bar o una gasolinera o comprar un piso en España.

30 Un campesino andaluz

A
1 Es un campesino andaluz.
2 No, es soltero.
3 Vive en Jaén. Jaén está en el interior de Andalucía.
4 Va al sur de Francia.
5 No, va con unos amigos.
6 Se queda allí unos meses.
7 Está en el bar de la estación.
8 Espera el tren para Madrid.
9 (El perro) está al lado de la barra.
10 Está en el andén.
11 Está esperando a sus amigos, Vicente y Luis.
12 Es su primo/el primo de Tomás.

B
1 Sí, tiene trabajo en la finca del marqués.
2 Es el hijo de la señora Galindo. Trabaja en la finca del marqués con Rafael.
3 No, ellos no van a Francia.
4 Tienen que ir a la mili.
5 Tienen que hacerla en Ceuta.

C
2 A Conoces a Pedro, ¿no?
B ¿A Pedro? Claro que lo (le) conozco.
3 A Conoces a Carmen, ¿no?
B ¿A Carmen? Claro que la conozco.
4 A Conoces a Rafael y a Pedro, ¿no?
B ¿A Pedro y a Rafael? Claro que los (les) conozco.
5 A Conoces al señor López, ¿no?
B ¿Al señor López? Claro que lo (le) conozco.

D
2 A ¿Has visto la película del Astoria?
B No, todavía no la he visto.
3 A ¿Has visto a Jaime?
B No, todavía no lo (le) he visto.
4 A ¿Has visto su nuevo SEAT?
B No, todavía no lo he visto.
5 A ¿Has visto a las chicas alemanas?
B No, todavía no las he visto.
6 A ¿Has visto el nuevo edificio?
B No, todavía no lo he visto.

E
2 A ¿Conoces al primo de Carmen?
B A su primo no lo/le conozco, pero a su prima sí que la conozco.
3 A ¿Conoces a la hermana de Elena?
B A su hermana no la conozco, pero a su hermano sí que lo/le conozco.
4 A ¿Conoces a la amiga de Luis?
B A su amiga no la conozco, pero a su amigo sí que lo/le conozco.
5 A ¿Conoces a los amigos de Emilia y Elena?
B A sus amigos no los/les conozco, pero a sus amigas sí que las conozco.
6 A ¿Conoces a la abuela de Vicente y Luis?
B A su abuela no la conozco, pero a su abuelo sí que lo/le conozco.
7 A ¿Conoces a los hijos de los señores Sánchez?
B A sus hijos no los/les conozco, pero a sus hijas sí que las conozco.

G
Rafael
Rafael no es hermano de Tomás López, es su primo.
Rafael sí tiene trabajo.
No tiene una finca, trabaja en la finca del marqués.
José y su hermano no han hecho la mili en Ceuta, van a hacerla pronto.

Tomás
Tomás no quiere emigrar a Andalucía, vive en Andalucía.
La Seat no es una fábrica de maletas, es una fábrica de coches; y está en Cataluña, no en Andalucía.
La mujer de Tomás trabaja en una finca, no vende pescado.
Los niños en Andalucía no aprenden en la escuela el catalán.

Paco
Vigo no está cerca de la frontera francesa, está en Galicia.
En Vigo no hay minas de carbón.

H
1 ¿Cómo se llama usted?
2 ¿De dónde es?
3 ¿Cuántos años tiene usted?
4 ¿Está casado?
5 ¿Dónde vive usted?
6 ¿Dónde está Jaén?
7 ¿Adónde va usted?
8 ¿Va usted solo?
9 ¿Va usted allí todos los años?
10 ¿Cuánto tiempo se queda usted en Francia?
11 ¿Qué hace usted allí?

I
1 Eva está esperando a su novio.
2 No puede encontrar a Juan.
3 Mira el reloj. Son las ocho y media.
4 En otra calle Juan está esperando a Eva.
5 No puede ver a Eva.
6 Juan espera media hora.
7 Después no tiene ganas de esperar más.

J
Beispiel:

Madrid
— En Madrid no hay poco tráfico, hay muchísimo.
— La contaminación en Madrid es una de las más altas de Europa.
— En Madrid no hay todavía muchas bicicletas por la calle.
— Las Ramblas son una calle de Barcelona.

Central nuclear
— Hay bastantes centrales nucleares en España.
— La central nuclear de Zorita está en Guadalajara y no es hoy un parque.
— La central nuclear de Zorita estáen Guadalajara y no es hoy un paraque.
— Tampoco es un museo. Por eso la calefacción no puede funcionar con energía solar.

El cumpleaños del rey
— El arroz es un producto típico de Valencia, no de Barcelona.
— Tomates, cebollas y pimientos se producen sobre todo en el sur y en el este de España.
— El carbón viene sobre todo del norte.
— El jerez se produce en el oeste de Andalucía, no en Asturias.

El último emigrante
— Todavía hay muchísimos emigrantes españoles en otros países.
— No es fácil encontrar trabajo hoy en España.
— No es fácil, para un emigrante que vuelve, ganar mucho dinero.
— El emigrante que vuelve no va a vender su Mercedes para comprar un Seat.

El tiempo
— Una temperatura de cuarenta grados no es normal en el norte.
— En Andalucía llueve muy poco.

31 En la aduana

A
2 A ¿De quién es esta maleta? ¿Es de Carlos?
B Sí, creo que es suya.
3 A ¿De quién son estos bolígrafos? ¿Son de Antonio?
B Sí, creo que son suyos.
4 A ¿De quién son estas camisas? ¿Son de Pedro?
B Sí, creo que son suyas.

B
2 A Aquí está tu pipa.
B Esa pipa no es mía.
A ¿No es tuya? ¿De quién es?
B No sé, pero no es mía. La mía está aquí.
3 A Aquí están tus bocadillos.
B Esos bocadillos no son míos.
A ¿No son tuyos? ¿De quién son?
B No sé, pero no son míos. Los míos están aquí.
4 A Aquí están tus llaves.
B Esas llaves no son mías.
A ¿No son tuyas? ¿De quién son?
B No sé, pero no son mías. Las mías están aquí.

C
2 A Aquí está su maleta.
B Esa maleta no es mía.
A ¿No es suya? ¿De quién es?
B No sé, pero no es mía. La mía está aquí.
3 A Aquí están sus discos.
B Esos discos no son míos.
A ¿No son suyos? ¿De quién son?
B No sé, pero no son míos. Los míos están aquí.

4 A Aquí están sus llaves.
B Esas llaves no son mías.
A ¿No son suyas? ¿De quién son?
B No sé, pero no son mías. Las mías están aquí.

D
2 A ¿Y esa bicicleta es de Carmen?
B Creo que no. La suya es más pequeña.
3 A ¿Y esas blusas son de la niña?
B Creo que no. Las suyas son más pequeñas.
4 A ¿Y esa cámara es de tu hermano?
B Creo que no. La suya es más pequeña.
5 A ¿Y ese coche es de Luisa?
B Creo que no. El suyo es más pequeño.
6 A ¿Y esos zapatos son de tu amigo?
B Creo que no. Los suyos son más pequeños.
7 A ¿Y esa moto es de Ana?
B Creo que no. La suya es más pequeña.

E
1 suya
2 mía
3 suyos
4 míos
8 mío
9 suyo
10 mío
11 suyas
12 mías

32 Robo de un cuadro

A
1 La joven entró en el Museo de Arte Moderno de Pamplona.
2 Se llevó el famoso cuadro "Campo Verde" del pintor catalán Miguel Villá.
3 Después fue a Bilbao.
4 No, fue en coche.
5 En el aeropuerto compró un pasaje para Málaga.
6 Pagó catorce mil novecientas veinticinco pesetas.
7 Tomó el avión a las doce y media.
8 Llegó a Barajas a la una y cuarto.
9 Allí cambió de avión.
10 Llegó a Málaga a las cinco menos veinticinco.
11 No, tomó un taxi.

B
2 A ¿Ya has comprado las gambas?
B Sí, las compré ayer.
3 A ¿Ya has comprado el pollo?
B Sí, lo compré ayer.
4 A ¿Ya has comprado el vino?
B Sí, lo compré ayer.
5 A ¿Ya has comprado los tomates?
B Sí, los compré ayer.

C
3 A ¿Ha pagado usted la mesa?
B Sí, ayer pagué mil pesetas.
(A ¿Han pagado ustedes la mesa?
B Sí, ayer pagamos mil pesetas.)
4 A ¿Ha pagado usted la radio?
Sí, ayer pagué dos mil pesetas.
(A ¿Han pagado ustedes la radio?
B Sí, ayer pagamos dos mil pesetas.)
5 A ¿Ha pagado usted el televisor?
B Sí, ayer pagué diez mil pesetas.
(A ¿Han pagado ustedes el televisor?
B Sí, ayer pagamos diez mil pesetas.)
6 A ¿Ha pagado usted las sillas?
B Sí, ayer pagué dos mil cien pesetas.
(A ¿Han pagado ustedes las sillas?
B Sí ayer pagamos dos mil cien pesetas.)

D
2 A ¿Ya ha llegado Luis?
B Sí, llegó ayer a las cinco.
3 A ¿Ya han llegado Carmen y Elena?
B Sí, llegaron ayer a las ocho y media.
4 A ¿Ya ha llegado Joaquín?
B Sí, llegó ayer a la una y cuarto.
5 A ¿Ya han llegado los señores Pérez?
B Sí, llegaron ayer a las siete.

E
2 tomaste
3 cambiaste
4 hablaste
5 llegaste

F
2 cambiasteis
3 llegasteis
4 empezasteis
5 terminasteis

G
2 A Bastante. Empecé a las diez de la mañana y no terminé hasta las once de la noche.
3 A Bastante. Empecé a las ocho de la mañana y no terminé hasta las nueve de la noche.

H
Ayer por la mañana entré a mirar los cuadros en el Museo de Arte Moderno — tomé un autobús al aeropuerto — compré un pasaje allí — pagué catorce mil novecientas veinticinco pesetas — tomé el avión a las doce y media — llegué a Barajas — cambié de avión — llegué a Málaga a las cinco menos veinticinco — tomé un taxi a un hotel.

I
1 visitó
2 encontró — preguntó
3 enseñó
4 Fue
5 Compró — habló — miró
6 entró
7 Tomó — pagó — se fue

J
1 . . . fueron . . . . 2 Compraron . . . .
3 Pagaron . . . . 4 Tomaron . . . .
5 Llegaron . . . . 6 Cambiaron . . . .
7 Llegaron . . . . 8 Tomaron . . . .
9 Visitaron . . . .

33 Cartas

Una carta del extranjero

A
1 La escriba a sus padres y / a sus / hermanos.
2 Carlos y su mujer están en Alemania Occidental/en Hannover/.
3 Llevan ocho meses allí.
4 Ha llovido una semana y ahora hace bastante frío.
5 Trabaja en una fábrica.
6 Ha trabajado muchas horas extra en la fábrica el mes pasado.
7 No, compraron un coche de segunda mano.
8 No, lo compraron a plazos.
9 Dice que ya empiezan a acostumbrarse a la comida de Hannover.
10 Habló con su primo José/por teléfono/.
11 José va a ir a Hannover la próxima semana.
12 Sí, Carlos ha encontrado un puesto para él en un taller mecánico.
13 Sus padres han enviado su ropa de invierno.
14 /Carlos/ ha enviado dinero a su madre.

B
a El tres de agosto de mil cuatrocientos noventa y dos.
b El seis de octubre de mil quinientos setenta y uno.
c El nueve de diciembre de mil novecientos treinta y uno.
d El dieciocho de julio de mil novecientos treinta y seis.
e El uno (primero) de abril de mil novecientos treinta y nueve.
f El diez de diciembre de mil novecientos cincuenta y seis.
g El veinte de noviembre de mil novecientos setenta y cinco.

C
2 A ¿Desde cuándo está Fernando en Madrid?
B Ya lleva seis meses aquí.
3 A ¿Desde cuándo estás (tú) en Munich?
B Ya llevo dos semanas aquí.
4 A ¿Desde cuándo estáis en Andalucía?
B Ya llevamos mucho tiempo aquí.
5 A ¿Desde cuándo están los Martí en Alemania?
B Ya llevan un mes aquí.
6 A ¿Desde cuándo están ustedes en París?
B Ya llevamos cinco años aquí.
7 A ¿Desde cuándo está Emilia en Ibiza?
B Ya lleva diez meses aquí.

Una carta al extranjero

A
1 Los padres la recibieron ayer.
2 Sí, la madre (se) los compró ayer.
3 Sí, está muy contenta con ellos.
4 Hoy hace buen tiempo en Salo, pero ayer llovió mucho.
5 /La semana pasada los Pérez/ vendieron las tierras.
6 /Ellos/ se van a vivir a Sevilla.
7 El padre va a poner un taller o una zapatería.
8 /Comieron/ en el restaurante de la plaza.
9 /El señor Pérez habló mucho de Suiza/porque él vivió y trabajó allí en 1960.
10 No, ahora es demasiado viejo para ir al extranjero.

B
2 A ¿Ya está aquí el señor Sotelo?
B Sí, volvió ayer por la mañana.
3 A ¿Ya estás aquí?
B Sí, volví la semana pasada.
4 A ¿Ya están ustedes aquí?
B Sí, volvimos anteayer.
5 A ¿Ya estáis aquí?
B Sí, volvimos el jueves pasado.

C
2 A ¿Ya estás aquí? ¿Cuándo volviste?
B Volví anteayer.
3 A ¿Ya están aquí las chicas? ¿Cuándo volvieron?
B Volvieron el martes pasado.
4 A ¿Ya estáis aquí? ¿Cuándo volvisteis?
B Volvimos el mes pasado.
5 A ¿Ya está aquí Jaime? ¿Cuándo volvió?
B Volvió la semana pasada.

D
3 A ¿Usted ha visto a los Sánchez?
B Sí, los (les) vi anteayer.
A ¿Dónde los (les) vio?
B Los (les) vi en el puerto.
4 A ¿Tus padres han visto a Juana?
B Sí, la vieron anteayer.
A ¿Dónde la vieron?
B La vieron en la calle de Colón.
5 A ¿Has visto a Pilar y Pedro?
B Sí, los (les) vi anteayer.
A ¿Dónde los (les) viste?
B Los (Les) vi en el restaurante.
6 A ¿Carlos ha visto a sus hermanos?
B Sí, los (les) vio anteayer.
A ¿Dónde los (les) vio?
B Los (Les) vio en el parque.
7 A ¿Habéis visto a Carmen y Pilar?
B Sí, las vimos anteayer.
A ¿Dónde las visteis?
B Las vimos en el metro.
8 A ¿Ustedes han visto a Luis?
B Sí, lo (le) vimos anteayer.
A ¿Dónde lo (le) vieron?
B Lo (Le) vimos en la calle de Solana.

E
2 B No, pero le escribí una postal anteayer.
3 B No, pero les escribimos una carta la semana pasada.
4 B No, pero le escribieron una postal anteayer.

F

2 A ¿Ha llegado el libro?
B Sí, lo recibí ayer.
3 A ¿Ha llegado la maleta?
B Sí, las chicas la recibieron ayer.
4 A ¿Ha llegado la postal?
B Sí, la recibimos ayer.
5 A ¿Ha llegado la revista?
B Sí, la recibiste ayer.

G

2 A ¿Has estado en Bogotá?
B Sí, estuve allí en mil novecientos sesenta y cinco.
3 A ¿Ha estado tu hermana en Caracas?
B Sí, estuvo allí en mil novecientos setenta y tres.
4 A ¿Ha estado usted en Santiago?
B Sí, estuve allí en mil novecientos sesenta y nueve.
5 A ¿Han estado ustedes en La Habana?
B Sí, estuvimos allí en mil novecientos setenta.
6 A ¿Han estado los chicos en Buenos Aires?
B Sí, estuvieron allí en mil novecientos setenta y uno.

H

1 llegó
2 llegó; ha encontrado
3 llamé; ha comprado
4 dijeron; han trabajado; han ganado
5 dijo; compramos; nos hemos acostumbrado
6 he leído; hizo/ha hecho; ha llovido
7 han llegado

I

2 A La semana pasada fui a Sevilla.
B ¿Cómo fuiste? ¿En tren?
A No, fui en avión.
3 A La semana pasada Juan y Antonia fueron a Bilbao.
B ¿Cómo fueron? ¿En coche?
A No, fueron en autobús.
4 A La semana pasada fuimos a Sagunto.
B ¿Cómo fuisteis? ¿En moto?
A No, fuimos en bicicleta.

J

2 A ¿Qué hiciste (tú) el verano pasado?
B Fui a Francia con mis hermanos, ¿y tú?
A Me quedé en Madrid.
3 A ¿Qué hizo usted ayer?
B Fui a la playa con mis hijos, ¿y usted?
A Me quedé en Barcelona.
4 A ¿Qué hicisteis (vosotros) la semana pasada?
B Fuimos al mar con unos amigos, ¿y vosotros?
A Nos quedamos en la ciudad.
5 A ¿Qué hicieron ustedes el domingo pasado?
B Fuimos al cine, ¿y usted?
A Me quedé en casa.
6 A ¿Qué hizo tu padre el verano pasado?
B Fue a Portugal, ¿y el tuyo?
A Se quedó en casa.

K

1 Álvaro Conqueiro y su hijo *fueron* al puerto a las nueve de la noche.
2 *Tomaron* un bolso con los bocadillos.
3 *Se encontraron* en el puerto con los pescadores.
4 Media hora despues *salieron* al mar.
5 *Se quedaron* en el mar toda la noche.
6 A las cinco de la mañana *volvieron* al puerto.
7 *Llevaron* las cajas con la pesca al mercado.
8 *Llegaron* allí a eso de las seis.
9 Dolores *vendió* parte de la pesca allí.
10 Álvaro *llevó* el resto de la pesca a una fábrica de conservas.
11 A las ocho el padre y el hijo *volvieron* a casa.
12 *Desayunaron* y *se acostaron.*
13 *Se despertaron* a las dos de la tarde.
14 *Se levantaron.*
15 *Se afeitaron.*
16 *Se lavaron.*
17 Después *fueron* otra vez al mercado.
18 Allí *almorzaron* con Dolores.

L

Beispiel:
Barcelona, 5 de mayo de 1975
Querido Carlos:
Muchísimas gracias por el dinero. Lo recibí ayer. En seguida me compré un disco. Me gusta mucho. Por la noche fui al cine. Recuerdos a tus hermanos.

Abrazos,
Luis

M

1 me levanté	8 fuimos
2 Fui	9 Vimos
3 Encontré	10 gustó
4 Hablamos	11 gustó
5 comimos	12 cenamos, comimos
6 volvimos	13 Fue
7 Comimos, bebimos	

O

1 — ¿A qué hora te levantaste ayer?
— Me levanté a las siete.
2 — ¿Desayunaste café como siempre?
— No, ayer sólo tomé una taza de té.
3 — ¿A qué hora fuiste al trabajo?
— Salí de casa a las ocho y cuarto.
4 — ¿Trabajaste mucho?
— Sí, trabajé más de nueve horas.
5 — ¿Volviste a casa tarde?
— No, llegué a casa a las nueve menos cuarto.
6 — ¿Te quedaste en casa toda la noche?
— No, fui al cine con unos amigos. Vimos una película italiana.
7 — ¿Cómo fuiste al cine?
— Fui en metro.
8 — ¿Qué hiciste después del cine?
— Tomé unas copas con los amigos.
9 — ¿A qué hora te acostaste?
— Me acosté a las tres y media de la mañana.

34 El este

A

1 Están en el este de España.
2 Sí, allí vive una cuarta parte de la población de España.
3 Los turistas vienen sobre todo en verano.
4 Allí se hablan /el/ español y /el/ catalán.
5 Hay industria textil e industria mecánica.
6 Es la fábrica SEAT. Está en Barcelona.
7 Porque allí hay trabajo.
8 Son de Murcia y de Andalucía.
9 Porque en Valencia no llueve mucho.
10 Se cultivan naranjas y limones.
11 /La fruta/ se exporta a otros países de Europa.
12 España exporta más de un millón de toneladas de naranjas, trescientas mil toneladas de mandarinas y cien mil toneladas de limones.
13 Da también cebollas, arroz tomates y pimientos.

B

1 se hablan
2 se dice — Se dice
3 se exporta — se cultiva
4 se cultiva — se encuentran — se exportan
5 se cultiva

El catalán

C

Beispiel:
1 Sí, en Cataluña se hablan el catalán y el castellano.
2 En las Islas Baleares se habla un dialecto del catalán.
3 No, no son distintas. La mayoría de las palabras /en catalán y en valenciano/ son iguales.
4 Cataluña vive principalmente de la industria textil y de la /industria/ mecánica.
5 Valencia vive principalmente de la fruta.
6 En Valencia se cultivan sobre todo naranjas, limones, mandarinas . . .
7 Una gran parte de la fruta se exporta a otros países.

Los Caballé

D

1 Viven en el campo cerca de Castellón de la Plana.
2 No, son campesinos.
3 No, tienen una finca pequeña.
4 Cultivan naranjas y limones.
5 Recogen cada día unos cincuenta kilos de naranjas.
6 Un camión viene para llevarla a la ciudad.
7 No, todavía no ha venido nadie a buscarlas.
8 El señor Caballé va a llevarlas.
9 Va a llevarlas en el tractor.

E

2 B Porque no me gusta. No hago nunca la cama.
3 B Porque no me gusta. No pongo nunca la mesa.
4 B Porque no me gusta. No salgo nunca con Antonio.
5 B Porque no me gusta. No digo nunca adónde voy.
6 B Porque no me gusta. No voy nunca al club.

F

2 A ¿Ha hecho el flan alguien?
B No, todavía no lo ha hecho nadie.
3 A ¿Ha abierto las botellas alguien?
B No, todavía no las ha abierto nadie.
4 A ¿Ha puesto la mesa alguien?
B No, todavía no la ha puesto nadie.
5 A ¿Ha visto la película alguien?
B No, todavía no la ha visto nadie.
6 A ¿Ha escrito la carta alguien?
B No, todavía no la ha escrito nadie.

H*

Las provincias de Castellón, Valencia y Alicante forman el País Valenciano. Está en el este de la Península Ibérica. Es una zona muy turística. También produce y exporta mucha fruta. Allí se habla el español y el valenciano, un dialecto del catalán.

35 El ministro

A

3 A ¿Habéis visto alguna piscina nueva allí?
B No, allí no hemos visto ninguna piscina nueva.
4 A ¿Ha visto /usted/ algún hotel nuevo allí?
B No, allí no he visto ningún hotel nuevo.
5 A ¿Han visto tus amigos algún cine nuevo allí?
B No, allí no han visto ningún cine nuevo.
6 A ¿Has visto alguna universidad nueva allí?
B No, allí no he visto ninguna universidad nueva.

B

2 *El d.* ¿Que desea?
El cl. Un traje negro.
El d. Lo siento, no queda ninguno.
3 *El d.* ¿Qué desea?
El cl. Un jersey azul.
El d. Lo siento, no queda ninguno.
4 *El d.* ¿Qué desea?
El cl. Una blusa blanca.
El d. Lo siento, no queda ninguna.
5 *El d.* ¿Qué desea?
El cl. Un abrigo verde.
El d. Lo siento, no queda ninguno.

6 *El d.* ¿Qué desea?
El cl. Una corbata amarilla.
El d. Lo siento, no queda ninguna.
7 *El d.* ¿Qué desea?
El cl. Una falda roja.
El d. Lo siento, no queda ninguna.

C
2 A ¿Ha lavado alguien los platos?
B No, nadie tiene ganas de lavarlos.
3 A ¿Ha hecho alguien las camas?
B No, nadie tiene ganas de hacerlas.
4 A ¿Ha traído alguien el vino? No, nadie tiene ganas de traerlo.
5 A ¿Ha preparado alguien la paella?
B No, nadie tiene ganas de prepararla.
6 A ¿Ha escrito alguien las cartas?
B No, nadie tiene ganas de escribirlas.

D
1 A algún
B ninguno
2 A alguna
B ninguna
3 A algo — algunos
B ningún
4 A Ninguno — algo
B alguien
5 A nadie — ninguno
B alguno

E
Beispiel:
1 No tengo ganas. En la televisión hay algo interesante. Quizás va contigo algún otro amigo al cine.
2 Todavía no he visto ninguna, pero alguien me ha contado cosas de sus películas.
3 No he comido nunca una paella tan rica. Ninguna de las paellas que he comido hasta ahora ha estado tan rica.
4 Hasta ahora no ha venido nadie. Ha llamado alguien por teléfono, pero no he entendido nada de lo que ha dicho.

F
1 — ¿Has visto la piscina nueva?
2 — No, ¿dónde está?
3 — ¡No sabe nadie dónde está! Creo que está en Torreblanca.
4 — He estado en Torreblanca, pero no he visto ninguna piscina allí.
5 — Entonces vamos allí. ¿Podemos ir en autobús?
6 — Hoy no, mañana por la mañana.
7 — Bueno (Bien), pero alguno de nosotros puede comprar los billetes hoy.
8 — (¡Sí) ninguno de nosotros tiene dinero!

36 En la comisaría

A
1 Una joven entra en la comisaría.
2 Dice que ha perdido el bolso.
3 Estaba en el cine Astoria. Salió. De repente, en la calle, se dio cuenta de que no llevaba el bolso.
4 Ocurrió hace media hora.
5 Su carnet de identidad, mil pesetas, las llaves de /su/ casa . . .

B
1 Le han robado el coche.
2 No, es la segunda vez.
3 En el aparcamiento de la calle de Cervantes.
4 Puso su coche allí ayer por la noche.
5 Esta mañana.

C
1 Llevan un cuadro.
2 Lo han encontrado cerca del puerto.
3 Hace un cuarto de hora.
4 Se le cayó a una mujer.
5 Era muy alta y delgada y tenía el pelo rubio.
6 Llevaba una maleta.
7 Desapareció la semana pasada.
8 Desapareció en Pamplona.
9 Lo dice el policía.

D
1 Entró una joven de unos veinticinco años.
2 Se llevó un cuadro.
3 Era el cuadro "Campo verde" del pintor catalán Miguel Villá.
4 Fue en taxi.
5 Fue en avión.
6 /Cambió de avión/ en Madrid.

E
1 B He perdido
2 A ha ocurrido/ocurrió
B Estaba — me di — llevaba
3 A había
B tenía
4 A era
B Era

F
1 *a* En — (servir)le
b en — a — De — me — de — de
a las
b En
2 con
a de — Nos — le — a
b de
a en — nos
b de

G
Beispiel:
1 Buenos días. He perdido mi cartera. (No puedo explicarme cómo pasó.)
2 Hace media hora, más o menos.
3 Había algunos discos, una botella de jerez, un diccionario, la llave de la habitación de mi pensión, algunos cheques y dinero.
4 Estaba en el cine para ver la última película de Saura. De repente me di cuenta de que había desaparecido mi cartera.
5 Era/Es pequeña y de color negro.
6 ¿Tengo que volver aquí para informarme si alguien ha encontrado mi cartera?
7 Adiós. Y muchas gracias.

37 Cartas al director

A
1 Es camarero.
2 La escribe al director de DESTINO.
3 Trabaja en una cafetería.
4 Sí, un par de horas por la tarde.
5 No, no le gusta, porque por la calle pasan continuamente coches y autobuses.
6 El aire estaba limpio.
7 Porque no pasaban tantos coches.
8 Sí, trabajaba todo el día en la terraza.
9 Los clientes comían y leían tranquilamente.
10 Tienen que solucionar este problema.

B
1 . . . mucho . . . .
2 . . . muchos . . . .
3 . . . muy . . . .
4 . . . mucho . . . .
5 . . . muchos . . . muy . . .
6 . . . mucho . . .
7 . . . muchas . . . .
8 . . . muy . . . .
9 . . . mucho . . . mucha . . . .
10 . . . mucho
11 . . . muy . . .

C
1 grande — pequeño
2 continuamente — sucio
3 muchos — limpio — tantos
4 tranquilamente (tranquilos) — contentos
5 terrible — generalmente
6 especialmente

D
1 A era
2 B había
3 A erais
B estaba
4 B había — estaban — eran
5 B estaban
6 B había — estaba — era

E
Benito Sánchez era periodista. Escribía artículos sobre literatura en periódicos y revistas. Vivía en Madrid, en un barrio moderno.
Tenía 35 años. Estaba casado. Su mujer tenía 29 años. Tenían tres hijos, dos hijas y un hijo. La hija mayor tenía 9 años y la menor 5. El chico tenía 7 años.
Benito no ganaba mucho dinero con sus artículos. No podía vivir con el dinero que recibía de los periódicos. Por eso tenía que trabajar también como profesor en una academia de noche. Daba clases de francés. La academia se llamaba San Bernardo y tenía cursos de C.O.U. Estaba cerca de la Ciudad Universitaria. Benito daba clases allí el lunes y el miércoles por la noche.

F
Beispiel:

Señor Director de DESTINO:

Muy señor mío:

Soy una mujer casada. Tenemos tres hijos. Vivimos en una casa pequeña, en el centro. Ahora han construido casas altas cerca de nuestra casa (de nosotros).
Hoy hay cuatro supermercados en el centro — antes no había ninguno. Hay también una estación de metro muy cerca — antes no había ninguna. Antes teníamos muchos árboles en las calles — ahora hay pocos. Antes vivía mucha gente aquí y venían pocos turistas. Hoy vive mucha gente en el centro y van y vienen muchos turistas. Por las calles pasan muchísimos coches y autobuses. Antes había muy pocos coches, pero había muchas bicicletas. Los niños podían jugar tranquilamente por las calles, ahora no.
¿Por qué no piensan los responsables en los niños?

Una madre

G
a) Beispiel:
1 mirar la televisión
película del oeste
coser — beber
estar sentado . . .
2 película poco interessante
tener una buena idea
el señor/la señora dice:
3 levantarse pronto
hace buen tiempo . . .
en los bolsos llevan . . .
4 — 5 subir al coche
hay poco tráfico
estar contento
6 el paisaje es . . .
árboles — silencio
no hay ruidos ni contaminación
7 sacar las bolsas
buscar un lugar bonito
tener hambre/sed
8 sacar una caja grande
¿Qué es? — como siempre . . .
hacer lo mismo . . .

b) Beispiel:
1 — 2 Es viernes. El señor y la señora González están en casa. Están solos porque los hijos han ido al cine. Están sentados en el cuarto de estar.
Él bebe una cerveza, su mujer está cosiendo (coser: nähen). Los dos están viendo en la televisión una película del oeste que no es muy interesante. De repente el señor González tiene una idea extraordinaria: "Querida, ¿ por qué no vamos mañana al campo?" Ella contesta: "Estupendo. Nos levantamos pronto y vamos."

3 – 5 El sábado se levantan muy pronto. Hace sol y calor. Ponen en las bolsas todo lo que necesitan. La señora González ha hecho una tortilla. A su marido le gusta mucho la tortilla. También ha preparado unos bocadillos y ha comprado vino y fruta.

6 – 7 En el campo, donde el aire es limpio y no hay contaminación ni ruidos ni gente, sacan las bolsas del coche y buscan un lugar bonito y con sombra.

8 También sacan del coche una caja grande. ¿Qué es? ¡El televisor! El señor y la señora González están en el campo. Él bebe una cerveza, su mujer está cosiendo. Los dos están viendo en la televisión una película . . .

H Hörverstehensübung

1 *a* Margarita Batista.
b Sí, está casada.
c Tienen tres hijos.
d Viven en Valencia.
e Su marido es portero y trabaja en un hotel.

2 Antes tenían siempre vino en la mesa, comían carne casi cada día (todos los días), desayunaban mucho por la mañana. Su marido ganaba poco, pero podían comer bien. La gente no compraba coches, ni televisores, pero comía.

Ahora la gente compra coches y televisores, pero come muy mal.

3 Compró medio kilo de carne, un poco de fruta, leche, un pollo, unas cebollas.

4 *a* Le quedaron cincuenta pesetas.
b No, / su marido / no podía darle más dinero.
c /Su marido/ va a cobrar el sábado.
d Es jueves.

Correspondencia*

I*

1 Tiene 17 años.
2 Es de Francia.
3 Sí, estudia español en el colegio.
4 /Le gustaría tener correspondencia/ con chicos españoles de su edad.
5 Le gusta la música clásica y moderna, el baile, la natación y el pin/g/-pon/g/.
6 No, no sabe.
7 Un amigo le ha ayudado.
8 Pueden escribirle en francés o en inglés.

J*

Beispiel:
Señor Director:
Soy una chica alemana de 16 años. Es mi primer año de español en el instituto. Me gustaría tener correspondencia con un chico o una chica de su país (aus Ihrem Land). Me gusta jugar al tenis. También me gusta tocar la guitarra y cocinar.
Me pueden escribir en español, inglés o alemán.
Brigitte Brand
Ludwigstrasse 79
7 Stuttgart - 1
República Federal de Alemania

38 Billetes y monedas

A

2 B Sí, le firma el cheque.
3 B No, no le da el pasaporte.
4 B Sí, le da su pasaporte.
5 B Le devuelve el pasaporte.
6 B Le entrega un ticket.
7 B No, no les entrega el dinero.
8 B El cajero les entrega el dinero.
9 B Sí, le puede cambiar el billete.

B

2 B No, sólo le devuelvo setenta y cinco pesetas.
3 B No, sólo les devuelvo cien pesetas.
4 B No, sólo les devuelvo ciento cincuenta pesetas.

C*

2 A – ¿Lleva usted dinero extranjero?
B – Sí, tengo algunos francos franceses.
A – ¿Y libras?
B – No, ninguna.
3 A – ¿Lleva usted dinero extranjero?
B – Sí, tengo algunos pesos argentinos.
A – ¿Y liras?
B – No, ninguna.
4 A – ¿Lleva usted dinero extranjero?
B – Sí, tengo algunas coronas suecas.
A – ¿Y escudos?
B – No, ninguno.
5 A – ¿Lleva usted dinero extranjero?
B – Sí, tengo algunos pesos mejicanos.
A – ¿Y bolívares?
B – No, ninguno.

D

3 B Sí, pero me gusta más la azul.
4 B Sí, pero nos gusta más el gris.
5 B Sí, pero nos gustan más los rojos.
6 B Sí, pero le gustan más las verdes.
7 B Sí, pero nos gusta más el blanco.
8 B Sí, pero nos gustan más las grises.

E*

2 A ¿Viene usted el martes?
B Me gustaría venir, pero no puedo.
3 A ¿Elena viene el miércoles?
B Le gustaría venir, pero no puede.
4 A ¿Elena y Luis vienen el jueves?
B Les gustaría venir, pero no pueden.
5 A ¿Venís el viernes?
B Nos gustaría venir, pero no podemos.

F

1 van – para/a – pueblo – Costa
2 son – cambiar
3 puede/quiere – en
4 quiere/desea
5 algunos/unos/en
6 le – que – le

G

2 A ¿Cuándo vas a vender la moto?
B Ya la he vendido.
3 A ¿Cuándo vais a vender la bicicleta?
B Ya la hemos vendido.
4 A ¿Cuándo van ustedes a vender los libros?
B Ya los hemos vendido.
5 A ¿Cuándo vas a vender el piso?
B Ya lo he vendido.

H

2 B No. Me he olvidado de ponerla.
3 B No. Me he olvidado de hacerla.
4 B No. Me he olvidado de abrirla.

I

2 A ¿Pones las servilletas azules?
B Estoy buscándolas, pero no las encuentro.
3 A ¿Pones las tazas nuevas?
B Estoy buscándolas, pero no las encuentro.
4 A ¿Pones los vasos pequeños?
B Estoy buscándolos, pero no los encuentro.
5 A ¿Pones los platos grandes?
B Estoy buscándolos, pero no los encuentro.

K*

O	N	O	I	C	A	T	S	E	D	L	F
R	T	B	A	H	O	T	E	L	A	A	E
O	L	N	C	N	E	O	R	A	R	T	O
T	A	R	E	Y	S	Z	B	M	E	I	T
U	R	E	T	I	U	A	A	N	N	P	R
T	D	R	O	N	M	C	I	X	I	S	E
I	E	N	I	C	I	A	C	J	L	O	U
T	T	N	L	A	P	I	C	O	O	H	P
S	A	L	B	A	R	H	C	R	S	I	O
N	C	A	I	G	L	E	S	I	A	N	R
I	E	F	B	E	N	D	V	E	G	P	E
A	M	A	B	A	I	M	E	D	A	C	A

39 Deporte y tapas

A

1 Están en una cafetería.
2 No, no les presta ninguna atención.
3 Está mirando la televisión.
4 Sí, pero le gusta más el fútbol.
5 No, es muy viejo para esas cosas.
6 Sus hijos juegan al tenis.
7 Juega en el Madrid.

B

2 A ¿Es usted muy aficionado al ciclismo?
B Sí, pero me gusta más el fútbol.
A ¿Lo practica?
B Yo no, pero mis hijos sí juegan al fútbol.
3 A ¿Sois muy aficionados a la natación?
B Sí, pero nos gusta más el tenis.
A ¿Lo practicáis?
B Nosotros no, pero Ana y Julián sí juegan al tenis.
4 A ¿Eres muy aficionado al fútbol?
B Sí, pero me gusta más el pinpon.
A ¿Lo practicas?
B Yo no, pero mi hermana sí juega al pin-pon.

C

2 A ¿Queréis helados?
B Sí, para mí uno de café.
A ¿Y para ti, Ana?
C Para mí uno de plátano.
3 A ¿Queréis helados?
B Sí, para mí uno de almendra.
A ¿Y para ti, Ana?
C Para mí uno de limón.

D

2 A ¿El vino tinto es para la chica?
B Sí, es para ella.
A ¿Y el refresco es para los chicos?
B Sí, es para ellos.
3 A ¿Los calamares son para ustedes?
B Sí, son para nosotros.
A ¿Y las almendras son para los niños?
B Sí, son para ellos.
4 A ¿El helado es para el chico?
B Sí, es para él.
A ¿Y la horchata es para usted?
B Sí, es para mí.
5 A ¿La limonada es para la señora?
B Sí, es para ella.
A ¿Y la naranjada es para Luis?
B Sí, es para él.

E

Beispiele:
3 A ¿Te gusta la naranjada?
B Sí, pero ahora prefiero una cerveza.
4 A ¿Os gustan las gambas?
B Sí, pero ahora preferimos unos calamares.
5 A ¿Le gusta (a usted) el cortado?
B Sí, pero ahora prefiero un café con leche.
6 A ¿Les gusta (a ustedes) el jerez?
B Sí, pero ahora preferimos un vermú.
7 A ¿Te gustan las sardinas?
B Sí, pero ahora prefiero unas cigalas.

F

2 A ¿Conoces a Carmen?
B ¿A Carmen? No, a ella no la conozco, pero a su novio sí.
3 A ¿Conoces a Joaquín?
B ¿A Joaquín? No, a él no lo (le) conozco, pero a sus hermanos sí.
4 A ¿Conoces a los Gómez?
B ¿A los Gómez? No, a ellos no los (les) conozco, pero a sus hijos sí.
5 A ¿Conoces a las chicas?
B ¿A las chicas? No, a ellas no las conozco, pero a su hermano sí.

En el aparcamiento

G

2 A ¿Vienes conmigo o con Pedro?
B ¿Contigo o con él? No voy con ninguno de vosotros. Voy en metro.
3 A ¿Vienes conmigo o con las chicas?
B ¿Contigo o con ellas? No voy con ninguno de vosotros. Voy en taxi.
4 A ¿Vienes conmigo o con los chicos?
B ¿Contigo o con ellos? No voy con ninguno de vosotros. Voy en autobús.
5 A ¿Vienes conmigo o con Eulogio?
B ¿Contigo o con Eulogio? No voy con ninguno de vosotros. Voy en metro.

H

1 ellos – les
2 ustedes – les
3 mí – tráigame – ti – te
4 Me
5 tráigale – Lo
7 les – ellos
8 mí
9 mí – Tráiganos – nosotros

K*

M	R	A	V	I	L	O	B	E	N
C	O	R	O	N	A	D	A	M	D
E	L	O	S	E	Í	R	A	F	O
O	I	S	U	T	B	R	A	L	L
D	R	E	N	I	C	T	O	A	A
U	A	P	L	O	E	C	Ñ	L	R
C	T	A	E	S	N	P	S	U	F
S	N	R	E	A	T	E	F	N	C
E	E	P	R	V	I	D	A	D	O
P	A	F	C	N	Í	L	E	H	C

40* Una página escogida

A

1 A Elena le gusta la cocina, le gustan los hombres morenos y los bailes en la plaza, y le gustan los perros. Le gustan también el cordero asado y el café. Además le gusta la misa mayor y le gusta leer el periódico.
2 A María le gustan los niños, los hombres rubios y los paseos por la vega. Le gustan los gatos. A ella le gusta la tortilla francesa. El café no le gusta. Tampoco le gusta la misa mayor y no le gusta leer el periódico. Pero sí le gusta leer novelas.

B

2 A ¿Has visto a Paco en la fábrica?
B A él nunca le (lo) he visto allí.
3 A ¿Has visto a mis amigos en el parque?
B A ellos nunca los (les) he visto allí.
4 A ¿Has visto a Luis y su novia en el bar?
B A ellos nunca los (les) he visto allí.
5 A ¿Has visto a mi hermana en el colegio?
B A ella nunca la he visto allí.
6 A ¿Has visto a Marisa y Ana en la oficina?
B A ellas nunca las he visto allí.

C

1 ¡Cuánto lo siento!
2 ¡Caramba!
3 ¿De verdad?
4 ¡Caramba!
5 ¡No lo podemos creer!

D Hörverstehensübung

Horizontales		*Verticales*	
3	pasaporte	1	tapas
7	cama	2	horchata
8	carnet	3	primo
9	fútbol	5	tarde
11	mujer	6	garaje
13	norte	9	fábrica
15	puerto	10	ojo
16	bar	12	huerta
17	adulto	14	libre
18	acera		

41* Consultorio

A

1 Cinco pacientes están esperando al médico.
2 Están en la sala de espera.
3 Porque se encuentra muy cansado.
4 El médico lo examina muy detenidamente.

B

3 B Bueno, pues fume menos.
4 B Bueno, pues tome menos /café/.
5 B Bueno, pues estudien menos.
6 B Bueno, pues miren menos la televisión.
7 B Bueno, pues tome menos cerveza.

C

3 Bueno, pues lea menos.
4 Bueno, pues duerma más.
5 Bueno, pues coman menos.
6 Bueno, pues duerman más.
7 Bueno, pues beba menos.

D

2 Sí, pero hoy no escriba.
3 Sí, pero hoy no coma.
4 Sí, pero hoy no lea.
5 Sí, pero hoy no tome /café/.
6 Sí, pero hoy no fumen.
7 Sí, pero hoy no beban.
8 Sí, pero hoy no escriban.
9 Sí, pero hoy no hablen.

E

2 A ¿Puedo beber este vino?
B No, no lo beba usted.
3 A ¿Puedo leer estos libros?
B No, no los lea usted.
4 A ¿Puedo abrir esta ventana?
B No, no la abra usted.
5 A ¿Puedo tomar estas pastillas?
B No, no las tome usted.
6 A ¿Puedo beber esta agua?
B No, no la beba usted.
7 A ¿Puedo comprar este bolígrafo?
B No, no lo compre usted.
8 A ¿Puedo vender este coche?
B No, no lo venda usted.
9 A ¿Puedo comer este pan?
B No, no lo coma usted.

F

2 A ¿Me siento en ese sillón?
B Sí, siéntese en ese sillón.
3 A ¿Me levanto mañana más pronto?
B Sí, levántese mañana más pronto.
4 A ¿Me lavo primero las manos?
B Sí, lávese primero las manos.
5 A ¿Me afeito esta tarde otra vez?
B Sí, aféitese esta tarde otra vez.
6 A ¿Me acuesto hoy más pronto?
B Sí, acuéstese hoy más pronto.

G

2 B Sí, por favor, tráigame una cerveza bien fría.
3 B Sí, por favor, déme un bocadillo de jamón.
4 B Sí, por favor, póngame medio kilo de gambas.
5 B Sí, por favor, dígame dónde está el Banco de Crédito.

H

2 B Sí, vaya a la playa, pero tenga cuidado con el sol.
3 B Sí, vaya a la Sierra Nevada, pero tenga cuidado con el viento.
4 B Sí, vaya a la costa, pero tenga cuidado con el frío.
5 B Sí, vaya a la piscina, pero tenga cuidado con el agua.

I

3 A ¿Cómo estás?
B Muy mal. No me encuentro bien.
A ¿Qué te pasa?
B Me duele mucho la garganta.
4 A ¿Cómo está (usted)?
B Muy mal. No me encuentro bien.
A ¿Qué le pasa?
B Me duelen mucho las piernas.
5 A ¿Cómo está (usted)?
B Muy mal. No me encuentro bien.
A ¿Qué le pasa?
B Me duele mucho el estómago.
6 A ¿Cómo estás?
B Muy mal. No me encuentro bien.
A ¿Qué te pasa?
B Me duelen mucho los pies.
7 A ¿Cómo estás?
B Muy mal. No me encuentro bien.
A ¿Qué te pasa?
B Me duele mucho la mano.

J

Vaya a la farmacia, compre unas medicinas. Tome dos pastillas por la mañana. Vuelva el próximo jueves.

K

a El señor Martínez no se encuentra bien. Está peor. Pero ahora no le duele el estómago, le duele la cabeza. Cuando se acuesta por la noche está bien, pero por la mañana, cuando se despierta, le duele todo el cuerpo. El médico le entrega una receta. Tiene que trabajar y fumar menos y hacer más ejercicio.
b "Vaya a la farmacia. Compre estas medicinas, trabaje menos, fume menos y haga más ejercicio."

L

1 pase – haga
entre – siéntese
dígale
espérele
déle
2 ponga – haga – abra
diga – Cierre – tenga
tenga – fume – beba – coma
3 Siéntese
abra – Permítame – Tenga – vaya – compre – tome – vuelva

N Hörverstehensübung

1 *a* Las Islas Canarias están en el Océano Atlántico.
b Están a 115 (ciento quince) kilómetros de África.
2 Las principales islas son
a Gran Canaria
b Tenerife
3 *a* /Es/ Las Palmas /que/ está en Gran Canaria.
b Tiene unos 250.000 (doscientos cincuenta mil) habitantes.
4 En Canarias hace calor casi todo el año, también en invierno. Llueve poco.
5 *a* tomates *b* plátanos
c patatas *d* tabaco
6 No hay muchas industrias.
7 *a* en hoteles
b en restaurantes
c en bares

42 Andrés está triste

A

1 Están junto a la taquilla del cine Savoy.
2 Están esperando a sus amigos.
3 Van a ver la película "La caza" de Carlos Saura.
4 Son para Andrés, Cristina, José y Ramón.
5 José y Ramón devuelven la entrada porque Cristina ha dicho que Andrés ya tiene una.
6 No, no tiene ninguna entrada para el cine. La entrada que tiene es para el fútbol.
7 Corre a la taquilla para salvar su entrada.
8 No, todo está ya agotado. La taquillera le dice que no quedan entradas para esta función.
9 Andrés se pone triste. Vuelve a casa.
10 Sí, les ha gustado mucho la película.

B

Beispiel:
José y Ramón están esperando junto a la taquilla del cine Savoy. Van a ver la película "La caza" de Carlos Saura. Tienen cuatro entradas. Son para ellos y también para Cristina y Andrés. Pero cuando llega Cristina dice que

Andrés ya tiene una entrada. Entonces José y Ramón devuelven una entrada. Cuando llega Andrés dice que la entrada que tiene es para el fútbol. Corre a la taquilla para salvar su entrada. Pero sus amigos ya la han devuelto.
Se pone en la cola pero todo está ya agotado. Se pone triste. Vuelve a casa.
A medianoche los amigos salen del cine. La película les ha gustado mucho.

C
1 Cristina está escribiendo una carta. (§ 58b)
2 Su hermano Jaime tiene dos entradas para el cine Savoy (§ 45)
3 Pero ella no tiene ninguna. Está muy triste. (§ 40,17)
4 Jaime está esperando a Carlos. Va a ir al cine con él (§ 57, 7, 59, 26)
5 Jaime está mirando la tele(visión) y está comiendo un bocadillo. (§ 57, 58a)
6 Hace mucho calor en el cuarto. La puerta está abierta, pero la ventana está cerrada. (§ 17, 101).
7 A las seis llega Carlos. Acaba de comprar dos entradas. (§ 19, 62)
8 Le da una entrada a Cristina. Cristina está muy contenta y le da ochenta pesetas. (§ 30, 32, 17, 99)
9 Jaime va a devolver la otra entrada en (a) la taquilla. (§ 59)
10 Van al cine en autobús. (Toman el autobús al cine.) (§ 80)
11 Cuando llegan allí, la película ya ha empezado. (§ 60)
12 La taquillera les dice que no pueden devolver ninguna entrada. (§ 30, 31, 40)
13 Carlos está muy triste. Tiene que pagar dos entradas para ver una película. (§ 17, 91)

F*

a)

	C	F
1	×	
2		×
3	×	
4		×
5	×	

b)

	C	F
1	×	
2	×	
3		×
4		×
5		×

43 Latinoamérica

A
1 Empezaron a conquistar y a colonizar Latinoamérica.
2 Porque gran parte de este continente fue una colonia española.
3 Porque estas regiones pertenecieron a México hasta el siglo pasado.
4 No, en /el/ Brasil se habla portugués, porque /el/ Brasil fue una colonia portuguesa.
5 Se habla español en más de veinte países.
6 Fueron colonias de España durante más de tres siglos.

B
1 empezaron
2 fue
3 hablaron
4 conquistaron — perteneció
5 fue

El Ecuador

C
Beispiel:
1 ¿Por qué se llama así el Ecuador?
2 ¿Cuál es su superficie?/ ¿Qué superficie tiene?
3 ¿Cuántos habitantes tiene el Ecuador?
4 ¿Cuántos habitantes (del Ecuador) son blancos?
5 ¿Cuál es/¿Cómo se llama la capital?
6 ¿Cuántos analfabetos hay en el Ecuador? (¿Hay muchos analfabetos en el Ecuador?)
7 ¿Cuáles son los principales productos de exportación? (¿Qué exporta principalmente el Ecuador?)
8 ¿Cómo se llama/¿Cuál es la moneda del Ecuador?

Eraclio Pacheco

D
1 Vive en /el/ Ecuador.
2 No, es mestizo.
3 No, no sabe leer ni escribir.
4 Tiene cinco hijos.
5 Murió hace dos años.
6 /Casimiro/ es el hijo mayor.
7 No, sabe leer un poco.
8 Hacen sombreros de paja.
9 Los hacen a mano.
10 Los venden a un comerciante norteamericano.
11 Compra la paja en el mercado.
12 La trae a casa en una carretilla.
13 Tiene que venir a buscar los sombreros que están listos.

E
2 A ¿Están los chicos?
B No, han ido al bar.
A ¿Hace mucho?
B Hace media hora.
3 A ¿Está Ana?
B No, ha ido a la piscina.
A ¿Hace mucho?
B Hace una hora.
4 A ¿Están tus padres?
B No, han ido a la biblioteca.
A ¿Hace mucho?
B Hace un cuarto de hora.

F*
1 colombiano: G. García Márquez es colombiano.
2 boliviano: A. Céspedes es boliviano.
3 argentino: J.L. Borges es argentino.
4 mejicano: C. Fuentes es mejicano.
5 cubano: A. Carpentier es cubano.
6 guatemalteco: M.A. Asturias es guatemalteco.
7 chileno: P. Neruda es chileno.
8 paraguayo: A. Roa Bastos es paraguayo.
9 nicaragüense: E. Cardenal es nicaragüense.
10 ecuatoriano: J. Icaza es ecuatoriano.
11 peruano: C. Alegría es peruano.

---

1 G. García Márquez: Hundert Jahre Einsamkeit = Cien años de soledad.
2 A. Céspedes: Teufelsmetall = Metal del diablo.
3 C. Fuentes: Nichts als das Leben = La muerte de Artemio Cruz.
4 A. Carpentier: Staatsräson = El recurso del método.
5 M.A. Asturias: Der Herr Präsident = El Señor Presidente.
6 P. Neruda: Ich bekenne, ich habe gelebt = Confieso que he vivido.
7 A. Roa Bastos: Ich der Allmächtige = Yo el supremo.
8 E. Cardenal: Gebet für Marilyn Monroe = Oración por Marilyn Monroe.
9 J. Jcaza: Huasipungo = Huasipungo.
10 C. Alegría: Die hungrigen Hunde = Los perros hambrientos.
11 J.L. Borges: Universalgeschichte der Niedertracht = Historia universal de la infamia.

44 Las flores

A
Una mañana *salí* de casa para ir al trabajo. No *pude* encontrar mi coche. Alguien lo había robado. *Tuve* que ir en metro. *Denuncié* el robo a la policía. Al día siguiente, por la mañana, el coche estaba otra vez delante de mi casa. *Me alegré*, naturalmente. *Abrí* la puerta y *encontré*, dentro del coche, un magnífico ramo de rosas. Al lado de las flores había dos entradas para el teatro. Eran para uno de los mejores teatros de la ciudad. *Pensé* entonces que había ladrones muy simpáticos y que este ladrón era una buena persona.
Por la noche mi esposa y yo *fuimos* al teatro. Daban "Un sereno debajo de la cama", una obra de teatro muy divertida. Nos *gustó* mucho.
Mi esposa y yo *volvimos* tarde a casa y cuando *entramos vimos* que el piso estaba vacío.
Mientras nosotros estábamos en el teatro, había entrado el ladrón en nuestro piso y se había llevado todo lo que había allí. Al día siguiente, por la mañana, *volví* a la comisaría. *Vendimos* el coche y nunca más *volvimos* al teatro.

B
Una mañana, cuando Tomás Pereda salió de su casa para ir al trabajo, no pudo encontrar su coche. Alguien lo había robado. Al día siguiente se alegró mucho cuando salió de su casa, porque el coche estaba en la calle. Dentro del coche encontró un ramo de rosas y dos entradas para el teatro. Tomás Pereda pensó que el ladrón era una buena persona y muy simpático. Por la noche él y su mujer fueron al teatro y volvieron tarde. Cuando entraron en el piso vieron que estaba vacío. Mientras ellos estaban en el teatro, el ladrón se había llevado todo lo que había en el piso. Al día siguiente Tomás Pereda denunció el robo a la policía.

C
2 Cuando los ladrones entraron, los Pereda ya habían salido.
3 Cuando Paco llegó (a la estación), el tren ya había salido.
4 Cuando salimos (nosotros), no habían traído el correo.
5 Cuando la película empezó, (nosotros) no habíamos entrado en el cine.
6 Cuando el coche desapareció, el señor Pérez no había llegado (al aparcamiento).
7 Cuando Isabel llamó, Pepe (ya) había vuelto.

D
1 salió
2 iba — pudo — había robado
3 tuvo — denunció
4 ocurrió (ha ocurrido) — preguntó
5 desayunaba — di — estaba — salí
6 estaba — se alegró
7 encontró
8 pensó — era
9 fueron — volvieron
10 entraron — vieron — habían desaparecido
11 estaban — había entrado — se había llevado — había
12 fueron

E
1 Me llamo Tomás Pereda.
2 Sí, soy español.
3 /La fecha de mi nacimiento/ es el nueve do noviembre de mil novecientos cuarenta.
4 Vivo en Madrid.
5 Sí, es el número 2 36 52 12
6 /Trabajo/ en el Banco de Vizcaya
7 Soy cajero.
8 Era un SEAT.
9 Era de color verde.
10 /Estaba/ en el aparcamiento de Ríos Rosas.
11 /Lo descubrí/ a las ocho y cuarto de la mañana.
12 Había papeles importantes.

45 Extremadura

A
1 Está en el oeste de la Meseta Sur.
2 Son campesinos.
3 No, en general no tienen tierra propia.
4 Tienen cerdos y ovejas.
5 Se han construido muchos pantanos para regarlas.
6 Porque hay poco trabajo en esta parte del país.

Jorge Rodríguez

B
1 No, no piensa emigrar.
2 Porque es demasiado viejo.
3 No, todos no, pero la mayor parte.
4 No vuelven al pueblo, pero vuelven a España.
5 No les gusta, porque la gente allí habla otra lengua, tiene otras costumbres, y la comida también es diferente. Además no son católicos.
6 Sus hijos están todos en Suiza.
7 Porque se gana poco y no tienen tierra propia. (La tierra está en manos de unos pocos.)
8 Es peor para los que se quedan, porque los que se van son chicos trabajadores y ambiciosos.

C

	C	F
1	×	
2	×	
3		×
4	×	
5		×

D*

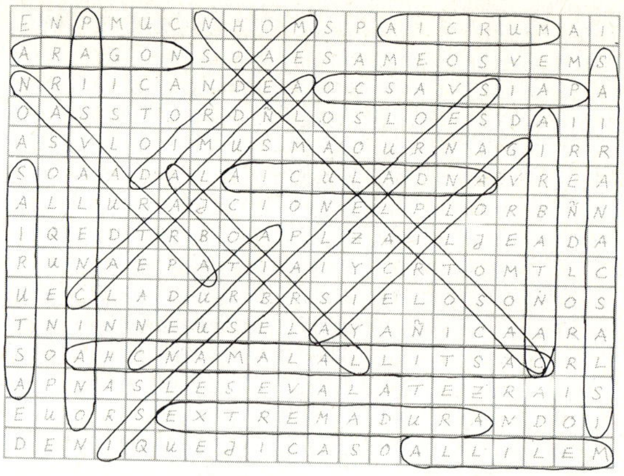

E Hörverstehensübung

1 – C
2 – A
3 – F
4 – E
5 – I

Preise, Gehälter, Wechselkurse usw. unterliegen bekanntlich Veränderungen. Es muß damit gerechnet werden, daß die Zahlenangaben u. U. nicht dem letzten Stand entsprechen.

Betroffen sind z. B. die Lektionen 6 (Briefmarken, Postkarten), 7 (Löhne), 8 (Zeitungen, Zeitschriften), 10 (Getränke, Frühstück), 12 (Bekleidungsartikel), 13 (Mahlzeiten, Hotel), 14, 15 (Lebensmittel), 38 (Wechselkurse), 39 (Vorspeisen).